高等职业教育通识类课程系列教材

信息技术

主　编　任洪亮　邢海燕

副主编　张　静　孙艳华　王燕茹　王文文　王思颖

中国水利水电出版社
www.waterpub.com.cn
·北京·

内 容 提 要

本教材为校企合作开发的教材，除了办公软件的应用外，还将信息素养与社会责任、信息检索、新一代信息技术、计算思维等内容融入教材。本教材从计算机的实际操作出发，按照项目导向、任务驱动的教学方法组织教学内容，融入二十大精神，部分内容以启发式、探究式、开放式呈现，以培养学生的学习主动性、创新性和时代性。课程内容融合思政元素，集知识传授、技能培养和价值塑造于一体。在强调基本理论、基本方法的同时，本教材特别注重实用性和应用能力的培养，并尽可能反映信息技术发展的最新技术。教材内容翔实、结构清晰、精讲多练、实用性强。

本教材共分 5 个模块：较全面地介绍了信息技术基础、WPS Office 办公软件、信息素养与信息检索、新一代信息技术、计算思维等知识。本教材融入了新形态元素，将视频、任务单、拓展知识等以二维码的形式显示在教材中，同时教学资源还包括各模块的实训素材、教学课件、习题及答案，以帮助读者理解和掌握相关内容。本教材可作为应用型本科院校、高等职业院校及成人高校相关专业的教材，也可供相关培训机构及企业管理人员使用。

图书在版编目（CIP）数据

信息技术 / 任洪亮, 邢海燕主编. -- 北京 : 中国水利水电出版社, 2025. 7. --（高等职业教育通识类课程系列教材）. -- ISBN 978-7-5226-3441-8

Ⅰ. TP3

中国国家版本馆 CIP 数据核字第 2025CK3845 号

策划编辑：杜威　　责任编辑：张玉玲　　加工编辑：王新宇　　封面设计：苏敏

书　名	高等职业教育通识类课程系列教材 **信息技术** XINXI JISHU
作　者	主　编　任洪亮　邢海燕 副主编　张　静　孙艳华　王燕茹　王文文　王思颖
出版发行	中国水利水电出版社 （北京市海淀区玉渊潭南路 1 号 D 座　100038） 网址：www.waterpub.com.cn E-mail：mchannel@263.net（答疑） 　　　　sales@mwr.gov.cn 电话：（010）68545888（营销中心）、82562819（组稿）
经　售	北京科水图书销售有限公司 电话：（010）68545874、63202643 全国各地新华书店和相关出版物销售网点
排　版	北京万水电子信息有限公司
印　刷	三河市鑫金马印装有限公司
规　格	184mm×260mm　16 开本　15.75 印张　403 千字
版　次	2025 年 7 月第 1 版　2025 年 7 月第 1 次印刷
印　数	0001—3000 册
定　价	45.00 元

凡购买我社图书，如有缺页、倒页、脱页的，本社营销中心负责调换

版权所有·侵权必究

前　言

为了适应当前高职高专教育教学改革的形势，满足高职院校信息技术课程教学的要求，全面贯彻党的教育方针，落实立德树人根本任务，满足国家信息化发展战略对人才培养的要求，本教材围绕高等职业教育各专业对信息技术学科核心素养的培养需求，紧密对标《教育部办公厅关于印发高等职业教育专科英语、信息技术课程标准（2021年版）的通知》（教职成厅函〔2021〕4号），吸纳信息技术领域的前沿技术，通过理实一体化教学，提升学生应用信息技术解决问题的综合能力，使学生成为德智体美劳全面发展的高素质技术技能人才。

本教材是校企合作开发的教材，学校参编人员长期在教学一线从事信息技术课程教学和教育研究工作，企业参编人员是浪潮云信息技术股份公司的高级工程师，具有非常丰富的实践技能，为教材新一代信息技术的应用提供了实用的案例。在编写过程中，编者将长期积累的教学经验、实际开发经验和体会融入到教材的各个部分，采用项目教学的理念设计课程标准并组织教材内容。

本教材采用任务驱动教学方式，知行合一，尤其注重强化读者的实践操作技能，在编写过程中力求语言精练、内容实用、操作步骤详略得当，并采用了大量图片，以方便学生消化学习。教材中的案例都经过精心挑选，具有很强的针对性、实用性。掌握这些案例，完全可以快速地将其应用到日常的学习、生活中，增强成就感。

本教材配有视频、任务单、电子教案、课件、案例素材、习题及答案，教材中配有二维码，为教师授课和学生学习提供便利。

本教材由山东劳动职业技术学院教师和合作企业浪潮云信息技术股份公司的高级工程师共同编写完成。模块一由邢海燕编写；模块二项目一由王燕茹编写，项目二由张静编写；项目三由孙艳华编写；模块三由王文文编写；模块四由邢海燕编写；模块五由任洪亮和浪潮云信息技术股份公司的王思颖编写。任洪亮和邢海燕负责教材的统稿工作。

由于编者水平有限，书中难免存在疏漏之处，欢迎广大读者批评指正。

编者
2025年2月

目　　录

前言

模块一　信息技术基础 …………………… 1
 模块导学 …………………………………… 1
 思维导图 …………………………………… 1
 项目一　认识信息技术 …………………… 1
  项目描述 ………………………………… 1
  学习目标 ………………………………… 2
  任务一　计算机基础知识 ……………… 2
   任务实施 ……………………………… 2
   知识清单 ……………………………… 3
    一、计算机的发展 ………………… 3
    二、计算机的系统组成 …………… 3
   任务实训 ……………………………… 8
   知识拓展 ……………………………… 8
  任务二　信息与信息表示 ……………… 8
   任务实施 ……………………………… 8
   知识清单 ……………………………… 9
    一、信息 …………………………… 9
    二、数据 …………………………… 9
    三、信息与数据的区别与联系 …… 10
    四、信息的表示 …………………… 10
    五、进制之间的转换 ……………… 10
   任务实训 ……………………………… 15
   知识拓展 ……………………………… 15
  任务三　信息技术的概念、发展及应用 …… 15
   任务实施 ……………………………… 15
   知识清单 ……………………………… 16
    一、信息技术的概念 ……………… 16
    二、信息技术的发展 ……………… 16
    三、信息技术的应用 ……………… 18
   任务实训 ……………………………… 18
   知识拓展 ……………………………… 18
 项目二　关注信息安全 …………………… 18

  项目描述 ………………………………… 18
  学习目标 ………………………………… 19
  任务一　信息安全 ……………………… 19
   任务实施 ……………………………… 19
   知识清单 ……………………………… 20
    一、信息安全意识 ………………… 20
    二、信息安全基础 ………………… 20
   任务实训 ……………………………… 22
   知识拓展 ……………………………… 22
  任务二　国产化替代 …………………… 22
   任务实施 ……………………………… 22
   知识清单 ……………………………… 23
    一、国产化替代的背景和意义 …… 23
    二、国产化替代的现状及挑战 …… 23
   任务实训 ……………………………… 24
   知识拓展 ……………………………… 24
 模块训练 …………………………………… 25
模块二　WPS Office 办公软件 …………… 27
 模块导学 …………………………………… 27
 思维导图 …………………………………… 27
 项目一　WPS Office 文字处理 …………… 27
  项目描述 ………………………………… 27
  学习目标 ………………………………… 28
  任务一　创建"个人简历"文档 ……… 28
   任务实施 ……………………………… 28
    一、WPS 文字的启动和退出 …… 29
    二、WPS 文字创建、编辑与保存 …… 29
    三、WPS 文字复制、撤消、恢复
     与移动 …………………………… 31
    四、特殊符号插入 ………………… 32
    五、视图方式的切换 ……………… 33
    六、多个文档的切换 ……………… 34

知识清单…………………………………… 35
　　　一、认识WPS文字窗口的组成 …… 35
　　　二、组合键操作…………………………… 36
　　任务实训……………………………………… 37
　　知识拓展……………………………………… 37
　　　一、插入和改写…………………………… 37
　　　二、查找和替换…………………………… 38
　　　三、WPS AI ……………………………… 38
　　　四、自动保存……………………………… 38
　任务二　设计"个人简历"文档内容……… 39
　　任务实施……………………………………… 39
　　　一、字体与段落设置……………………… 40
　　　二、设置"个人简历"页眉页脚………… 46
　　　三、为"个人简历"添加符号
　　　　　和编号………………………………… 48
　　　四、页面设置……………………………… 49
　　　五、创建样式……………………………… 51
　　　六、WPS文字的模板 …………………… 52
　　知识清单……………………………………… 53
　　　一、字体与段落设置……………………… 53
　　　二、设置页眉页脚………………………… 54
　　　三、利用格式刷快速设置格式………… 54
　　　四、设置项目符号和编号………………… 54
　　　五、页面设置……………………………… 54
　　　六、创建样式……………………………… 54
　　　七、修改和删除样式……………………… 55
　　任务实训……………………………………… 55
　　知识拓展……………………………………… 56
　　　一、设置缩进……………………………… 56
　　　二、设置段落对齐………………………… 57
　　　三、设置换行和分页……………………… 57
　　　四、为奇偶页创建不同的页眉
　　　　　和页脚………………………………… 58
　　　五、预留出装订线区域…………………… 58
　任务三　丰富"个人简历"文档效果……… 59
　　任务实施……………………………………… 59
　　　一、建立表格……………………………… 60
　　　二、表格的编辑…………………………… 61

　　　三、表格和文本的相互转换……………… 63
　　　四、插入图片的操作……………………… 64
　　　五、绘制图形……………………………… 67
　　　六、插入公式……………………………… 69
　　知识清单……………………………………… 70
　　　一、表格编辑相关概念…………………… 70
　　　二、表格进一步完善编辑………………… 71
　　　三、WPS文字中图片图形文件的
　　　　　操作…………………………………… 72
　　任务实训……………………………………… 72
　　知识拓展……………………………………… 73
　　　一、叠放次序……………………………… 73
　　　二、翻转和旋转图形……………………… 73
　　　三、图形自由旋转………………………… 74
　　　四、文本框之间创建链接………………… 74
　　　五、剪贴画………………………………… 74
　任务四　保存并打印"个人简历"文档…… 75
　　任务实施……………………………………… 75
　　　一、WPS文字的打印案例实施 ………… 76
　　　二、锁定和解锁文档案例实现…………… 78
　　　三、插入、显示及修改批注实现……… 79
　　　四、进行拼写检查案例实现……………… 80
　　知识清单……………………………………… 81
　　　一、锁定和解锁文档基本概念…………… 81
　　　二、插入、显示及修改批注基本
　　　　　概念…………………………………… 81
　　　三、进行拼写检查………………………… 81
　　任务实训……………………………………… 82
　　知识拓展……………………………………… 82
　　　一、简历一键生成智能助手……………… 82
　　　二、如何添加文档目录…………………… 84
项目二　WPS Office表格应用 ………………… 85
　项目描述……………………………………… 85
　学习目标……………………………………… 85
　任务一　初始工作表………………………… 85
　　任务实施……………………………………… 85
　　　一、工作簿基本操作……………………… 86
　　　二、工作表基本操作……………………… 88

三、单元格基本操作……………89
　　四、表格数据输入………………90
　知识清单……………………………92
　　一、WPS 表格工作界面…………92
　　二、WPS 表格相关概念…………93
　任务实训……………………………93
　知识拓展……………………………94
　　一、工作表拓展操作……………94
　　二、单元格拓展操作……………97
　　三、表格数据输入拓展…………98
　任务二　计算工作表………………99
　任务实施……………………………99
　　一、公式的使用…………………100
　　二、检查公式……………………100
　　三、单元格的引用………………101
　　四、函数的使用…………………103
　知识清单……………………………104
　　一、公式基本概念………………104
　　二、单元格引用方法……………105
　　三、函数基本概念………………106
　任务实训……………………………107
　知识拓展……………………………108
　　一、单元格其他引用……………108
　　二、函数的嵌套…………………108
　任务三　统计、分析工作表………109
　任务实施……………………………109
　　一、单一条件排序………………110
　　二、自定义排序…………………111
　　三、自动筛选……………………111
　　四、自定义筛选…………………111
　　五、数据分类汇总………………112
　　六、创建数据图表………………112
　知识清单……………………………115
　　一、数据排序基本概念…………115
　　二、数据筛选基本概念…………115
　　三、数据分类汇总基本概念……115
　　四、创建图表基本概念…………115
　任务实训……………………………115

　知识拓展……………………………117
　　一、高级筛选……………………117
　　二、多重分类汇总………………118
　　三、制作数据透视表……………119
　　四、制作数据透视图……………122
　任务四　保护、打印工作表………124
　任务实施……………………………124
　　一、工作簿保护操作……………125
　　二、工作表保护操作……………126
　　三、单元格保护操作……………127
　　四、工作表打印…………………128
　知识清单……………………………130
　　一、保护工作簿…………………130
　　二、保护工作表…………………130
　　三、保护单元格…………………130
　任务实训……………………………130
　知识拓展……………………………130
　　打印预览…………………………130
项目三　WPS Office 演示文稿制作……131
　项目描述……………………………131
　学习目标……………………………131
　任务一　WPS 演示基础操作指南…132
　任务实施……………………………132
　　一、创建演示文稿并设置主题
　　　　及背景………………………133
　　二、制作演示文稿内容…………136
　　三、编辑演示文稿幻灯片母版…141
　知识清单……………………………142
　　一、演示文稿操作界面…………142
　　二、演示文稿中幻灯片版式……143
　　三、演示文稿中的主题设置……144
　　四、演示文稿中的背景设置……144
　任务实训……………………………146
　知识拓展……………………………147
　　一、演示文稿的视图方式………147
　　二、"大纲"浏览窗口进行文字编辑…147
　任务二　演示文稿交互与动画效果的综合
　　　　　 运用………………………148

任务实施 ················· 148
　　　一、修饰演示文稿内容 ········ 149
　　　二、设置演示文稿的交互效果 ··· 153
　　知识清单 ················· 156
　　　一、幻灯片中的其他编辑对象 ··· 156
　　　二、幻灯片中的其他交互效果 ··· 158
　　任务实训 ················· 159
　　知识拓展 ················· 160
　　　PPT 一键生成智能助手 ······ 160
　任务三　演示文稿流畅放映与便捷
　　　　　导出 ················ 165
　　任务实施 ················· 165
　　　一、设置放映方式 ··········· 166
　　　二、设置排练计时 ··········· 166
　　知识清单 ················· 167
　　　演示文稿的打印与输出 ······· 167
　　任务实训 ················· 168
　　知识拓展 ················· 168
　　　放映演示文稿时画笔的使用 ··· 168
　模块训练 ··················· 169

模块三　信息素养与信息检索 ····· 173
　模块导学 ··················· 173
　思维导图 ··················· 173
　项目一　信息素养 ············· 173
　　项目描述 ················· 173
　　学习目标 ················· 174
　　任务一　信息素养与社会责任 ··· 174
　　　任务实施 ··············· 174
　　　知识清单 ··············· 175
　　　　一、信息素养 ··········· 175
　　　　二、信息社会责任 ······· 176
　　　任务实训 ··············· 177
　　　知识拓展 ··············· 177
　　任务二　信息伦理与职业道德 ··· 177
　　　任务实施 ··············· 177
　　　知识清单 ··············· 178
　　　　一、信息伦理 ··········· 178
　　　　二、职业道德 ··········· 179

　　　任务实训 ··············· 179
　项目二　信息检索 ············· 179
　　项目描述 ················· 179
　　学习目标 ················· 180
　　任务一　信息检索的概念 ····· 180
　　　任务实施 ··············· 180
　　　知识清单 ··············· 180
　　　　一、信息检索的定义 ····· 180
　　　　二、信息检索的原理 ····· 181
　　　任务实训 ··············· 181
　　　知识拓展 ··············· 181
　　任务二　信息检索的分类 ····· 181
　　　任务实施 ··············· 181
　　　知识清单 ··············· 182
　　　　一、信息检索的划分方式 ··· 182
　　　　二、AI 大模型背景下的信息检索
　　　　　　分类 ··············· 183
　　　任务实训 ··············· 184
　　　知识拓展 ··············· 184
　　任务三　信息检索的流程 ····· 184
　　　任务实施 ··············· 184
　　　知识清单 ··············· 185
　　　　信息检索的基本流程 ····· 185
　　　任务实训 ··············· 185
　　　知识拓展 ··············· 185
　项目三　利用搜索引擎和专用平台进行信息
　　　　　检索 ················ 186
　　项目描述 ················· 186
　　学习目标 ················· 186
　　任务一　搜索引擎的类型 ····· 186
　　　任务实施 ··············· 186
　　　知识清单 ··············· 187
　　　任务实训 ··············· 188
　　　知识拓展 ··············· 188
　　任务二　搜索引擎的检索方法 ··· 188
　　　任务实施 ··············· 188
　　　知识清单 ··············· 189
　　　　一、提高搜索结果精确度的技巧 ··· 189

二、在大模型中，如何编写清晰、
　　　　具体的指令 ································· 190
　　任务实训 ··· 190
　　知识拓展 ··· 191
任务三　常见的专用平台 ··························· 191
　　任务实施 ··· 191
　　知识清单 ··· 191
　　　　一、学术信息检索 ······················· 191
　　　　二、期刊信息检索 ······················· 192
　　　　三、学位论文检索 ······················· 193
　　　　四、专利信息检索 ······················· 195
　　　　五、商标信息检索 ······················· 195
　　任务实训 ··· 197
　　知识拓展 ··· 197
模块训练 ··· 197

模块四　新一代信息技术
模块导学 ··· 201
思维导图 ··· 201
项目一　走进新一代信息技术 ···················· 201
　　项目描述 ··· 201
　　学习目标 ··· 201
　　任务一　新一代信息技术的概念 ········ 202
　　　　任务实施 ······································ 202
　　　　知识清单 ······································ 202
　　　　任务实训 ······································ 204
　　　　知识拓展 ······································ 204
　　任务二　新一代信息技术的技术特点
　　　　　　与典型应用 ·························· 204
　　　　任务实施 ······································ 204
　　　　知识清单 ······································ 205
　　　　　　一、大数据 ······························ 205
　　　　　　二、物联网 ······························ 207
　　　　　　三、人工智能 ··························· 208
　　　　　　四、云计算 ······························ 210
　　　　　　五、区块链 ······························ 211
　　　　　　六、元宇宙 ······························ 212
　　　　任务实训 ······································ 213
　　　　知识拓展 ······································ 214

项目二　新一代信息技术与其他产业的
　　　　融合 ··· 214
　　项目描述 ··· 214
　　学习目标 ··· 214
　　任务一　新一代信息技术与制造业的
　　　　　　融合 ······································ 214
　　　　任务实施 ······································ 214
　　　　知识清单 ······································ 215
　　　　　　一、融合的方式 ······················· 215
　　　　　　二、融合的案例分析 ················ 216
　　　　任务实训 ······································ 217
　　　　知识拓展 ······································ 217
　　任务二　新一代信息技术与服务业的
　　　　　　融合 ······································ 217
　　　　任务实施 ······································ 217
　　　　知识清单 ······································ 218
　　　　　　一、融合的方式 ······················· 218
　　　　　　二、融合的案例分析 ················ 218
　　　　任务实训 ······································ 219
　　　　知识拓展 ······································ 219
模块训练 ··· 219

模块五　计算思维
模块导学 ··· 221
思维导图 ··· 221
项目一　认识计算思维 ······························ 221
　　项目描述 ··· 221
　　学习目标 ··· 221
　　任务一　计算思维概述 ······················ 222
　　　　任务实施 ······································ 222
　　　　知识清单 ······································ 223
　　　　　　一、计算思维的定义 ················ 223
　　　　　　二、计算思维解决问题的主要
　　　　　　　　步骤 ································· 223
　　　　任务实训 ······································ 224
　　　　知识拓展 ······································ 225
　　任务二　计算思维的应用 ·················· 225
　　　　任务实施 ······································ 225
　　　　知识清单 ······································ 226

  一、计算思维的应用 …………… 226
  二、未来计算思维的发展趋势 …… 227
 任务实训 …………………………… 227
项目二 算法与程序设计基础 ………… 228
 项目描述 …………………………… 228
 学习目标 …………………………… 228
 任务一 算法设计基础 …………… 228
  任务实施 ………………………… 228
  知识清单 ………………………… 229
   一、算法的基本概念 …………… 229
   二、算法的表示方法 …………… 230

  任务实训 ………………………… 233
  知识拓展 ………………………… 234
 任务二 程序设计基础 …………… 234
  任务实施 ………………………… 234
  知识清单 ………………………… 235
   一、程序设计语言的发展 ……… 235
   二、程序设计语言的基础 ……… 236
  任务实训 ………………………… 241
  知识拓展 ………………………… 241
 模块训练 …………………………… 241

模块一　信息技术基础

通过本模块的学习，了解计算机的发展历程、软硬件组成，了解信息技术基础知识、发展趋势，理解信息安全的重要性及国产化替代的必要性，并结合日常生活和所学专业领域知识，了解我国计算机领域的发展情况。

在本模块的学习中，要注意理论联系实际，在生活中观察，在学习中体验，在实践中感知，在动手中思考，以积极的态度学习和了解计算机基础知识，养成安全、正确、科学运用信息技术的习惯，了解我国计算机领域取得的成就，增强民族自豪感，并树立创新精神、自强精神、协作精神和爱国精神。

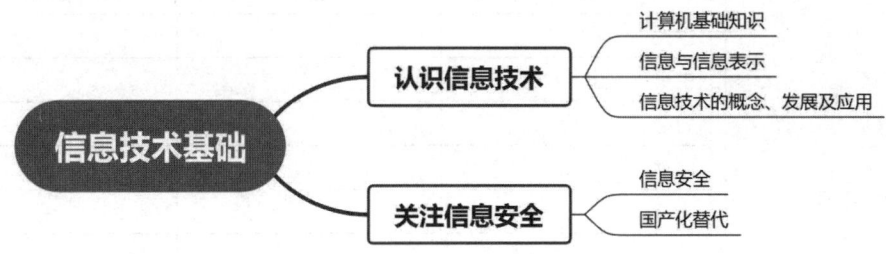

项目一　认识信息技术

项目描述

走进校园，智能导览系统根据人们的位置和需求提供个性化的路线指引，帮助人们快速找到目的地；同时，校园内的环境监测系统实时监测空气质量、温度、湿度等数据，确保学生们可以在一个舒适的环境中学习；在教室，智能黑板取代了传统的黑板，不仅可以展示文字、图片和视频等多种形式的教学内容，还可以通过触控操作实现与学生的互动；学生们还可以通过电子教材、在线学习平台等数字化资源随时随地学习。

日常生活中信息无处不在，信息技术已经成为社会生活的重要组成部分。什么是信息？信息在计算机中如何表示？什么是信息技术？运用信息技术解决问题的场景有哪些？本项目将带大家一探究竟。

学习目标

1. 了解计算机的基础知识、信息的概念。
2. 了解计算机的组成部分及信息的表示方法。
3. 了解信息技术的概念、发展及应用场景。

任务一　计算机基础知识

任务实施

某校毕业生小王被一家公司录用,分配到了公司的网络中心部。因为公司发展需要新进一批台式计算机,小王需要运用所学的专业知识为公司提供选购方案。

任务单 1-1-1

任务编号	1-1-1		任务名称		计算机基础知识	
任务简介	写一张计算机配置清单做参考,能满足用于处理公司业务					
设备环境	装有浏览器的台式机或笔记本电脑					
任务要求	1. 定位需求　2. 筛选品类　3. 对比性价					
		配件		型号		价格
		主板				
		中央处理器				
		内存				
		硬盘				
		显卡				
		声卡				
		光驱				
		显示器				
		键盘、鼠标				
		合计				
任务执行评价	序号	考核指标	所占分值	备注		得分
	1	任务完成情况	30	在规定时间内完成并按时上交任务单		
	2	成果质量	70	从完整性、准确性、创新性、实用性、规范性等方面进行评价		
		总分				

知识清单

计算机的发展过程
和系统组成

一、计算机的发展

1. 计算机的发展过程

【填一填】

1946 年，在美国_____大学，第一台数字电子计算机_____（Electronic Numeric Integratorand Calculator）问世。它的出现，使人类社会从此进入了电子计算机时代。根据计算机采用的_____不同，计算机的发展经历了以下四代：

（1）第一代计算机（1946—1957 年）：电子管计算机。
（2）第二代计算机（1958—1964 年）：晶体管计算机。
（3）第三代计算机（1965—1970 年）：中、小规模集成电路计算机。
（4）第四代计算机（1971 年至今）：大规模、超大规模集成电路计算机。

【搜一搜】搜索每一代计算机的特点、运算速度、内存、应用领域、代表机型并填入表 1-1-1-1。

表 1-1-1-1　每一代计算机的区别

发展阶段	特点	运算速度	内存	应用领域	代表机型
第一代计算机					
第二代计算机					
第三代计算机					
第四代计算机					

2. 计算机的发展趋势

计算机技术是世界上发展最快的科学技术之一，计算机产品不断升级换代。计算机技术的发展趋势是多方面的，涵盖了硬件、软件、应用等多个层面。

【填一填】从硬件、软件、应用三个方面探索计算机的发展趋势并填入表 1-1-1-2。

表 1-1-1-2　计算机的发展趋势

硬件趋势	软件趋势	应用趋势

二、计算机的系统组成

【填一填】

一个完整的计算机系统包括_____两部分，如图 1-1-1-1 所示。

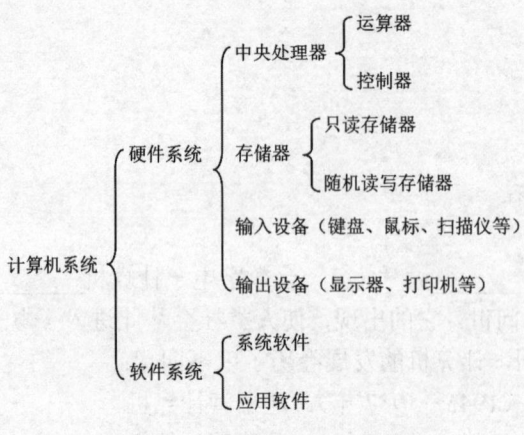

图 1-1-1-1 计算机系统组成

1. 计算机的硬件系统

【填一填】

计算机的硬件系统由_____五部分组成,如图 1-1-1-2 所示。

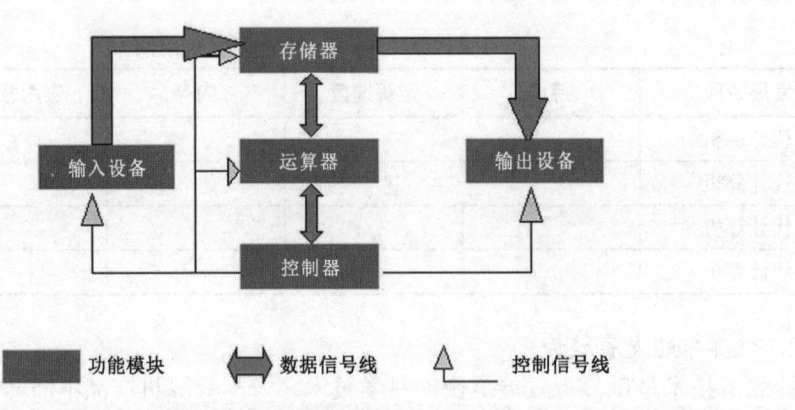

图 1-1-1-2 计算机的硬件系统

(1) 主板。主板安装在主机箱内,是计算机系统中最大的电路板,也是最重要的部件之一,主板上分布着芯片组、中央处理器插槽、内存插槽、总线扩展槽、输入/输出接口等。主板是计算机系统的主体和控制中心,它几乎集合了计算机系统的全部功能,控制着各部分之间协调工作。典型的主板外观如图 1-1-1-3 所示。

图 1-1-1-3 主板外观

（2）中央处理器（Central Processing Unit，CPU）。CPU 由控制器和运算器组成，是计算机的指挥和运算中心。CPU 是计算机的心脏，它决定了计算机的性能和运行速度，划分计算机的档次。CPU 的运行速度通常用主频表示，以赫兹（Hz）作为计量单位。在评价计算机的档次时，首先看其 CPU 是哪一种类型，对于同一档次的 CPU 还要看其主频的高低，主频越高，运行速度越快，性能越好。一般 CPU 的外观如图 1-1-1-4 所示。

图 1-1-1-4　CPU 外观

1）控制器。控制器是整个计算机的指挥中心，它根据操作者的指令控制计算机系统的整个执行过程，使计算机各部件协调一致并连续地工作。

2）运算器。运算器是计算机中执行各种算术和逻辑运算操作的部件，由算术逻辑单元（Arithmetic Logic Unit，ALU）、累加器、状态寄存器、通用寄存器等组成。

（3）存储器。计算机系统中的记忆设备，用来存放程序和数据。存储器分为内存储器和外存储器两大类，简称内存和外存。内存储器又称为主存储器，外存储器又称为辅助存储器。常见的存储器分类如图 1-1-1-5 所示。

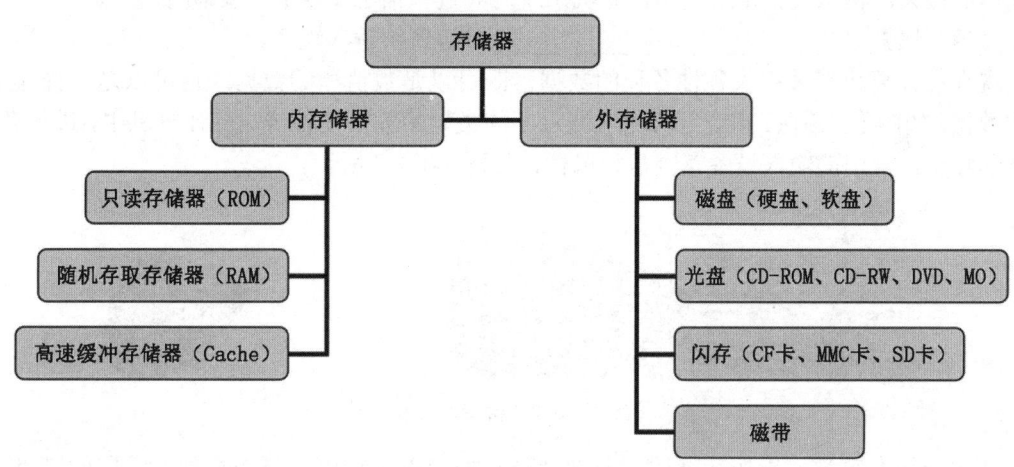

图 1-1-1-5　常见的存储器分类

内存是 CPU 可以直接访问的存储器，是计算机中的工作存储器，计算机当前正在运行的程序与数据都必须存放在内存中。内存分为 ROM、RAM、Cache。

外存是主机的外部设备，存取速度较内存慢得多，用来存储大量暂时不参加运算或处理的数据和程序，一旦需要使用，可成批地与内存交换信息。外存是内存储器的后备和补充，不能和 CPU 直接交换数据。计算机广泛采用了价格较低、存储容量大、可靠性高的磁介质作为外存储器，如早期使用的软磁盘、硬磁盘和磁带等，还有采用激光技术存储信息的光盘存储器，如只读型光盘（CD-ROM）和读写型光盘（CD-RW），使用光盘驱动器获取数据。除此之外，还有目前使用的 U 盘和硬盘。硬盘如图 1-1-1-6 所示，光盘驱动器如图 1-1-1-7 所示。

图 1-1-1-6　硬盘

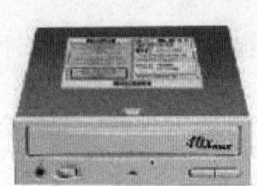

图 1-1-1-7　光盘驱动器

（4）输入设备。输入设备是向计算机输入数据和信息的设备。是计算机与用户或其他设备通信的桥梁。输入设备是用户和计算机系统之间进行信息交换的主要装置之一。

【填一填】_____等属于输入设备。

现在的计算机能够接收各种各样的数据，既可以是数值型的数据，也可以是各种非数值型的数据，如图形、图像、声音等都可以通过不同类型的输入设备传输到计算机中，进行存储、处理和输出。常用的输入设备有键盘和鼠标，如图 1-1-1-8 所示。

图 1-1-1-8　键盘和鼠标

【想一想】键盘如果按其键数可分为几种？按键盘的结构可分为几种？常用的键盘上分为四个区，分别是什么？填写到下面的横线上。

_____

（5）输出设备。输出设备是用户与计算机交互的一种部件，用于数据的输出。它把各种计算结果数据或信息以数字、字符、图像、声音等形式表示出来。

【填一填】_____等属于输出设备。

显卡，又称显示器适配卡，现在的显卡一般都是 3D 图形加速卡。它是连接主机与显示器的接口卡。其作用是将主机的输出信息转换成字符、图形和颜色等信息，传送到显示器上显示。

现在也有一些主板是使用集成显卡的，如果组装的机器对图像的显示要求不高，则可以选用集成显卡。如图1-1-1-9所示为典型的显卡外观。

声卡，也称音频卡，它是多媒体技术中最基本的组成部分，是实现声波信号和数字信号相互转换的一种硬件。声卡的基本功能是把来自话筒、磁带、光盘的原始声音信号加以转换，输出到耳机、扬声器、扩音机、录音机等音响设备，或通过音乐设备数字接口（Musical Instrument Digital Interface，MIDI）使乐器发出美妙的声音。如图1-1-1-10所示为典型的声卡外观，图1-1-1-11所示为显示器，图1-1-1-12所示为打印机。

图1-1-1-9　显卡

图1-1-1-10　声卡

图1-1-1-11　显示器

图1-1-1-12　打印机

2．计算机的软件系统

【填一填】

软件系统是指为运行、管理和维护计算机而编制的各种程序及文件。计算机的软件系统主要包括_____和_____两大类。

（1）系统软件。系统软件是指控制和协调计算机及外部设备，支持应用的软件开发和运行的系统程序，是无需用户干预的各种程序的集合，主要功能是调度、监控和维护计算机系统，负责管理计算机系统中各种独立的硬件，使得它们可以协调工作。系统软件主要包括操作系统、语言处理程序、数据库管理系统和支撑服务软件。

（2）应用软件。应用软件是用户可以使用的各种程序设计语言，以及用各种程序设计语言编制的应用程序的集合，分为应用软件包和用户程序。应用软件包是利用计算机解决某类问题而设计的程序的集合，供多用户使用。常见的应用软件有办公室软件（包括文件处理器、绘图程序、基础数据库、档案管理系统等）、互联网软件（包括电子邮件客户端、网页浏览器、应用客户端、下载工具等）、多媒体软件（包括媒体播放器、图像编辑软件、音频编辑软件、视频编辑软件、计算机辅助设计、计算机游戏等）等。

任务实训

你是一名刚入学的大学生，因为专业学习的需要，现在要配置一台笔记本电脑，请根据下面选购计算机硬件小知识，给出适合自己购买需求的笔记本电脑配置单并填入表 1-1-1-3。

（1）主板。主板的性能和插槽数量决定了计算机的性能和今后升级的空间。当前市场上，主板不仅支持多核 CPU，还配备了更多的插槽和接口等，以适应高速存储设备和其他扩展卡的需求。

（2）CPU。核"芯"数以及线程数越大，处理速度越快。目前家用计算机的 CPU 普遍是六核、八核的，甚至高端型号已经达到十核、十二核或更多，同时支持超线程技术，进一步提升了多任务处理能力。

（3）内存。内存越大，计算机反应越快。当前家用计算机的内存普遍是 8G、16G 的，高端型号或工作站则可能配备 32G、64G 甚至更大的内存，以满足多任务处理和大型软件运行的需求。

（4）显卡。显卡的显存以及核心性能（如 CUDA 核心数、流处理器数量等）越大，计算机图形处理能力越强，反应也越快。尤其是进行专业制图、视频编辑和玩大型网络游戏对显卡要求很高。目前家用计算机显卡的显存一般是 4G、6G、8G 的，高端型号则可能配备 12G、16G 甚至更大的显存。

（5）硬盘。硬盘的容量和转速（对于机械硬盘）或读写速度（对于固态硬盘）决定了计算机的性能。目前家用计算机普遍采用容量为 1TB、2TB 甚至更大的机械硬盘或固态硬盘（Solid State Disk，SSD）。固态硬盘以其更快的读写速度和更低的延迟，逐渐成为家用计算机的主流存储设备。

表 1-1-1-3　笔记本电脑配置单

使用需求	核心配置	便携性和续航时间	品牌	预算

知识拓展

计算机中的常用术语：字符、位、字节、主频、字长、盘符

任务二　信息与信息表示

任务实施

信息普遍存在于自然界、人类社会和思维领域中，它是客观世界中各种事物变化和特征的反映，是客观事物之间相互作用和联系的表征，是客观事物经过感知或认识后的再现。

任务单 1-1-2

任务编号	1-1-2	任务名称	信息与信息表示
任务简介	在现实生活中，经常会听到数字、数据、信息和知识这些词语，请查找相关资料，并与小组同学讨论，找出数据和信息之间的联系与区别		
设备环境	装有浏览器的台式机或笔记本电脑		
任务要求	将数据和信息的定义、特点、依存关系、举例填写完整 | 比较项	数据	信息
---	---	---
定义		
特点		
依存关系		
举例					

任务执行评价	序号	考核指标	所占分值	备注	得分
	1	任务完成情况	30	在规定时间内完成并按时上交任务单	
	2	成果质量	70	从完整性、准确性、创新性、实用性、规范性等方面进行评价	
		总分			

知识清单

信息、数据、区别与联系，信息的表示

一、信息

信息，指音信、消息、通信系统传输和处理的对象，泛指人类社会传播的一切内容。在一切通信和控制系统中，信息是一种普遍联系的形式。1948 年，数学家香农在题为"通信的数学理论"的论文中指出："信息是用来消除随机不定性的东西"。创建一切宇宙万物的最基本万能单位就是信息。

二、数据

数据是指对客观事件进行记录并可以鉴别的符号，是对客观事物的性质、状态以及相互关系等进行记载的物理符号或这些物理符号的组合，它是可识别的、抽象的符号。

数据不仅指狭义上的数字，还可以是具有一定意义的文字、字母、数字符号的组合、图形、图像、视频、音频等，也可以是客观事物的属性、数量、位置及其相互关系的抽象表示，例如"0、1、2、…""阴、雨、下降、气温""学生的档案记录、货物的运输情况"等都是数据。数据经过加工后就成为了信息。

在计算机科学中，数据是指所有能输入计算机并被计算机程序处理的符号的介质的总称。

三、信息与数据的区别与联系

【想一想】信息与数据的区别有哪些？联系是什么？填写到下面的横线上。

_____

_____

_____

四、信息的表示

在计算机科学中信息的表示有两种形态：一种是人类可识别和理解的信息形态；另一种是计算机能够识别和理解的信息形态。

1. 计算机中的信息编码

按照冯·诺依曼的设计思想，计算机中的信息都是用二进制编码表示的，也就是说计算机只能识别二进制码。二进制只有"0"和"1"两个数码。为了书写方便，有时也采用八进制或者十六进制表示，因此必须进行数据的转换。

2. 认识数字系统

计算机内的数字概念与数学上的数字概念是一致的，涉及以下几个概念：

（1）进位计数制：简称数制，是人们利用符号来计数的方法。上面提到的十进制、二进制、八进制和十六进制都是学习计算机知识应该掌握的数制。

（2）数码：一组用来表示某种数制的符号。如：1、2、3、4、A、B、C、Ⅰ、Ⅱ、Ⅲ、Ⅳ等。

（3）基数：数制所使用的数码个数称为基数。如二进制的数码是 0、1，那么基数便为 2。

（4）位权：指数码在不同位置上的权值。在进位计数制中，处于不同数位的数码代表的数值不同。例如十进制数 111，个位数上的 1 权值为 100，十位数上的 1 权值为 10^1，百位数上的 1 权值为 10^2。以此推理，第 n 位的权值便是 10^{n-1}，如果是小数点后面第 m 位，则其权值为 10^{-m}。

对于一般数制，某一整数位的位权是基数（位数–1），某一小数位的位权则是基数–位数。

数码、基数、位权为进位计数制中的三要素。十进制运算中，每位的数值若超过 10 就向高位进一位，相邻两位间是十倍的关系，这里的 10 称为进位基数。可以想象，若是二进制，则进位基数应该是 2，八进制进位基数为 8，十六进制进位基数应该是 16。因此基数反映了数位和位权。

五、进制之间的转换

进制之间的转换

1. 十进制（Docimal notation）

十进制的特点：

（1）有十个数码：0，1，2，3，4，5，6，7，8，9。

（2）进位基数：10。

对任意一个十进制数都可以表示为按权展开式，例如：

$$(321.45)_{10}=3\times10^2+2\times10^1+1\times10^0+4\times10^{-1}+5\times10^{-2}$$

这样，一个任意十进制数 $a_n a_{n-1} \cdots a_1 a_0 a_{-1} \cdots$，可以表示为按权展开式：

$$a_n \times 10^n + a_{n-1} \times 10^{n-1} + \cdots + a_1 \times 10^1 + a_0 \times 10^0 + a_{-1} \times 10^{-1} + \cdots$$

2. 二进制（Binary notation）

二进制的特点：

（1）只有2个数码：0和1。

（2）进位基数：2。

（3）逢2进1（加法运算），借1当2（减法运算）。

二进制数也可以表示为按权展开式，例如：

$$(1110.01)_2 = 1 \times 2^3 + 1 \times 2^2 + 1 \times 2^1 + 0 \times 2^0 + 0 \times 2^{-1} + 1 \times 2^{-2}$$

它与十进制相比，进位基数变化了，相邻位的权表现为2的幂次关系。与十进制相类似，一个任意二进制数 $a_n a_{n-1} \cdots a_1 a_0 a_{-1} \cdots$，可以表示为按权展开式：

$$a_n \times 2^n + a_{n-1} \times 2^{n-1} + \cdots + a_1 \times 2^1 + a_0 \times 2^0 + a_{-1} \times 2^{-1} + \cdots$$

注意：为区别起见，将二进制数用括号括起来并在其右下角标上2，其他进位制数也可以这样表示。例如：$(111.01)_2$ 代表多大的十进制数？计算出的结果表达式为

$$(111.01)_2 = (7.25)_{10}$$

3. 八进制（Octal notation）

八进制的特点：

（1）有8个数码：0，1，2，3，4，5，6，7。

（2）进位基数：8。

（3）逢8进1（加法运算），借1当8（减法运算）。

一个八进制数 $(237.6)_8$ 的按权展开式与十进制数的对应关系如下：

$$(237.6)_8 = 2 \times 8^2 + 3 \times 8^1 + 7 \times 8^0 + 6 \times 8^{-1} = (159.75)_{10}$$

八进制数的按权展开式可以表示为

$$a_n \times 8^n + a_{n-1} \times 8^{n-1} + \cdots + a_1 \times 8^1 + a_0 \times 8^0 + a_{-1} \times 8^{-1} + \cdots$$

4. 十六进制（Hexadecimal notation）

十六进制的特点：

（1）有十六个数码：0，1，2，3，4，5，6，7，8，9，A，B，C，D，E，F。

（2）进位基数：16。

（3）逢16进1（加法运算），借1当16（减法运算）。

注意：16个数码中的A、B、C、D、E、F分别代表十进制数中的10、11、12、13、14、15，这是国际上通用的表示法。

一个十六进制数 $(12D.8)_{16}$ 的按权展开式及与十进制数的对应关系如下：

$$(12D.8)_{16} = 1 \times 16^2 + 2 \times 16^1 + 13 \times 16^0 + 8 \times 16^{-1} = (301.5)_{10}$$

十六进制数的一般式可以表示为：

$$a_n \times 16^n + a_{n-1} \times 16^{n-1} + \cdots + a_1 \times 16^1 + a_0 \times 16^0 + a_{-1} \times 16^{-1} + \cdots$$

二进制、八进制、十进制与十六进制的对应关系见表 1-1-2-1。

表 1-1-2-1 各种进位数制的对应关系

二进制	八进制	十进制	十六进制
0	0	0	0
01	1	1	1
10	2	2	2
11	3	3	3
100	4	4	4
101	5	5	5
110	6	6	6
111	7	7	7
1000	10	8	8
1001	11	9	9
1010	12	10	A
1011	13	11	B
1100	14	12	C
1101	15	13	D
1110	16	14	E
1111	17	15	F
10000	20	16	10
10001	21	17	11

5. 十进制数转换成二进制数

在十进制数转换成二进制数的过程中，整数部分和小数部分分别用不同方法进行转换。

（1）整数部分：除以 2 取余数，逆向排序。将十进制的整数部分除以 2，取其余数作为相应二进制数的最低位，将商再除以 2，所得余数作为二进制数的次低位，以此类推，直到商变为 0 为止。

例如，将 $(120)_{10}$ 转换为二进制，采用"除以 2 倒取余"的方法，如图 1-1-2-1 所示。

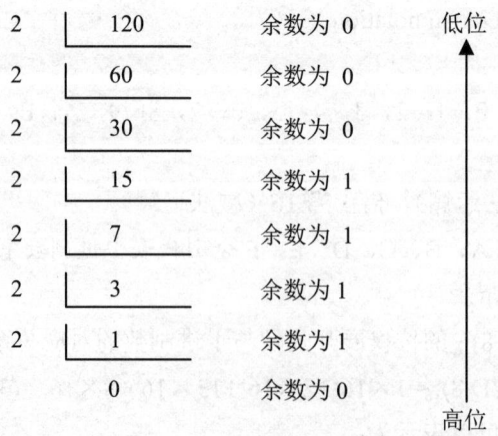

图 1-1-2-1 除以 2 倒取余方法

所以$(120)_{10}=(01111000)_2=(1111000)_2$。

（2）小数部分：乘以 2 取整数部分，正向排序。将十进制小数乘以 2，取乘积的整数部分作为相应二进制数小数点后最高位，再将积的小数部分乘以 2，取整数部分作为小数点后的次高位，以此类推，直到乘积的小数部分为 0 或小数点后的位数达到精度要求为止。

例如，将$(0.125)_{10}$转换成二进制数：

0.125×2=0.25　　取整数为 0
0.25×2=0.5　　　取整数为 0
0.5×2=1.0　　　　取整数为 1

得$(0.125)_{10}=(0.001)_2$。

对于既有整数部分又有小数部分的十进制数，可将其整数部分与小数部分分别转换成二进制数，然后再把两者连接起来。

例题 1：将十进制数 121.8125 分别转换为二进制数，步骤如图 1-1-2-2 所示。

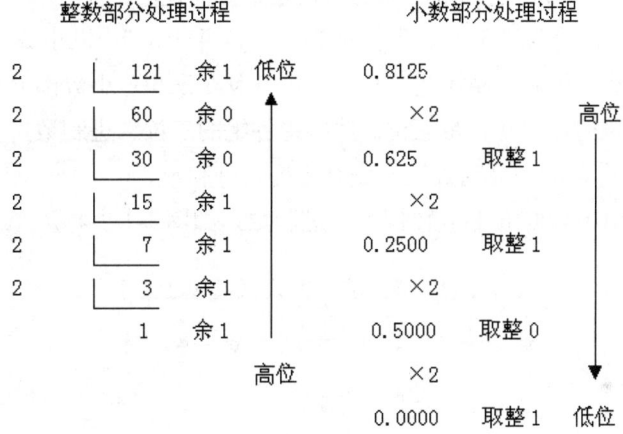

图 1-1-2-2　带小数的十进制数转换二进制数

所以$(121.8125)_{10}=(1111001.1101)_2$。

例题 2：将十进制数 687.5 转换为十六进制数，步骤如图 1-1-2-3 所示。

整数部分处理过程　　　　　小数部分处理过程

16 ｜687　余 15　　　　　0.5
16 ｜42　　余 10　　　　　×16
16 ｜2　　　余 2　　　　　8.0
　　 0

图 1-1-2-3　带小数的十进制数转换十六进制数

即$(687.5)_{10}=(2AF.8)_{16}$。

十进制数转换为二进制数的方法，可以推广到十进制数转换为其他进制数，不同之处是不同进制的进位基数不同。例如八进制数的进位基数是 8，十六进制数的进位基数是 16，但转换算法是一样的。

模块一　信息技术基础

6. 十进制数转换为八进制数

（1）整数部分：除 8 取余，先得为低位后得为高位。

（2）小数部分：乘 8 取整，先得为高位后得为低位。

7. 十进制数转换为十六进制数

（1）整数部分：除 16 取余，先得为低位后得为高位。

（2）小数部分：乘 16 取整，先得为高位后得为低位。

8. 十进制数转换为 N 进制数

（1）整数部分：除 N 取余，先得为低位后得为高位。

（2）小数部分：乘 N 取整，先得为高位后得为低位。

9. 二进制数与八进制数之间的转换

二进制数的进位基数是 2，八进制数的进位基数是 8，而 $8=2^3$，因此八进制一位对应于二进制三位，所以八进制数与二进制数之间的转换是十分简便的。

（1）二进制数转换为八进制数，可概括为"三位并一位"。以小数点为基准，整数部分从右至左，每三位一组，最后一组不足三位时，添 0 补足三位；小数部分从左至右，每三位一组，最后一组不足三位时，添 0 补足三位。然后将各组的三位二进制数按权展开后相加，得到一位八进制数。最后将各位八进制数组合成对应的八进制数。

例如，将 $(1010101011.0010111)_2$ 转换为八进制数，如图 1-1-2-4 所示。

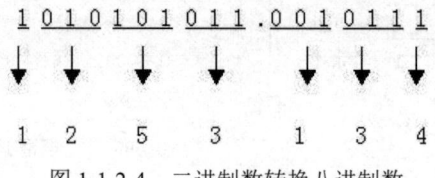

图 1-1-2-4 二进制数转换八进制数

得 $(1010101011.0010111)_2=(1253.134)_8$。

（2）八进制数转换成二进制数，可概括为"一位拆三位"。把一位八进制数写成对应的三位二进制数，然后将各位数连接起来即可（整数部分最高位的零及小数部分最低位的零省略不写）。例如将 $(2754.41)_8$ 转换成二进制数得 $(2754.41)_8=(10111101100.100001)_2$。

10. 二进制数与十六进制数之间的转换

二进制数与十六进制数之间的转换和二进制数与八进制数之间的转换相似。

（1）二进制数转换成十六进制数，可概括为四位并一位。以小数点为基准，整数部分从右往左，小数部分从左往右，每四位一组，不足四位添 0 补足，然后把每组的四位二进制数按权展开相加，得到相应的一位十六进制数码，再将各位数按顺序连接起来即得到相应的十六进制数。

（2）十六进制数转换成二进制数，可概括为一位拆四位。将一位十六进制数一位拆成四位二进制数，然后将各位数连接起来，即可。

例如，将 $(540B.0A)_{16}$ 转换成二进制数，如图 1-1-2-5 所示。

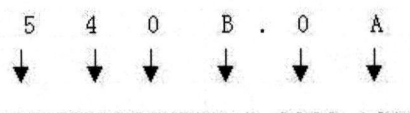

图 1-1-2-5 十六进制数转换二进制数

得(540B.0A)₁₆=(101010000001011.0000101)₂。

在程序设计中,为了区分不同进位制的数,常在数字后加个英文字母作后缀以示区别:

1) 十进制数:在数字后加字母 D 或不加字母,如 512D 或 512。
2) 二进制数:在数字后面加字母 B,如 1011B。
3) 八进制数:在数字后面加字母 O,如 127O。
4) 十六进制数:在数字后面加字母 H,如 A8000H。

任务实训

假设有一个 IP 地址为 192.168.1.100,将上述 IP 地址转换为二进制形式(每个点分隔的部分代表 8 位二进制数)。

知识拓展

数据的现状与发展

任务三 信息技术的概念、发展及应用

任务实施

信息技术是由计算机技术、通信技术、信息处理技术和控制技术等多种技术构成的一项综合的高新技术,它的发展是以电子技术,特别是微电子技术的进步为前提的。

下面将通过信息技术的概念、企业的发展变化来介绍信息技术的发展情况,并介绍信息技术的应用情况。

任务单 1-1-3

任务编号	1-1-3	任务名称	信息技术的概念、发展及应用
任务简介	5G 网络基于低时延、高可靠的特点,在面向工业控制、无人驾驶汽车、无人驾驶飞机等场景时,都有无限的应用可能。请搜索华为 5G 技术的相关知识,围绕 5G 技术在不同行业的应用探讨信息技术的发展史		
设备环境	装有浏览器的台式机或笔记本电脑		
任务要求	了解 5G 技术在不同行业的应用情况,填写下表		

模块一 信息技术基础 15

任务要求	行业		应用情况		
任务执行评价	序号	考核指标	所占分值	备注	得分
	1	任务完成情况	30	在规定时间内完成并按时上交任务单	
	2	成果质量	70	从完整性、准确性、创新性、实用性、规范性等方面进行评价	
	总分				

知识清单

信息技术的概念、发展和应用

一、信息技术的概念

信息技术（Information Technology，IT）是主要用于管理和处理信息所采用的各种技术的总称。它主要应用计算机科学和通信技术来设计、开发、安装和实施信息系统及应用软件。它也常被称为信息和通信技术（Information and Communications Technology，ICT）。主要包括以下技术：

（1）感测技术：获取信息的技术，主要是对信息进行提取、识别和检测，并能通过一定的计算方式显示计量结果。

（2）通信技术：传递信息的技术，主要功能是实现信息在空间从一点到另一点的快速、可靠和安全转移。

（3）计算技术：加工信息的技术，包括对信息的编码、运算、判断等。其目的是使信息更有效、更可靠，并可以在对信息进行处理的基础上提炼知识、发现规律，为决策提供依据。

（4）控制技术：控制技术是指在对获取的信息进行加工和逻辑判断的基础上作出决策，并对操作对象实施控制的技术。

二、信息技术的发展

1. 信息技术发展历程

【搜一搜】信息技术经历了 5 次发展，请搜索之后填写表 1-1-3-1。

表 1-1-3-1　信息技术发展历程

第 1 次	
第 2 次	

续表

第 3 次	
第 4 次	
第 5 次	

2. 天涯社区的兴衰变化过程

天涯社区曾经是我国最具影响力的互联网社区之一，如图 1-1-3-1 所示。但在面临新媒体冲击、内部管理问题以及商业化运营滞后等多重挑战时未能及时应对和调整策略，最终导致其衰落。这一历程不仅反映了互联网行业的快速变化和激烈的竞争环境，也提醒了其他互联网企业在发展过程中需要保持敏锐的市场洞察力和持续的创新能力。

图 1-1-3-1　天涯社区

【搜一搜】搜索天涯社区的兴衰变化过程，填写到下面的横线上。

_____

_____

3. 信息技术的未来趋势

（1）多元化、网络化、智能化。信息技术将继续向多元化、网络化和智能化方向发展。多元化的信息来源和传播方式将使得信息更加丰富和全面；网络化的基础设施将支持信息的快速传递和共享；智能化技术的应用将使得信息处理更加高效和精准。

（2）5G 及未来通信技术的演进。5G 技术的商用部署已经展开，并将在未来几年内持续演进。5G 增强技术以及未来的 6G 技术将进一步提升通信速率、降低延迟，并推动物联网、车联网等应用场景的快速发展。

（3）人工智能技术的广泛应用。人工智能技术将在各个领域得到广泛应用，包括智能制造、智慧城市、智慧医疗等。通过深度学习、自然语言处理等技术，人工智能将能够处理更加复杂和高级的任务，为人类社会带来更大的便利和价值。

（4）大数据与云计算技术的深度融合。大数据与云计算技术的深度融合将催生更多新的应用和服务。通过云计算平台，企业可以更加便捷地处理和分析海量数据，从而发现并洞察有价值的信息。

（5）物联网技术的普及。物联网技术将进一步普及，连接更多的设备和物品。通过物联网技术，人们可以实现对各种设备和物品的远程监控和控制，提高生产效率和生活质量。

（6）安全和隐私保护。随着信息技术的广泛应用，安全和隐私保护问题将越来越受到重视。未来，信息技术的发展将更加注重安全和隐私保护技术的研发和应用，确保用户的信息和数据不被泄露和滥用。

（7）产业融合与跨界合作。信息技术将与传统产业深度融合，推动产业升级和转型。同时，跨界合作也将成为信息技术发展的重要趋势，不同领域的企业将共同探索新的商业模式和应用场景。

三、信息技术的应用

信息技术的应用广泛而深入，几乎涵盖了人类社会的各个领域。

【填一填】根据表 1-1-3-2 给出的例子，补全信息技术在这些领域的应用。

表 1-1-3-2　信息技术的应用

企业管理	教育	医疗	金融	日常生活	其他领域
信息系统建设	在线教育	数字化医疗	电子支付	智能家居	智慧农业

任务实训

随着信息技术的发展，越来越多的企业开始借助工业互联网平台实现数字化转型。搜索一个关于信息技术在工业互联网领域的应用案例，撰写一份调查报告。

知识拓展

5G、6G 的定义及区别

项目二　关注信息安全

项目描述

2024 年 6 月，香港中文大学（The Chinese University of Hong Kong，CUHK）的专业进修学院遭受黑客入侵，导致两万多名学生、教职员工和校友的个人信息被泄露。泄露的信息包括受害者的用户名、真实姓名、机构、部门、手机号码和城市等详细信息。此次事件对受害者的隐私安全造成了严重威胁，也引发了公众对信息安全的关注。

随着信息技术的快速发展和广泛应用，信息安全问题日益凸显。网络攻击、数据泄露、系统漏洞等事件频发，给个人、企业和国家带来了严重的损失。因此，构建和评估信息安全防护系统成为信息技术领域的重要课题。本项目主要介绍信息安全及自主可控的要求。

学习目标

1. 了解信息安全的定义、发展及基本要素。
2. 了解信息安全的等级保护。
3. 了解国产化替代的重要意义。

任务一　信息安全

任务实施

信息技术的快速发展，使社会面临的挑战越来越严峻，信息系统客观存在的大量漏洞，易被敌对势力或黑客用来对系统进行攻击。近年来，网络安全威胁事件频发，造成的各类损失快速增多，持续增长的网络威胁也促使我国的信息安全技术快速发展。随着《中华人民共和国网络安全法》等多部相关法律法规的颁布实施，信息安全越来越得到重视。

任务单 1-2-1

任务编号	1-2-1	任务名称	信息安全
任务简介	日常生活中信息安全的相关案例非常多，任务要求的案例描述了信息安全的重要性和实际应用		
设备环境	装有浏览器的台式机或笔记本电脑		
任务要求	针对以下信息安全的案例，请将应该采取的正确做法填在表格中		
	案例		正确做法
	小李在社交媒体上非常活跃，某天他突然发现自己的账户被陌生人登录，并发布了一些不恰当的内容。经过调查，小李发现是因为他在一个不安全的网站上输入了自己的社交媒体登录信息，导致信息泄露		
	小张在咖啡馆使用免费 Wi-Fi 时，登录了自己的银行账户进行转账操作。不久后，他发现账户资金被盗。经过调查，发现咖啡馆的 Wi-Fi 网络被黑客入侵，用户的登录信息被窃取		
	赵女士的手机不慎丢失，由于她没有设置锁屏密码和远程锁定功能，手机中的个人信息和敏感数据很快被他人获取。这些信息包括她的社交媒体账号、银行卡信息等		

任务执行评价	序号	考核指标	所占分值	备注	得分
	1	任务完成情况	30	在规定时间内完成并按时上交任务单	
	2	成果质量	70	从完整性、准确性、创新性、实用性、规范性等方面进行评价	
	总分				

知识清单

信息安全意识
和信息安全基础

一、信息安全意识

1. 建立信息安全意识

从上面的案例中,大家是否认识到了信息安全的重要性?讨论一下信息安全在现代社会中的广泛应用和潜在风险,填写到下面横线上。

_____

_____

_____

2. 识别网络欺诈行为

识别网络欺诈行为,提高防范意识。

【搜一搜】常见的网络欺诈手段有哪些?填写到下面横线上。

_____

_____

二、信息安全基础

1. 信息安全的定义

信息安全是指信息网络的硬件、软件及其系统中的数据受到保护,不因偶然的或者恶意的原因遭到破坏、更改、泄露,系统可以连续、可靠、正常地运行,信息服务不中断。信息安全的实质是保护信息系统和信息资源免受各种威胁、干扰和破坏。

狭义的信息安全是建立在以密码论为基础的计算机安全领域中的,广义的信息安全不再是单纯的技术问题,而是将管理、技术、法律等问题相结合的产物。

2. 信息安全的发展历程

【搜一搜】信息安全经历了哪些时代?填写到下面的横线上。

_____

_____

3. 信息安全的基本要素

信息安全包括 5 个基本要素，分别是保密性、不可否认性、可控性、可用性、完整性，如图 1-2-1-1 所示。

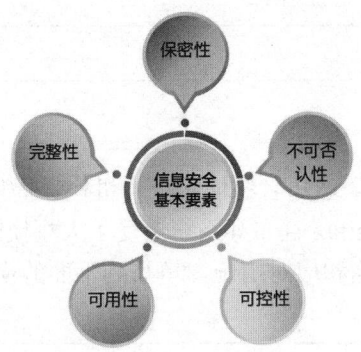

图 1-2-1-1　信息安全 5 要素

4. 信息安全技术

【搜一搜】下面对信息安全技术进行了简要介绍，想要详细了解请自行搜索相关信息。

（1）加密技术。

1）对称加密：如高级加密标准（Advanced Encryption Standard，AES）、数据加密标准（Data Encryption Standard，DES）等。

2）非对称加密：如 RSA、椭圆曲线加密算法（Eliptic Curve Cryptography，ECC）等。

3）数字签名：确保信息的完整性和发送者的身份验证。

（2）身份认证技术。

1）用户名/密码：最基础、最传统的身份认证方式，用户通过输入预设的用户名和密码来证明自己的身份。

2）双因素认证：短信验证码、指纹识别、面部识别等。

3）生物识别技术：指纹、虹膜、面部识别等生物特征的应用。

（3）访问控制技术。

1）基于角色的访问控制（Role Based Access Control，RBAC）：根据用户角色分配权限。

2）基于属性的访问控制（Attribute Based Access Control，ABAC）：根据用户属性和资源属性进行访问控制。

（4）防火墙技术。

1）包过滤防火墙：基于 IP 地址、端口号等进行过滤。

2）状态检测防火墙：跟踪连接状态，提供更细粒度的控制。

3）应用层防火墙：对应用层数据进行检查和过滤。

5. 信息安全等级保护

信息安全等级保护是对信息和信息载体按照重要性等级分级别进行保护的工作。我国《信息安全等级保护管理办法》（公通字〔2007〕43 号）规定，国家信息安全等级保护坚持自主定级、自主保护的原则。信息系统的安全等级保护应当根据信息系统在国家安全、经济建设、社会生活中的重要程度，以及信息系统遭到破坏后对国家安全、社会秩序、公共利益，以及公民、法人和其他组织的合法权益造成的损害程度等因素确定。

【搜一搜】信息系统的安全等级有几级，分别涉及哪些内容？填写到下面的横线上。

_____
_____
_____

任务实训

艾可飞（Equifax）是一家全球知名的信用报告机构，提供个人信用评分、背景调查和其他相关服务。2017年9月，Equifax宣布其系统遭受了大规模网络攻击，导致大量用户数据泄露，请分析此事件的原因、影响和应对措施，填写到下面的横线上。

_____
_____
_____

知识拓展

计算机病毒

任务二　国产化替代

任务实施

某院校计划在其教学和管理信息系统中逐步实现国产化替代，以提高信息系统的安全性和自主可控性，同时支持国产技术的发展，WPS Office 是一款由金山软件股份有限公司开发的办公软件，广泛应用于文档处理、表格计算和演示文稿制作等领域。

任务单 1-2-2

任务编号	1-2-2	任务名称	国产化替代
任务简介	了解 WPS Office 办公软件		
设备环境	装有浏览器的台式机或笔记本电脑		
任务要求	安装 WPS Office 办公软件 2019，打开 WPS 文字、WPS 表格和 WPS 演示，了解有哪些主要功能		
	办公软件	主要功能	
	WPS 文字		
	WPS 表格		
	WPS 演示		

任务执行评价	序号	考核指标	所占分值	备注	得分
	1	任务完成情况	30	在规定时间内完成并按时上交任务单	
	2	成果质量	70	从完整性、准确性、创新性、实用性、规范性等方面进行评价	
	总分				

知识清单

一、国产化替代的背景和意义

1. 背景

国产化替代的背景和意义、现状和挑战

随着国际贸易摩擦的升级，关键技术领域的限制和供应链的不确定性增加，促使我国加快了国产化替代的步伐，以保障供应链的安全和稳定。同时，信息安全的重要性日益凸显，国产化替代有助于减少对国外技术的依赖，提高数据和系统的安全性。此外，国家政策的支持，如《中国制造2025》（国发〔2015〕28号）等战略规划，以及政府采购的引导，为国产化替代提供了政策保障和市场空间。国内市场的庞大需求和用户对自主可控技术的接受度提高，进一步推动了国产化替代的进程。这些因素共同作用，促使我国在信息技术领域加快自主创新，形成完整的产业生态，提升国家的整体信息安全水平。

2. 意义

【想一想】作为当代的大学生，理应承担起强国建设的重要使命，你认为国产化替代的意义是什么？填写在下面的横线上。

_____

_____

二、国产化替代的现状及挑战

1. 行业现状

汽车领域。国产汽车品牌如吉利、长城、比亚迪等，通过不断的技术创新和品质提升，已经成功实现了对部分进口品牌的替代。这些品牌在国内市场的份额不断扩大，同时也在积极开拓国际市场。

电子领域。华为、小米等国内企业凭借强大的研发能力和品牌优势，在手机、计算机等电子产品市场占据了重要份额。特别是华为，在通信设备领域已经实现了对部分外资品牌的替代，并在全球范围内建立了稳固的市场地位。

【搜一搜】

机械领域。_____

_____

工业自动化领域。_____

_____

其他领域。_____

_____

2. 面临挑战

尽管国产化替代已经取得了显著进展，但仍面临一些挑战。

（1）技术瓶颈。部分国产产品在技术性能、稳定性等方面与进口产品仍存在一定差距，需要加大技术研发力度进行突破。

（2）品质问题。一些国产产品在质量控制、售后服务等方面还有待提升，以满足市场和消费者的更高需求。

（3）市场接受度。由于历史原因和消费者心理的影响，一些消费者对于国产产品还存在一定的偏见和疑虑，需要企业加强品牌建设和市场推广。

（4）政策风险。国内外政策环境的变化可能对国产化替代进程产生影响，企业需要密切关注政策动态并及时调整战略方向。

任务实训

查阅资料，列出国产化软件和硬件的名称，填写表 1-2-2-1 和表 1-2-2-2。

表 1-2-2-1 国产软件

操作系统	办公软件	数据库	中间件	企业管理软件	信息安全软件

表 1-2-2-2 国产硬件

处理器	服务器	其他硬件

知识拓展

国产操作系统

模 块 训 练

一、单选题

1. 以下选项是正确的是（　　）。
   A．信息可以独立存在，不需要任何载体
   B．信息必须依附于某种载体，如文字、声音、图像等，才能被传播和存储
   C．信息只能通过电子设备进行传播和表示
   D．信息的表示方式只有二进制一种
2. 以下选项最准确地定义了信息技术的是（　　）。
   A．信息技术仅指计算机技术
   B．信息技术是指利用计算机和通信技术来获取、存储、传输和处理信息的一系列技术
   C．信息技术等同于网络通信技术
   D．信息技术仅包括软件开发和硬件制造
3. 信息技术的发展经历了多个阶段，以下选项正确地描述了信息技术发展的一次重要革命的是（　　）。
   A．第一次工业革命标志着信息技术的诞生
   B．互联网的普及是信息技术发展的起点
   C．人工智能的兴起是信息技术发展的唯一方向
   D．电报、电话、广播、电视的发明和普及应用是信息技术发展的一次重要革命
4. 十进制数 24 转换成二进制数是（　　）。
   A．11100　　　　B．11010　　　　C．11000　　　　D．10100
5. 与二进制数 100101 等值的十进制数是（　　）。
   A．34　　　　　B．36　　　　　C．35　　　　　D．37
6. 以下选项最准确地描述了信息安全与国产化替代之间关系的是（　　）。
   A．信息安全与国产化替代是两个完全独立的概念，没有直接联系
   B．国产化替代只是为了降低采购成本，与信息安全关系不大
   C．国产化替代是提升信息安全的重要手段之一，有助于减少对外依赖和潜在的安全风险
   D．信息安全完全依赖于技术手段，国产化替代对于提升信息安全没有实质性帮助
7. 计算机系统是由（　　）组成的。
   A．硬件系统　　　　　　　　　　B．软件系统
   C．硬件系统和软件系统　　　　　D．硬件系统和使用者
8. 计算机病毒是一个（　　）。
   A．生物病毒　　B．DOS 命令　　C．硬件设备　　D．程序
9. 计算机是采用（　　）的记数方法进行设计的。
   A．十进制　　　B．二进制　　　C．八进制　　　D．十六进制

10. 以存储程序原理为基础的计算机结构是由（　　）最早提出的。
    A．冯·诺依曼　　B．布尔　　　C．卡诺　　　　D．图灵

二、简答题

1. 信息技术由人类社会发展形成，并随着科学技术的进步而不断的变革，至今发生过 5 次革命，请简述这 5 次革命。
2. 计算机的发展有哪几个阶段？
3. 信息安全包括哪些方面？
4. 简述国产化替代的重要意义。

模块二　WPS Office 办公软件

办公软件 WPS Office 是由金山软件股份有限公司自主研发的一款办公软件套装，可以实现办公软件最常用的文字、表格、演示等多种功能，具有内存占用低、运行速度快、体积小巧、强大插件平台支持、免费提供海量在线存储空间及文档模板、支持阅读和输出 PDF 文件、全面兼容微软 Office 97—2010 格式（.doc/.docx/.xls/.xlsx/.ppt/.pptx 等）独特优势。WPS Office 支持桌面和移动办公，包含 WPS 文字、WPS 表格、WPS 演示三大功能模块。

在本模块的学习中，要注意理论联系实际，在实践中感知，熟练运用办公软件，学会用办公软件解决实际问题。

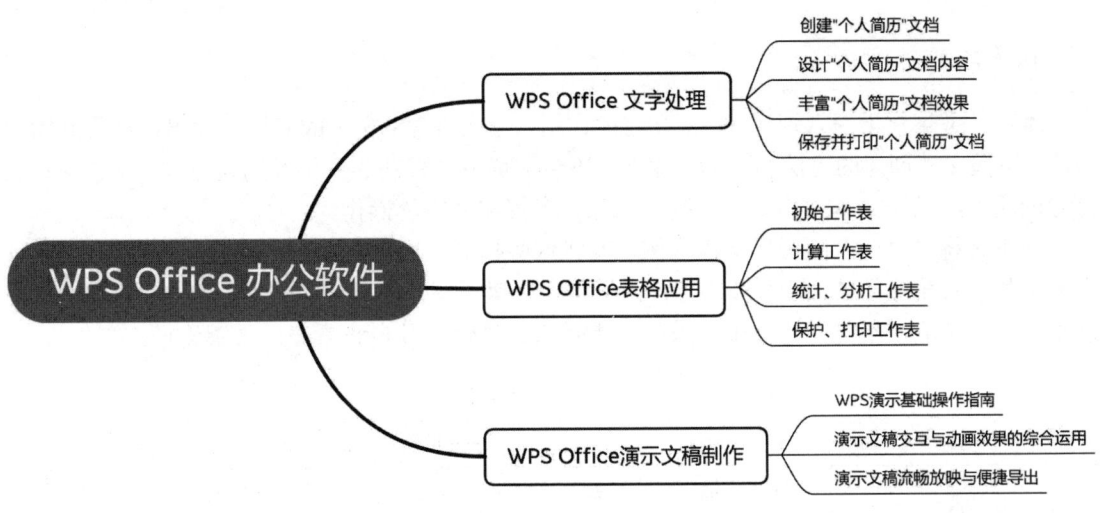

项目一　WPS Office 文字处理

项目描述

在当今数字化和信息化的时代，文档处理已成为工作和学习中不可或缺的一部分。无论是在企业中撰写报告、制订计划，还是在教育领域编写教案、制作课件，文档处理的高效性和准确性直接影响到工作和学习的效果。WPS 文字作为一款先进的办公软件，不仅支持多种土流文件格式，如.doc、.docx、.txt 等，还提供了全面的排版和格式化功能。这使得用户能够轻松进行文本编辑、格式调整、图片插入以及表格制作，从而创建出专业、美观的文档。此外，WPS 文字还在团队协作方面做出了显著优化，它集成了实时协作功能，支持多人同时在线编辑和评论文档，这对于需要团队合作的项目或任务尤为重要，减少了版本冲突和信息遗漏的问题，大大提高了工作效率。

在众多领域中，WPS 文字都展现出了其强大的适用性，那么如何使用 WPS 文字如此丰富的功能呢？如何让文档的编排和格式设置变得更加简单高效呢？如何运用 WPS 文字解决实际问题场景呢？本项目带大家一探究竟。

学习目标

1. 了解 WPS Office 2019 文字的基本功能。
2. 掌握 WPS Office 2019 文字样式和模板的使用。
3. 掌握 WPS Office 2019 文字的基本操作。
4. 掌握 WPS Office 2019 文字中表格的熟练运用。
5. 掌握 WPS Office 2019 文字的排版。
6. 掌握 WPS Office 2019 文字中图片图形及图文混排的方法。

任务一　创建"个人简历"文档

任务实施

本次任务聚焦于深入理解 WPS 文字的作用，学习 WPS 文字的启动与退出，熟悉其窗口组成，掌握文档创建的方法和步骤。此外，还会了解不同视图的作用及切换方式，学会文档及符号的输入，以及文本的移动、复制、删除、查找和替换等操作。

接下来将以"个人简历"文档为例，实践这些技能。用 WPS 文字创建简历，能精准呈现个人优势，如教育背景、工作经历等，让招聘者快速了解，提升求职效率，增加面试机会。熟练掌握这些技能，不仅能提高工作效率，更是信息时代提升自我素养的关键途径。

任务单 2-1-1

任务编号	2-1-1	任务名称	创建"个人简历"文档
任务简介	在现实生活中，人们经常需要进行创建、编辑、删除文档的操作，本次任务讲解利用 WPS 文字创建与编辑文档的相关知识			
设备环境	装有浏览器的台式机或笔记本电脑			
任务要求	1. 了解 WPS 文字的组成部分以及各部分的构成和使用方法 2. 掌握 WPS 文字的创建、保存、打开以及多个文档的切换 3. 掌握 WPS 文字的编辑，包括文字的输入和改写，文本的移动、复制、删除、撤消和恢复等 4. 掌握 Word 文字中特殊字符的编辑 5. 掌握 Word 文字文本的查找和替换			

	序号	考核指标	所占分值	备注	得分
任务执行评价	1	任务完成情况	30	在规定时间内完成并按时上交任务单	
	2	成果质量	70	从完整性、准确性、创新性、实用性、规范性等方面进行评价	
	总分				

一、WPS 文字的启动和退出

启动和退出

日常学习中经常会用到 WPS 文字来撰写作业、整理笔记等。那么，你们有没有想过，启动和退出 WPS 文字背后其实蕴含着一些小知识呢？

【想一想】同学们首先来讨论一下如何启动和退出 WPS 文字，有哪些具体的方法？请填写在下面的横线上。

WPS 文字的启动和退出、文档创建、编辑与保存

_____

_____

二、WPS 文字创建、编辑与保存

（1）新建简历文档，命名为"个人简历"，效果如图 2-1-1-1 所示。

个人简历

姓名：王强

性别：男

出生年月：2000.8.15

民族：汉

政治面貌：团员

学历：大专

毕业学校：山东劳动职业技术学院

专业：计算机软件技术

图 2-1-1-1　"个人简历"效果图

（2）创建并编辑简历正文。

创建 Word 文档可以有多种方式，具体如下。

1）Word 普通空白文档的建立。在启动 WPS Office 2019 后，首先打开的是其"首页"页面，单击左侧竖排的"新建"按钮，即可打开"新建"页面，单击"文字"按钮，再单击"空白文档"按钮即可创建 WPS 空白文档。

2）根据模板新建文档。单击"文件"按钮，如图 2-1-1-2 所示，在 Backstage 视图中选择

"新建"选项后，将显示如图 2-1-1-3 所示窗口，中间视图区显示 Word 文档模板图标，从中选择和用户所需创建文档类型一致的模板，然后单击"立即使用"按钮，即可生成所需文档。另外，只需在相关搜索框中输入对应的文档内容，便可以创建"报告""简历""论文""邀请函"等多种类型的 Word 文档，大大简化了工作过程。

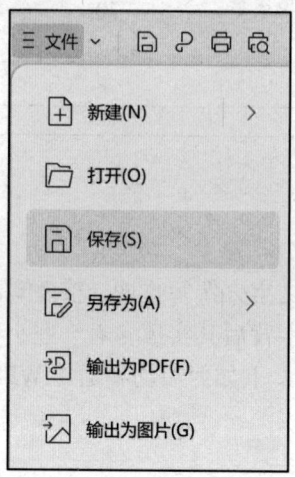

图 2-1-1-2 "文件"按钮

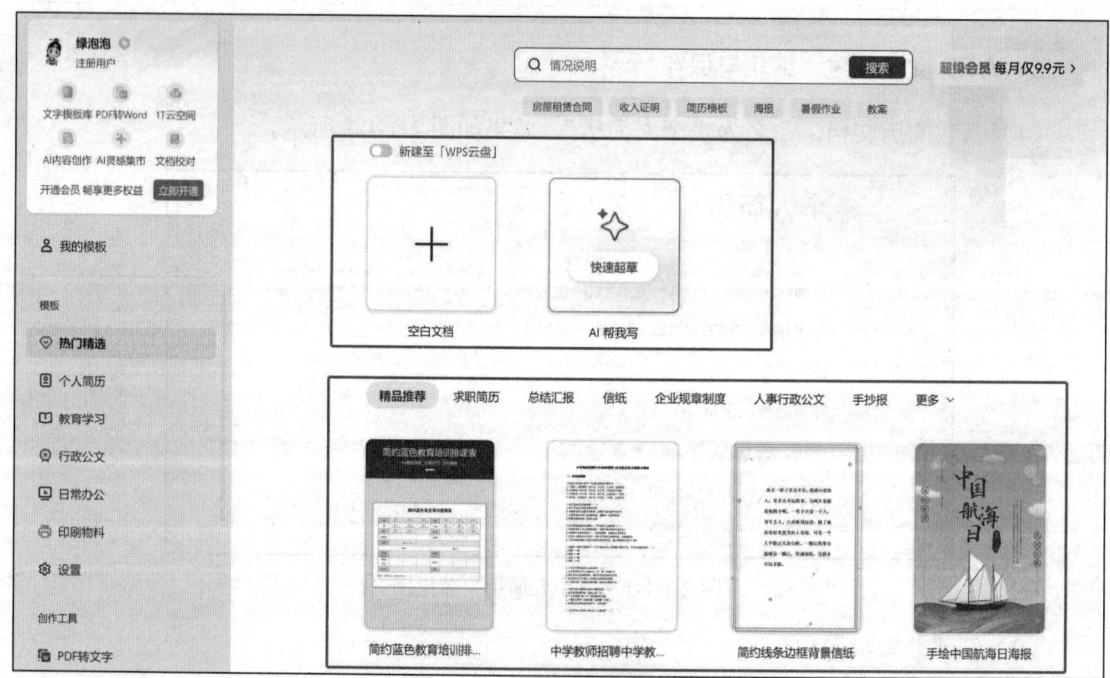

图 2-1-1-3 使用模板新建文档

3）选择和编辑文字。
- 将光标移动到"个"字前面，按下鼠标左键，向右拖动光标到"历"字的后面松开左键，这 4 个字就变成灰底黑字了，表示处于选中状态，如图 2-1-1-4 所示。

图 2-1-1-4 "个人简历"4 字处于选中状态

- 选中"个人简历"之后,选择"开始"选项卡,单击"字号"下拉列表框旁的下拉按钮,选择"初号",单击"字体"下拉列表框旁的下拉按钮,选择"黑体",用同样的办法选中正文文字,将正文字体设置为"宋体",字号设置为"小四"。

4)插入文字。在文中插入"专业"。将光标移动到想插入文字的地方,再用键盘直接输入文字即可。

5)删除文字。删除文中"计算机软件技术"中的"计算机"3 个字。

【想一想】有哪些方法可以删除文字呢?请填写在下面的横线上。

___

6)修改文字。将文中"2000.8.15"改写为"2000 年 8 月 15 日"。

【想一想】有哪些方法可以修改文字呢?请填写在下面的横线上。

___

7)保存文档。完成一个 Word 文档的创建和编辑后,需要将其存储到磁盘上,以保存工作结果。同时,及时保存文档也可以避免由于断电等意外事故造成数据丢失。

【填一填】"保存"命令的组合键是_____。

三、WPS 文字复制、撤消、恢复与移动

WPS 文字复制、撤消、
恢复与移动

(1)复制文字。

1)选中要复制的文本。

2)单击"开始"选项卡中"剪贴板"工具栏上的"复制"按钮,或右击,在快捷菜单中选择"复制"选项,此时选定的文本被放入剪贴板中。

3)将光标移到新位置,单击"开始"选项卡"剪贴板"工具栏上的"粘贴"按钮,或右击,在快捷菜单中选择"粘贴"选项,此时剪贴板中的文本被复制到新位置。

(2)撤消和恢复操作。

在使用 Word 编辑文档的过程中,如果进行了误操作而想返回到原来的状态,可以通过撤消或恢复操作来实现。

1)撤消。用户在执行删除、修改、复制和替换等操作时,难免会出现操作失误的情况,此时可以在快速访问工具栏中单击"撤消"按钮,取消上一次对应的操作。

2)恢复。恢复和撤消操作是相对应的,用于恢复被撤消的操作。操作方法是,在快速访

问工具栏中单击"恢复"按钮。

【搜一搜】

"复制"命令的组合键为_____,"粘贴"命令的组合键_____,"撤消"命令的组合键为_____,"恢复"命令的组合键为_____。

(3)移动文字,将文中"学历"的内容,移到"政治面貌"之前的位置。

方法一:首先要把光标移到选定的文本上,按下鼠标左键将文本拖曳到新位置,然后松开鼠标左键。这种操作方法适合较短距离的移动,例如移动的范围在一屏之内。

文本远距离移动可以使用"剪切"和"粘贴"命令来完成。

方法二:

1)选中要移动的文本。

2)单击"开始"选项卡中"剪贴板"工具栏上的"剪切"按钮。

3)将插入点移到要插入的新位置。

4)单击"开始"选项卡中"剪贴板"工具栏上的"粘贴"按钮。

特殊符号插入

四、特殊符号插入

在简历的最后添加个人荣誉一栏,信息内容如图 2-1-1-5 所示,将光标定位到"2021—2022 学年"之前,选择"插入"选项卡,在"符号"组中单击"符号"按钮,在下拉列表中选择合适的符号;如果没有要插入的符号,则选择"其他符号"选项,将出现"符号"对话框(图 2-1-1-6),选择要插入的符号或字符,再单击"插入"按钮(或直接双击符号或字符)。用同样的方法在第二行和第三行开头插入符号。

☆2021—2022 学年获得"三好学生"称号。

☲2022—2023 学年获得"一等奖学金"。

☗2024—2024 学年获得"优秀班干部"称号。

图 2-1-1-5　个人荣誉信息

图 2-1-1-6　"符号"对话框

五、视图方式的切换

编辑文本时,需要查看文章的内容、格式、段落等效果。WPS 文字处理为用户提供了多种查看方式来满足不同的需要。在"视图"选项卡的"视图"组中可以切换不同的视图方式来查看文档,这些视图包括全屏显示、阅读版式、写作模式、页面、大纲和 Web 版式等,如图 2-1-1-7 所示。

图 2-1-1-7 "视图"选项卡的"视图"组

(1)全屏显示。全屏显示提供了一种沉浸式的阅读体验。此模式隐藏了所有工具栏和菜单,最大化显示文档内容。它适用于需要专注于文本内容而不受其他干扰的场景。

(2)阅读版式。该视图方式适合阅读长篇文章。它隐藏了功能区和选项卡,在屏幕的中间将显示"目录导航""批注""突出显示""查找""自适应"功能选项,如图 2-1-1-8 所示,从中可以点击相应功能等;最右侧有"关闭"按钮,单击"关闭"按钮将退出阅读版式视图。在该视图下,按 Enter 键和 Space 键都可以翻页,使用户可以很方便地进行阅读,这种模式使文档的阅读体验更加舒适,通常包括双页或单页显示方式,适合长时间阅读的场景。

图 2-1-1-8 目录导航

(3)写作模式。该视图也被称为"专注模式",旨在提供一个干净、无干扰的写作环境,隐藏工具栏、菜单、页边距和其他干扰元素,只保留文本编辑区域,减少界面上的视觉干扰,使用户可以专注于写作内容,将文档以全屏形式显示,最大化编辑区域。

(4)页面。页面视图适用于浏览整个文章的总体效果。它可以显示出页面大小、布局,编辑页眉和页脚,查看、调整页边距,处理分栏及图形对象。在页面视图下,文档按照与实际打印效果一样的方式显示。

(5)大纲。在大纲视图中,用户能查看文档的结构,可以通过拖动标题来移动、复制和重新组织文本。还可以通过折叠文档来查看主要标题,或者展开文档以查看所有标题以至正文。大纲视图中不显示页边距、页眉和页脚、图片和背景。

(6)Web 版式。使用 Web 版式视图可以预览具有网页效果的文本。在这种方式下,为了与浏览器的效果保持一致,原来需要换行显示的文本,重新排列后在一行中就全部显示出来。使用 Web 版式可快速预览当前文本在浏览器中的显示效果,便于做进一步的调整。

在"视图"选项卡的"显示"组中,选中"导航窗格"下拉列表框,下拉列表框中有靠左、靠右、隐藏三个选项,可以设置导航窗格的位置,以设置导航窗格靠左为例,如图 2-1-1-9 所示。

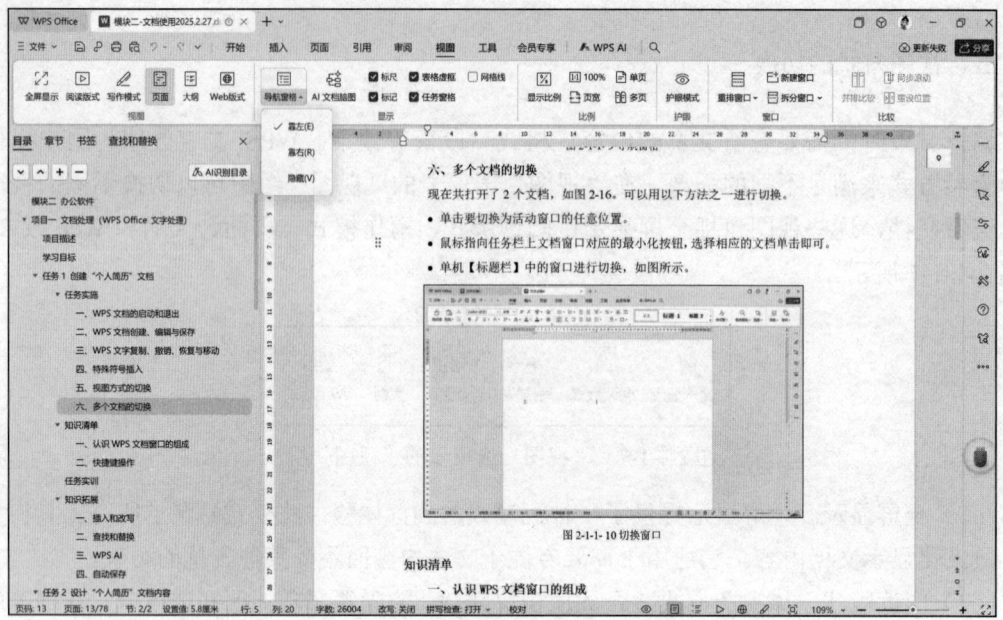

图 2-1-1-9 设置导航窗格靠左显示

六、多个文档的切换

如图 2-1-1-10 所示，当前窗口共打开了 2 个文档，用以下方法之一进行切换。
（1）单击要切换的文档活动窗口的任意位置。
（2）鼠标指向任务栏上文档窗口对应的最小化按钮，选择相应的文档单击即可。
（3）单击标题栏中的窗口进行切换。

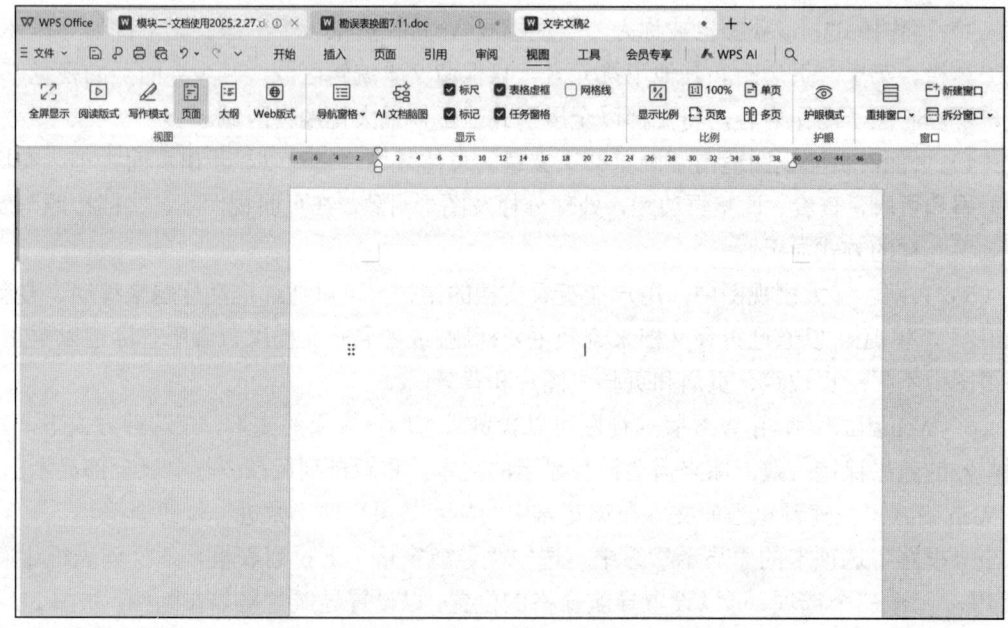

图 2-1-1-10 切换窗口

知识清单

一、认识 WPS 文字窗口的组成

认识 WPS 文字窗口的组成

双击桌面 WPS Office 图标，即可启动窗口，新建空白文档，如图 2-1-1-11 所示。

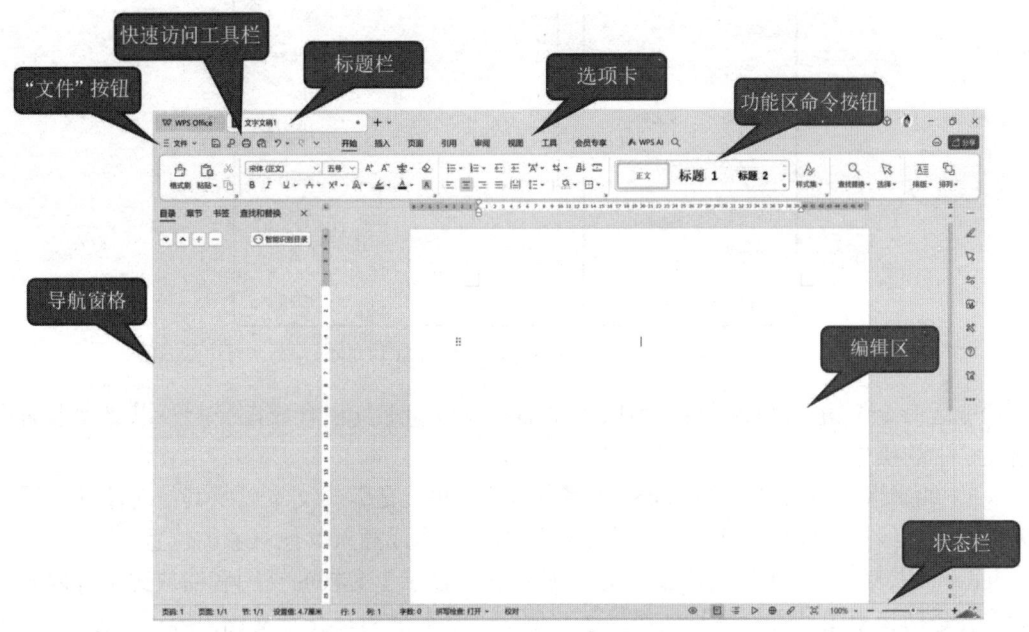

图 2-1-1-11　WPS 文字窗口的组成

WPS 文字的工作界面由标题栏、"文件"按钮、快速访问工具栏、选项卡、功能区命令按钮、编辑区、状态栏、导航窗格八大部分组成。

（1）标题栏。标题栏位于窗口顶端，显示了创建的文档名称，右端按钮依次为 WPS 随行（支持在不同设备间无缝传输和编辑文档）、应用市场、用户登录、最小化按钮、最大化或还原按钮、关闭按钮。

（2）"文件"按钮。"文件"按钮位于窗口的左上角，单击"文件"按钮将打开 Backstage 视图，其中有"新建""打开""保存""另存为""输出为 PDF""输出为图片""输出为 PPT""打印""分享文档""文档加密""备份与恢复""文件瘦身""文档定稿""帮助""选项""退出"等常用选项。

（3）快速访问工具栏。快速访问工具栏位于窗口的顶部"文件"按钮的右侧。这是一个可自定义的工具栏，它包含一组独立于当前所显示的选项卡的命令。单击快速访问工具栏右侧的 ∨ 按钮，将出现下拉菜单，下拉菜单中包括"功能区"和"快速访问工具栏"两个组，如图 2-1-1-12 所示，通过此下拉菜单，用户不仅可以设置功能区显示状态，还可以在快速访问工具栏中添加或删除相关命令的按钮。

（4）选项卡。每个选项卡由数个组构成，组将执行特定类型任务时可能用到的所有命令放在一起，并在整个任务执行期间一直处于显示状态，以方便使用。WPS 文字中有"开始"

"插入""页面""引用""审阅""视图""工具""会员专享""WPS AI"等选项卡,每个选项卡代表一组核心任务,分为若干组。

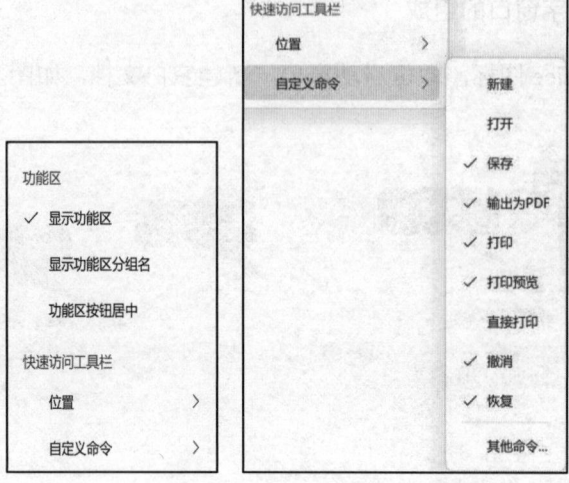

图 2-1-1-12　功能区和快速访问工具栏

功能区命令按钮。功能区将以前版本中的菜单栏和工具栏合成在一起,以选项卡的形式列出文档中的操作命令。

(5)编辑区。编辑区位于 WPS 文字窗口的中央,是编辑文本以及其他对象的区域,其中闪烁着的竖线形光标称为插入点,用于指示输入文本或插入其他对象的位置。

(6)状态栏。状态栏位于窗口底部,默认状况显示了文档的视图和缩放比例等内容,其功能主要是切换视图模式、调整文档显示比例等,从而使用户查看文档内容更方便。

(7)导航窗格。导航窗格一般放置于编辑区的左侧,可进行隐藏。主要功能是快速查看和调整文档结构、定位文档内容,它包括"目录窗格""章节窗格""书签窗格"等内容。

二、组合键操作

在文档编辑过程中,频繁地使用鼠标进行操作会耗费大量的时间和精力,而组合键提供了一种更加高效、便捷的操作方式。使用组合键能够使操作更加连贯、流畅。不仅能够让人们在文档编辑过程中保持良好的工作节奏,还能够帮助人们更好地集中注意力,减少因操作烦琐而导致的分心和失误。

【搜一搜】请根据功能搜索组合键,填写表 2-1-1-1。

表 2-1-1-1　WPS 文字的常用组合键

组合键	功能	组合键	功能
	选取整篇文档		插入点插入剪贴板内容
	加粗文本		关闭文档
	复制所选内容		剪切内容放入剪贴板
	修改选定字符格式		重复上一步操作
	段落居中		取消上一步操作

续表

组合键	功能	组合键	功能
	查找和替换		段落右对齐
	倾斜所选文字		段落左对齐
	调整整段缩进		给所选内容添加下划线
	创建新文档或模板		插入点插入一个分页符
	打开已有的文档或模板		将插入点上移一个段落
	打印文档		将插入点下移一个段落
	删除段落格式		将插入点移到文档开始
	保存当前活动文档		将插入点移到文档结尾
	设置悬挂式缩进		打印预览

任务实训

（1）新建一个 Word 文档，命名为"机器语言"，输入下面虚线框内的文字和特殊符号。

（2）将所有的"Language"查找出来。

（3）将所有的"Language"替换为"语言"并保存。

> ❖机器 Language 和❄程序 Language
>
> 机器 Language 是由 CPU 能直接执行的指令代码组成的。这种 Language 中的"字母"最简单，只有 0 和 1，即便转换为八进制形式，也只有 0、1、…、7 八个"字母"。完全靠这八个"字母"写出千变万化的计算机程序是十分困难的。最早的程序是用机器 Language 写的，这种 Language 的缺点如下：
>
> ①机器 Language 的"字母"太简单，写出的程序不直观，没有任何助记的作用，编程人员要熟记各种操作的代码，各种量、设备的编码，工作烦琐、枯燥、乏味，又易出错。
>
> ②由于不直观，也就很难阅读。这不仅限制了程序的交流，而且使编程人员的再阅读都变得十分困难。
>
> ③机器 Language 是严格依赖于具体型号机器的，程序难以移植。
>
> ④被用机器 Language 编写程序，编程人员必须逐一具体处理存储分配、设备使用等烦琐问题。在机器 Language 范围，许多现代化软件开发方法无法应用。

知识拓展

一、插入和改写

插入和改写、查找和替换

插入和改写是 Word 的两种编辑方式。插入是指将输入的文本添加到插入点所在位置，插入点以后的文本依次往后移动；改写是指输入的文本将替换插入点所在位置的文本。插入和改写两种编辑方式是可以转换的，其转换方法是按键盘上的 Insert 键或右击状态栏，选中"改写"

选项。通常缺省的编辑状态为"插入"。如果要在文档中进行编辑,用户可以使用鼠标或键盘找到文本的修改处,若文本较长,则可以使用滚动条将插入点移到编辑区内,将鼠标指针移到插入点位置单击,这时插入点即移到指定位置。

二、查找和替换

查找某个字符串时,Word 自动从当前光标处开始向下搜索文档,比如查找"WPS"字符串,如图 2-1-1-13 所示,如果直到文档结尾没有找到"WPS"字符串,则继续从文档开始处查找,直到当前光标处为止。查找到"WPS"字符串后,光标停在找出的文本位置,并使其置于选中状态,这时在"查找和替换"对话框外单击鼠标,就可以对该文本进行编辑。另外也可以设置查找的范围。

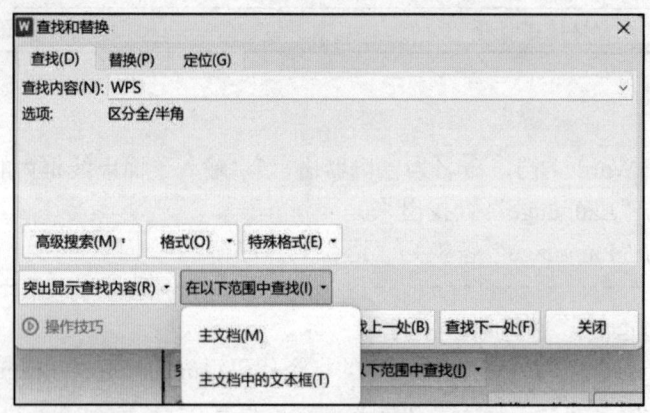

图 2-1-1-13　搜索"WPS"字符串

(1)"查找"和"替换"命令的组合键分别为 Ctrl+F 和 Ctrl+H。在执行查找和替换操作时,单击"更多"按钮,恰当地运用格式控制等参数,将能够实现更多的功能,比如可以将文档中所有红色字体内容改为其他颜色字体。另外,在替换文本时要注意是全部替换还是部分替换。

(2)若"替换为"文本框为空,则执行操作后的实际效果是将查找的内容从文档中删除了。

(3)若是替换特殊格式的文本,其操作步骤与查找特殊格式文本类似。

三、WPS AI

"WPS AI"选项卡右侧有一个搜索按钮框,输入关键词可以查找相关功能、搜索模板。

WPS AI、自动保存

四、自动保存

为了防止死机、停电等意外事件造成正在编辑的文档无法保存,可以设置"自动保存"功能,它可以使 Word 按照设置的时间定期自动保存文档。选择"文件"→"备份与恢复"→"备份中心"→"本地备份设置",在"本地备份设置"对话框中所示位置进行时间设置即可,如图 2-1-1-14 所示。

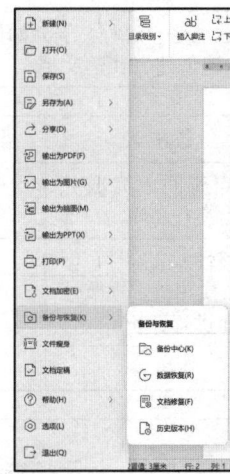

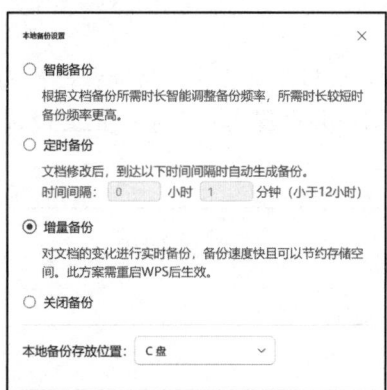

图 2-1-1-14 本地备份设置

任务二 设计"个人简历"文档内容

任务实施

本任务主要是掌握 WPS 文字的排版，包括设置字体格式、段落格式、页眉页脚、格式刷的使用、页面设置、文档的样式、模板等操作。下面将继续以"个人简历"为例，学习 WPS 文字的文档设计内容。掌握 WPS 文字的应用不仅可以提升个人素养，也有助于提升在团队合作中的沟通能力和责任感。

任务单 2-1-2

任务编号	2-1-2	任务名称	设计"个人简历"文档内容
任务简介	在任务一中已经初步创建完成了"个人简历"文档。接下来，通过学习 WPS 文字的基础知识，进一步完善和设计"个人简历"文档，以确保其内容详尽、格式美观、结构合理，从而提升求职竞争力			
设备环境	装有浏览器的台式机或笔记本电脑			
任务要求	掌握 Word 文字的排版，包括设置字体格式、段落格式、页眉页脚、格式刷的使用、页面设置；			

模块二 WPS Office 办公软件

任务要求	熟悉 WPS 文字的样式和模板的具体内容与操作。通过这一过程,学会如何自定义和应用文档样式,以及如何有效地利用模板来快速创建专业的文档				
任务执行评价	序号	考核指标	所占分值	备注	得分
	1	任务完成情况	30	在规定时间内完成并按时上交任务单	
	2	成果质量	70	从完整性、准确性、创新性、实用性、规范性等方面进行评价	
	总分				

一、字体与段落设置

1. 字体设置

新建 Word 文档,输入下面虚线框中的文字,将标题设置为黑体、小三号、居中、加粗、蓝色、添加阴影并设置为空心字;正文设置为宋体、小四号,字符间距加宽为 2 磅。

字体与段落设置

> **个人简历**
>
> 姓名:王强   性别:男
> 出生年月:2000 年 8 月 15 日
> 民族:汉
> 政治面貌:团员
> 学历:大专
> 毕业学校:山东劳动职业技术学院
> 专业:计算机软件技术

方法一:选择"开始"选项卡,在"字体"组中选择相应的字形图标按钮并在字体、字号下拉列表框中进行相关设置,如图 2-1-2-1、图 2-1-2-2 所示。

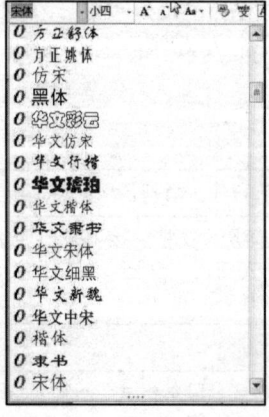
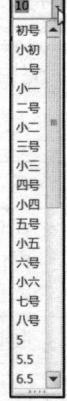

图 2-1-2-1 字体下拉列表   图 2-1-2-2 字号下拉列表

方法二：在"开始"选项卡中，单击"字体"组右下角的对话框启动按钮，弹出"字体"对话框，如图 2-1-2-3 所示，可以设置文本的字体、字形、字号、下划线、颜色以及各种效果。

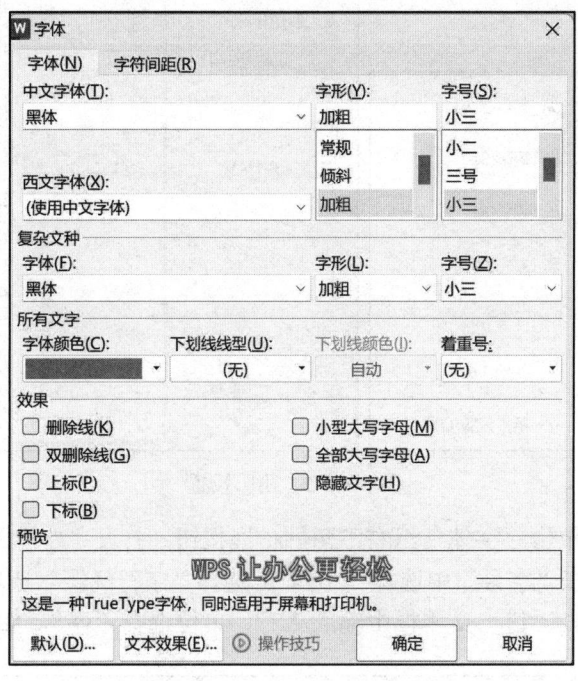

图 2-1-2-3　"字体"对话框

实施步骤：

（1）选择"开始"选项卡，在"段落"组中单击"居中"按钮，标题居中显示，在"字体"组中单击"字体颜色"按钮的下拉箭头，选择字体颜色为蓝色，单击"加粗"按钮，字体将加粗显示。

（2）选择"开始"选项卡，在"字体"组中单击"文字效果"按钮的下拉箭头，会显示文本效果设置的选项，选择"艺术字"，如图 2-1-2-4 所示，会显示各种艺术效果，选择"空心 A"选项可以设置空心效果，选择"阴影"，如图 2-1-2-5 所示，会出现外部、内部等阴影效果，可以选择任意一种，实现阴影效果。

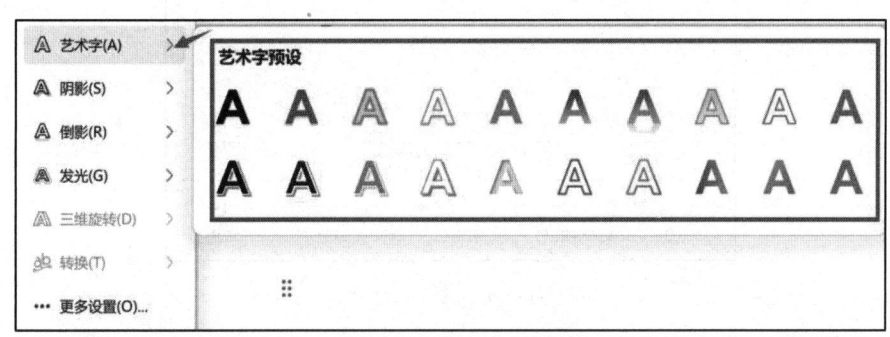

图 2-1-2-4　艺术字设置

图 2-1-2-5　阴影设置

（3）选中正文，单击"字体"组右下角的扩展按钮，打开"字体"对话框，在"中文字体"中选中"宋体"，在"字号"中选择"小四"，选择"字符间距"选项卡，在"间距"下拉列表中选择"加宽"，在"值"文本框中输入"2"，单位选择"磅"，如图2-1-2-6所示。

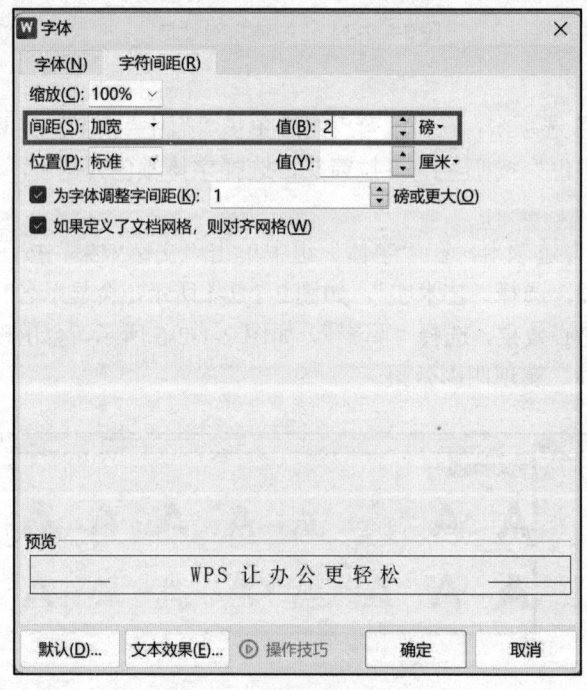

图 2-1-2-6　设置字符间距

（4）保存文档，初步设计完成的"个人简历"效果如图2-1-2-7所示。

```
            个人简历
姓名：王强    性别：男
出生年月：2000 年 8 月 15 日
民族：汉
政治面貌：团员
学历：大专
毕业学校：山东劳动职业技术学院
专业：计算机软件技术
```

图 2-1-2-7　效果图

2. 段落设置

在字体设置的基础上进行段落设置，输入图 2-1-2-8 中的文字并进行以下设置：

（1）正文内容首行缩进 2 个字符，单倍行距。

（2）所学课程内容设置：字体为宋体、倾斜、添加下划线，段前段后缩进 0.5 行，首字下沉 2 行，字体为黑体，距正文 0 厘米。

（3）项目经历和专业技能内容设置：文字分为两栏、含分隔线、栏宽 16 字符，添加蓝色双波浪线边框、浅灰色底纹（均应用于段落）。

```
                        个人简历
姓名：王强      性别：男           出生年月：2000.8.15
民族：汉        政治面貌：团员     学历：大专
毕业学校：山东劳动职业技术学院     专业：计算机软件技术
所学课程：Java 开发、数据结构、计算机组成原理、计算机网络、计算机组成
原理、操作系统、HTML5、JavaEE 服务端编程等。
个人荣誉：
2021—2022 学年获得"三好学生"称号。
2022—2023 学年获得"一等奖学金"。
2024—2024 学年获得"优秀班干部"称号。
项目经验
2023 年 3 月—2023 年 6 月在××公司担任前端开发工程师，负责公司官方网站的
前端页面重构，提升用户体验和页面加载速度。
2022 年 9 月—2022 年 12 月在××公司担任后端开发工程师，参与开发客户关系
管理（CRM）系统，提升公司客户管理效率。实现响应式设计，确保网站在不同设备
上的良好展示效果。
专业技能
编程语言：精通 Java、Python、C++、JavaScript。
熟悉 SQL、PHP、Ruby 开发框架。
熟练使用 Spring、Django、React、Node.js、Vue.js 数据库管理。
熟悉 MySQL、PostgreSQL、MongoDB。
了解 Oracle、SQLite4. 版本控制。
精通 Git 及 GitHub、GitLab 操作，熟悉 SVN。
```

图 2-1-2-8　添加新的文本内容

实施步骤：

（1）创建"个人简历"文档，输入以上图片中内容后选中正文，然后单击"开始"选项卡的"段落"组右下角的对话框启动器按钮⊿，将显示如图 2-1-2-9 所示的"段落"对话框。

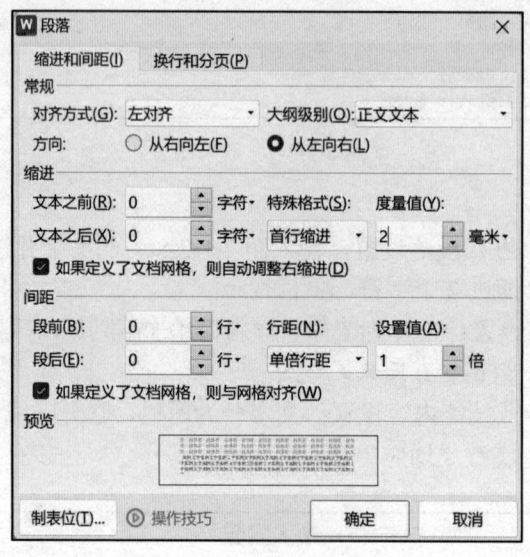

图 2-1-2-9 "段落"对话框

（2）选中所学课程的内容，在"开始"选项卡的"字体"组中选择相应字形图标和字体、字号下拉列表，进行设置。单击 I 按钮，实现字体倾斜设置；单击 U 按钮，实现字体加下划线设置；单击 U 右侧的向下箭头按钮，可以实现下划线显示的其他效果；单击"段落"组右下角的对话框启动器按钮⊿，打开"段落"对话框，具体参数设置如图 2-1-2-10 所示。

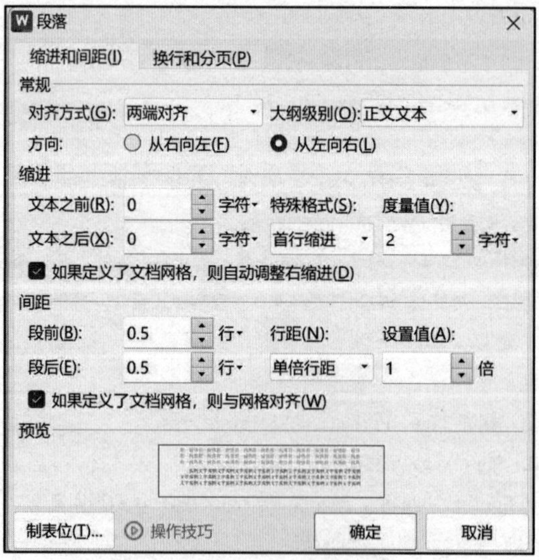

图 2-1-2-10 具体参数设置

选择"插入"选项卡，在"部件"组中单击"首字下沉"按钮，打开"首字下沉"对话框，具体参数设置如图 2-1-2-11 所示。

（3）选中项目经历和专业技能的内容，在"页面"选项卡中，单击"页面设置"组中右下角的对话框启动按钮，弹出页面设置对话框，选择"分栏"选项卡，将弹出"分栏"对话框，选择"两栏"，勾选"分隔线"复选框，栏宽度设为"16，单位为字符"，如图2-1-2-12所示。

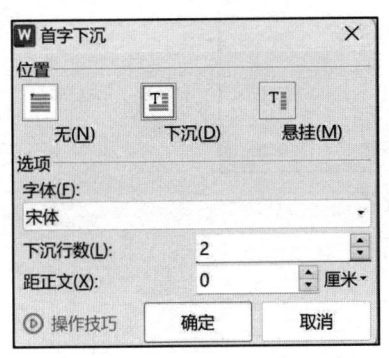

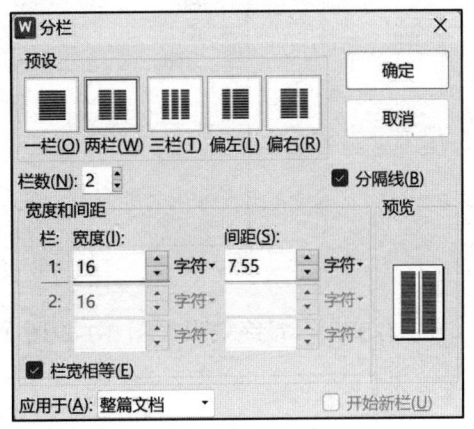

图 2-1-2-11　首字下沉设置　　　　　图 2-1-2-12　"分栏"对话框设置

（4）选中项目经历和专业技能的内容，单击"开始"选项卡"段落"组中"边框"按钮右侧的三角按钮，将弹出如图2-1-2-13所示的菜单，选择"边框和底纹"选项，打开"边框和底纹"对话框。

（5）在"边框和底纹"的对话框中选择"边框"选项卡，"线型"选择"双波浪线"，"颜色"选择"蓝色"，"应用于"选择"段落"，如图2-1-2-14所示。

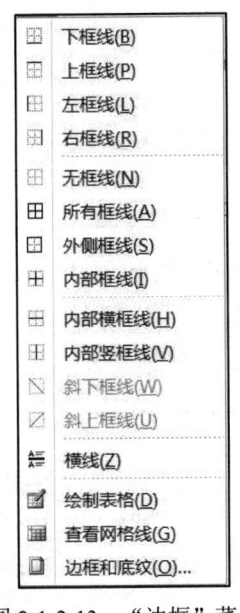

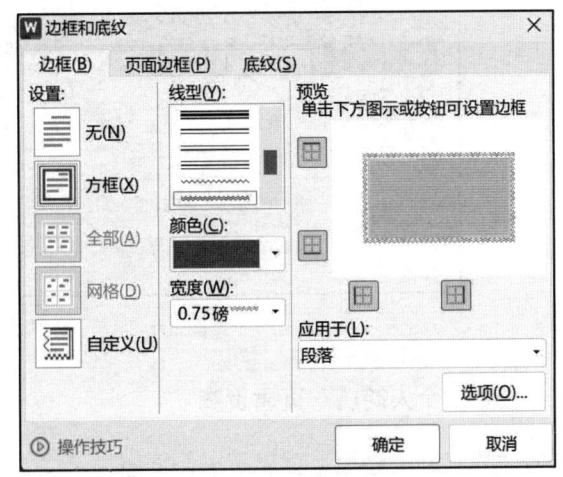

图 2-1-2-13　"边框"菜单　　　　　图 2-1-2-14　边框设置

切换到"底纹"选项卡，"颜色"选择"浅灰色"，"应用于"选择"段落"，如图2-1-2-15所示。

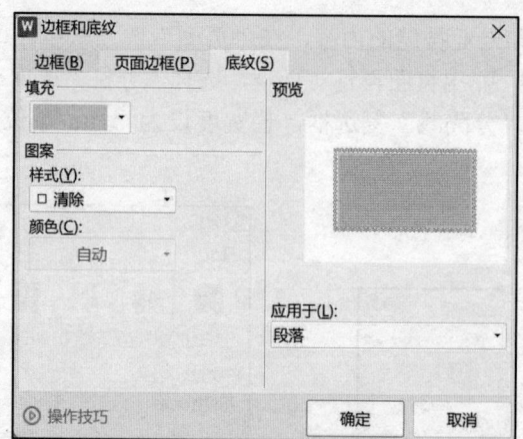

图 2-1-2-15　底纹设置

（6）保存文档，最终效果如图 2-1-2-16 所示。

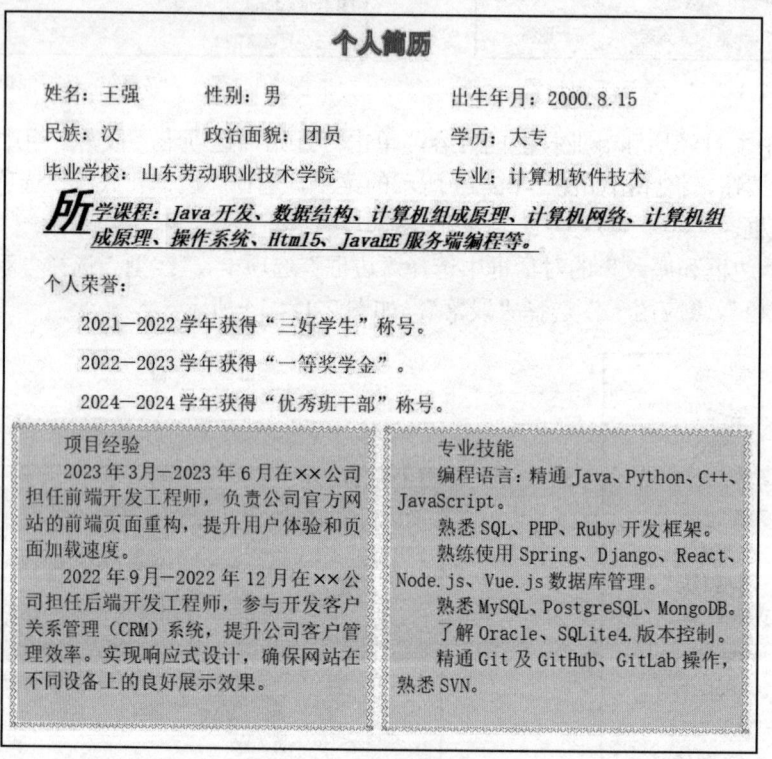

图 2-1-2-16　最终效果图

二、设置"个人简历"页眉页脚

在前面的基础上添加上页眉页脚，页眉显示文字"个人简历"，并设置其字体为小四号、黑体。页脚添加页码，居中显示。

（1）打开文档，在"插入"选项卡下，单击"页眉页脚"按钮，这时将进入页眉页脚编辑状态，如图 2-1-2-17 所示。

设置"个人简历"
页眉页脚

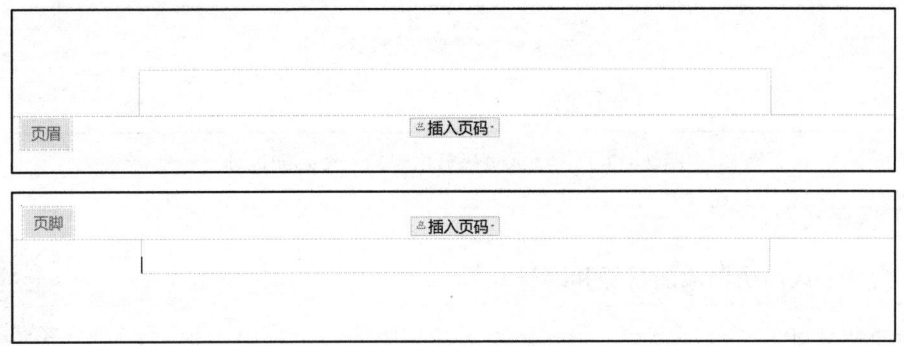

图 2-1-2-17　页眉页脚编辑状态

（2）将光标定位到页眉区域，页眉位置输入"个人简历"，如图 2-1-2-18 所示。并将字体设置为黑体，位置为居中，字号为小四。

图 2-1-2-18　输入"个人简历"

（3）将光标定位到下方页脚区域，双击页脚区域空白处，单击"插入页码"按钮，将显示如图 2-1-2-19 所示的对话框，在此对话框可以设置页码的"样式""位置"，以及页码的"应用范围"，此处选择默认样式，即阿拉伯数字样式，设置完成后，单击"确定"按钮，此时页码的起始页码为"1"。

（4）在"插入"选项卡的"页眉页脚"组中，单击"页码"下的扩展按钮显示如图 2-1-2-20 所示的"页码"对话框。"样式"设置为 1,2,3...形式，设置"起始页码"为"1"，然后单击"确定"按钮。

图 2-1-2-19　设置页码

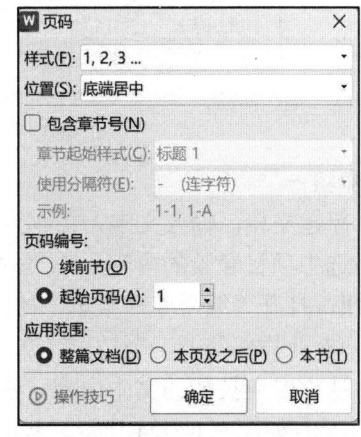

图 2-1-2-20　"页码"对话框

（5）页码插入完成后，会出现"重新编号""页码设置""删除页码"三个功能选项，如图 2-1-2-21 所示，后期可以根据需求对页码重新编号或者删除页码等功能。

图 2-1-2-21　插入页码后出现的三个功能选项

（6）保存文档。

三、为"个人简历"添加符号和编号

为"个人简历"添加符号和编号

在前面的基础上，继续完善文档，给个人简历中的项目经验添加项目编号，给专业技能的前四段添加字母类型项目编号，后两段添加项目符号，给个人荣誉添加特殊符号，最终效果如图 2-1-2-22 所示。

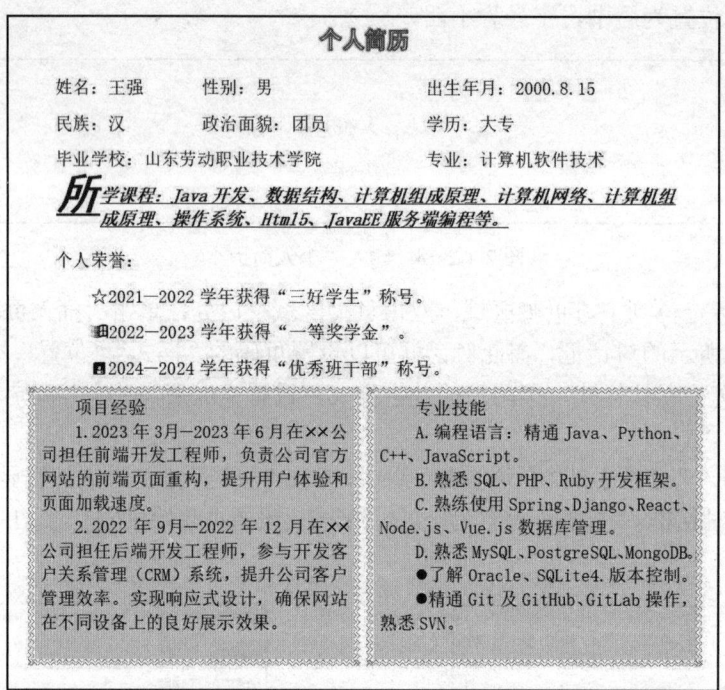

图 2-1-2-22　最终效果图

实施步骤：

（1）新建文档，输入文字，保存为"个人简历.docx"。

（2）选中项目经验的内容，在"开始"选项卡"段落"组中单击"编号"按钮右侧的三角按钮，打开"编号库"菜单，如图 2-1-2-23 所示，从中选择相应的数字项目编号即可。同理，选中专业技能的前三个技能，从中选择相应的字母编号。

（3）选中专业技能的文本内容，在"段落"组中单击右侧的三角按钮，打开"项目符号库"菜单，如图 2-1-2-24 所示，从中选择相应的项目符号，若没有相应的项目符号，则选择下方的"定义新项目符号"，弹出如图 2-1-2-25 所示的"定义新项目符号"对话框，单击"符号"，弹出"符号"对话框，选择相应的符号作为新项目符号。同理，为个人荣誉的文体内容添加特殊符号的步骤同上，"符号"对话框如图 2-1-2-26 所示，此处不再赘述。

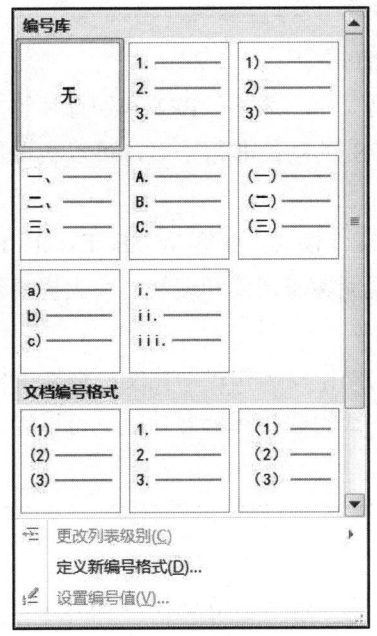

图 2-1-2-23　编号库

图 2-1-2-24　项目符号库

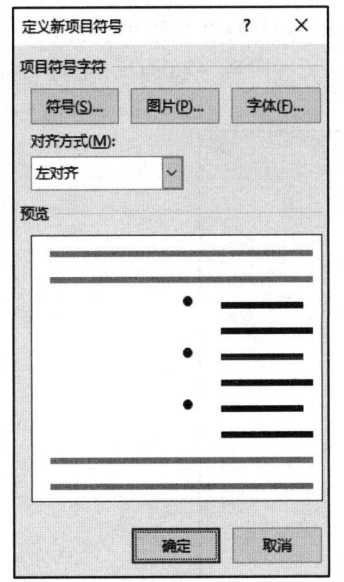

图 2-1-2-25　"定义新项目符号"对话框

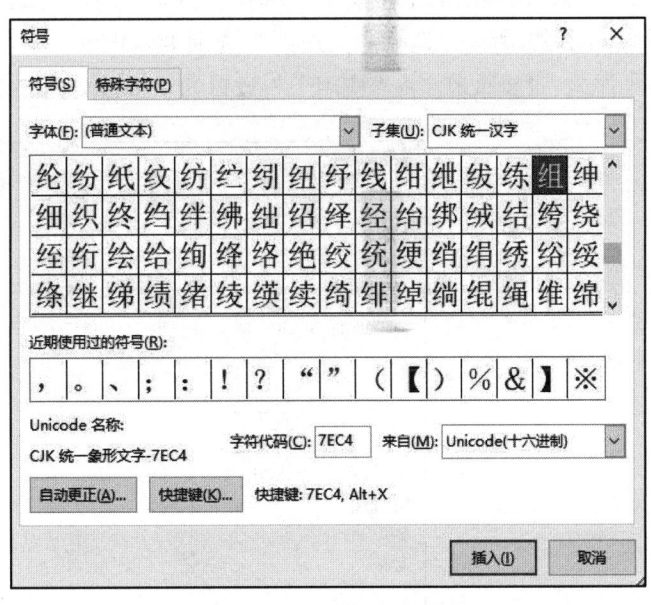

图 2-1-2-26　"符号"对话框

（4）保存文档。

四、页面设置

创建新文档，输入下面虚线框中的文字，进行页面设置：纸张大小设置为 16 开幅面，上、下、左、右页边距分别为 2.5 厘米、2.5 厘米、2.8 厘米、2.8 厘米，纸张方向为纵向。

页面设置

> **WPS Office 2019 简介**
> 　　WPS Office 2019 专业版是一款办公软件，支持文字、表格、PPT 和幻灯片等多种文档格式，可以实现办公自动化，提高工作效率。WPS 的功能非常丰富，可以实现从文档阅读到文档编辑再到打印等各种功能。
> 　　WPS 界面简洁，提供两种皮肤选择，支持多种文件格式，兼容 Word、Excel、PPT 三大办公组件的不同格式，支持 PDF 格式，可以实现无障碍阅读和编辑，大大提高了办公效率。
> 　　WPS 还支持宏功能，可以自动执行一些复杂的操作，例如自动化文档编辑、格式化文档等，大大提高了办公效率。此外，WPS 还有丰富的插件和扩展功能，可以满足用户的不同需求。

实施步骤：

（1）启动 WPS 软件，新建文档，输入文字，保存为"WPS Office 2019 简介"，在"页面"选项卡上的"页面设置"组中，单击"页边距"按钮。

（2）在弹出的下拉菜单中选择"自定义边距"选项，将显示"页面设置"对话框，如图 2-1-2-27 所示。选择"页边距"选项卡，设置上下左右边距分别为 2.5 厘米、2.5 厘米、2.8 厘米、2.8 厘米，将"应用于"设置为"整篇文档"；设置"方向"为"纵向"（默认选项）。

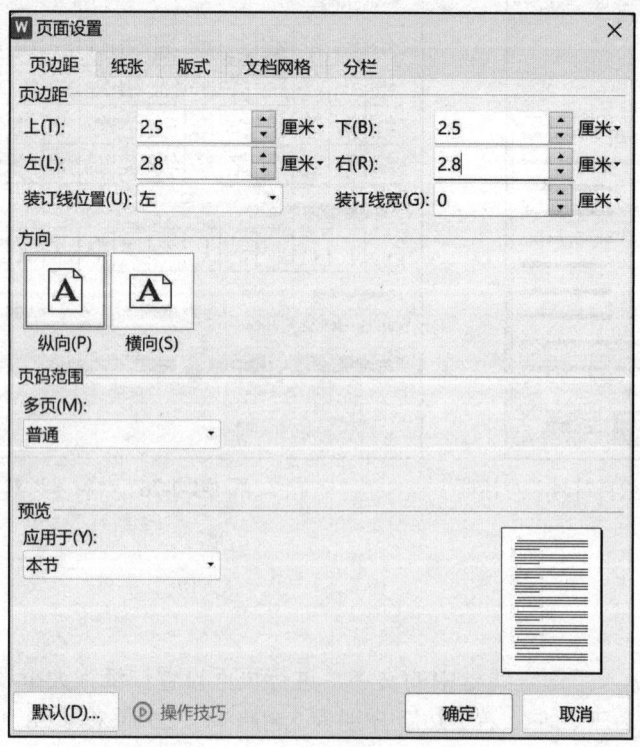

图 2-1-2-27　"页面设置"对话框

（3）切换到"纸张"选项卡，如图 2-1-2-28 所示，在"纸张大小"的下拉列表中选择"16开"。

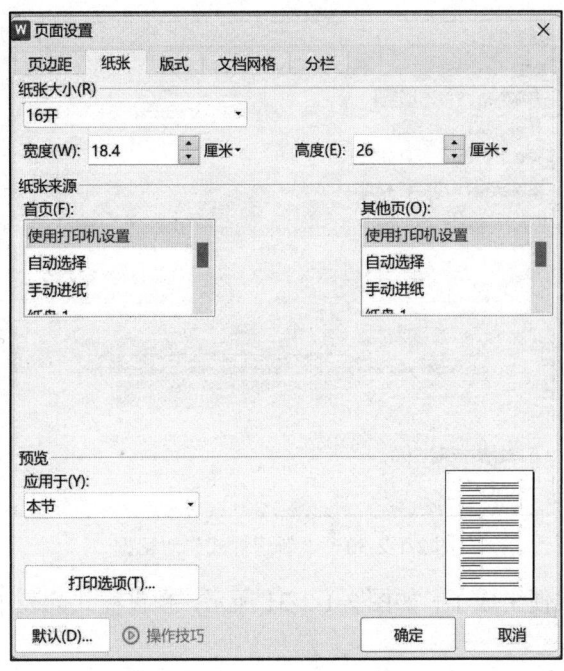

图 2-1-2-28 "纸张"选项卡

（4）保存文档。

五、创建样式

创建样式

创建新文档，输入与上一小节相同的文字，按要求进行操作。

（1）命名为"我的标题"的新样式，其格式如下：

1）基准样式：正文样式。

2）字符格式：三号、楷体、加粗。

3）段落格式：段前和段后间距为 0.5 行、两端对齐、单倍行间距、与下段同页。

将该样式应用于文档"WPS Office 2019 简介.doc"的标题"WPS Office 2019 简介"。

（2）将设置完的文档另存为"WPS Office 2019 简介.doc"。

实施步骤：

（1）打开文档。

（2）选中正文，按案例要求设置字体和格式。

（3）单击"开始"选项卡"样式和格式"组中"预设样式"的下拉按钮，在下拉列表中选择"新建样式"选项，如图 2-1-2-29 所示。

图 2-1-2-29 "预设样式"下拉列表

（4）弹出"新建样式"对话框，如图 2-1-2-30 所示，在"名称"文本框中输入"我的标题"，单击"确定"按钮。

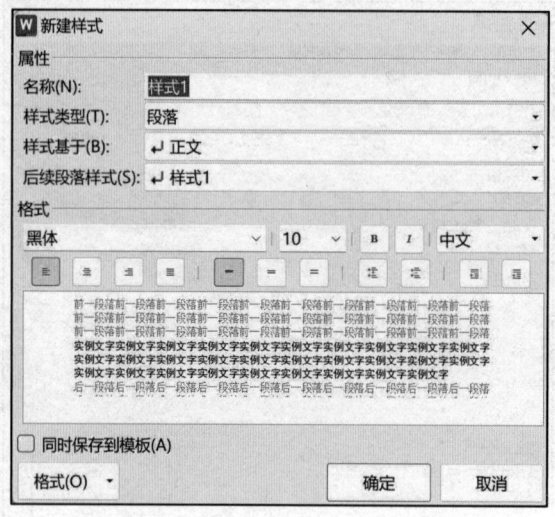

图 2-1-2-30　"新建样式"对话框

（5）一个新的样式便生成了，如图 2-1-2-31 所示，预设样式列表中就出现了"我的标题"样式。

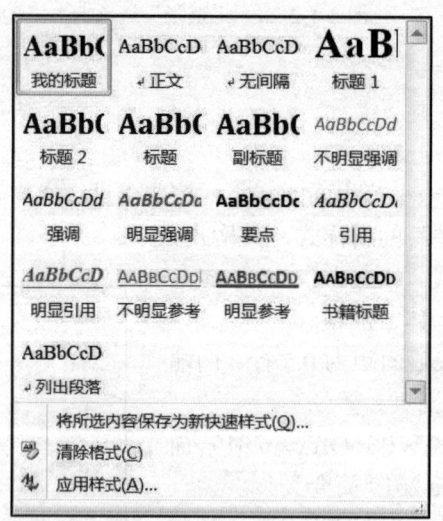

图 2-1-2-31　"我的标题"样式出现在预设样式列表

（6）选中文档中的标题，单击"我的标题"样式按钮，标题就应用了这个样式，另存文档。

六、WPS 文字的模板

WPS 文字的模板

（1）单击"文件"按钮，在 Backstage 视图中将光标悬停在"新建"选项上，在该窗口右侧列表框中选择"本机上的模板"，弹出如图 2-1-2-32 所示的"模板"对话框。

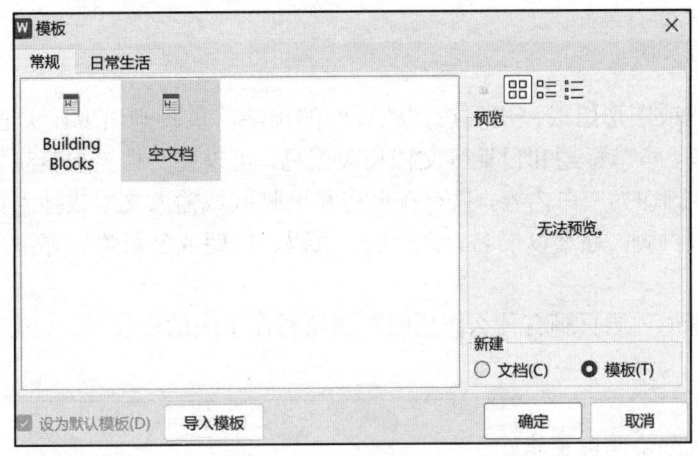

图 2-1-2-32　"模板"对话框

（2）选择一种模板。如果要从一个空白模板和默认设置开始工作，就选择"空文档"模板。

（3）选中右下角"模板"选项，单击"确定"按钮。此时文档标题栏中显示"模板 1"，而不是"文档 1"。

（4）对当前显示的内容按新模板的要求进行编辑，如插入文本、插入图形、页面设置、建立样式、建立宏和自动图文集词条等。

（5）单击"文件"按钮，在 Backstage 视图中选择"另存为"选项。

（6）选择用来保存模板的文件夹。所选定的文件夹决定了选择"文件"菜单中的"新建"选项时，在哪个选项卡中显示该模板。

（7）在"文件名"文本框中输入新模板名，模板的扩展名为.dotx。

（8）单击"保存"按钮。

知识清单

一、字体与段落设置

在 WPS 文字中，字体设置是文本格式化的重要工具，能够显著影响文档的外观和可读性。这些字体设置功能可以帮助用户创建格式规范、外观专业的文档，确保信息的传达既准确又具有视觉吸引力。

【想一想】可以对字体的哪些样式进行设计呢？请填写在下面的横线上。

段落设置功能通常用于文本编辑、排版软件或网页设计中，目的是调整和优化文本的布局和显示效果。这些功能的有效应用可以显著提高文档的专业性和可读性。

【想一想】如何打开段落设置窗口，以及文档的段落设置功能有哪些呢？请填写在下面的横线上。

二、设置页眉页脚

页眉可由文本或图形组成，出现在文档页面的顶端，页脚则出现在页面的底端。页眉和页脚经常包括页码、章节标题和日期等文档相关信息，可以使文档更加美观并便于阅读。默认情况下，页眉和页脚均为空白内容，只有在页眉和页脚区域输入文本或插入页码等对象后，用户才能看到页眉或页脚。通常以书名、章标题、页码、日期或公司徽标等作为页眉内容，以页码作为页脚内容。

【想一想】添加页眉页脚有什么作用呢？请填写在下面的横线上。

三、利用格式刷快速设置格式

Word 中的格式刷具有复制格式的功能，对文档应用设置好的格式时，使用格式刷可以快速复制格式。

利用"开始"选项卡下"剪贴板"组中的"格式刷"按钮可将一个文本的格式复制到另一个文本处，操作步骤如下：

（1）选定已设置格式的文本或将插入点定位在此文本上。

（2）在"开始"选项卡的"剪贴板"组中单击"格式刷"按钮。此时把光标移至文档编辑区后，光标将变成小刷子的形状。

（3）将鼠标指针指向想要改变格式的文本头，按下鼠标左键，拖曳到文本末端，此时想要改变格式的文本呈反向显示，松开鼠标左键即完成字符格式的复制。

（4）若要将格式复制到多处，可双击"格式刷"按钮，然后按上述操作（3）完成各个文本的复制格式工作。全部完成后，单击"格式刷"按钮，结束格式复制操作。

四、设置项目符号和编号

项目符号和编号是在文本前使用的符号。合理使用项目符号和编号，可使文档的层次结构更加清晰醒目。WPS 文字可以在键入文本的同时自动创建项目符号和编号列表，也可以为已存在的文本和段落添加项目符号和编号。

【想一想】什么场景中会用到项目符号和编号呢？请填写在下面的横线上。

五、页面设置

页面设置是指在完成文档内容的编辑后，对文档的纸张参数进行的设置。在新建文档时，使用的是模板默认的页面格式，主要包括文档的纸型、页边距和页面方向等内容。如果有特殊要求，用户可根据需要来修改这些设置。

六、创建样式

WPS 文字提供了强大的样式功能，极大地方便了文档的排版操作。样式是指用有意义的名称保存的字符格式和段落格式的集合，这样在编排重复格式时，可以先创建一个该格式的样式，然后在需要的地方套用这种样式，而无须一次次地对它们进行重复的格式化操作；另外，使用样式便于改变所有应用了同一样式的字符和段落——如果需要对它们的格式进行变动，只需对它们的样式进行修改，而各个字符和段落格式的修改将由 WPS 文字自动完成。

七、修改和删除样式

（1）修改样式。

1）在预设样式列表中选择"我的标题"，右击，在快捷菜单中选择"修改"选项，弹出"修改样式"对话框，如图 2-1-2-33 所示。

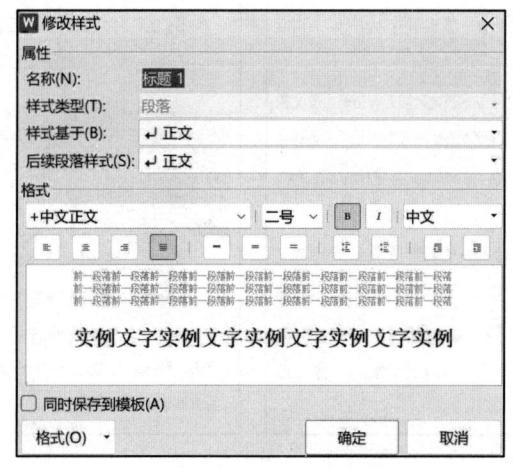

图 2-1-2-33　"修改样式"对话框

2）根据需要修改样式的格式。

（2）删除样式。在预设样式列表中，右击要删除的样式，在快捷菜单中选择"删除样式"选项，即可删除该样式。

任务实训

新建文档，输入图 2-1-2-34（a）中的文字，并按要求进行设置，最终效果如图 2-1-2-34（b）所示。

（1）页面设置。将文档的纸张大小设置为 16 开幅面，上、下、左、右页边距分别为 2.5 厘米、2.5 厘米、2.8 厘米、2.8 厘米，纸张方向为纵向。

（2）段落设置。全部段落首行缩进 2 个字符；段前间距 1 行；段后间距 1.5 行、1.5 倍行距。

（3）标题字体设置。字体设置为隶书，3 号字，加粗，红色，设置为阳文；字符间距加宽 1.5 磅。

（4）第一段正文。中文字体为仿宋，倾斜，添加下划线（波浪线）；段落左右各缩进 2 个字符。

（5）第二段正文。中文字体为黑体，添加蓝色的三线边框，浅绿色底纹（均应用于段落）。

（6）第三段正文。文字分为偏右两栏，含分隔线，栏宽 20 字符；首字下沉 2 个字符，字体为楷体，距正文 0 厘米。

（7）将文档保存为“缪斯的左右手.doc”。

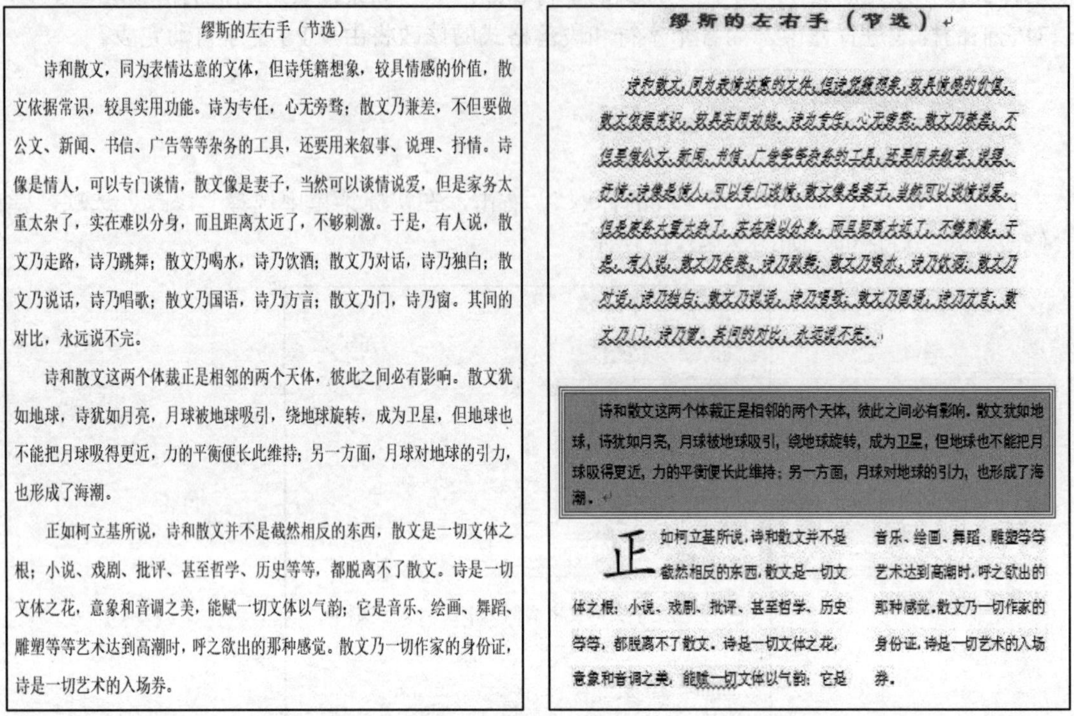

缪斯的左右手（节选）

诗和散文，同为表情达意的文体，但诗凭籍想象，较具情感的价值，散文依据常识，较具实用功能。诗为专任，心无旁骛；散文乃兼差，不但要做公文、新闻、书信、广告等等杂务的工具，还要用来叙事、说理、抒情。诗像是情人，可以专门谈情，散文像是妻子，当然可以谈情说爱，但是家务太重太杂了，实在难以分身，而且距离太近了，不够刺激。于是，有人说，散文乃走路，诗乃跳舞；散文乃喝水，诗乃饮酒；散文乃对话，诗乃独白；散文乃说话，诗乃唱歌；散文乃国语，诗乃方言；散文乃门，诗乃窗。其间的对比，永远说不完。

诗和散文这两个体裁正是相邻的两个天体，彼此之间必有影响。散文犹如地球，诗犹如月亮，月球被地球吸引，绕地球旋转，成为卫星，但地球也不能把月球吸得更近，力的平衡便长此维持；另一方面，月球对地球的引力，也形成了海潮。

正如柯立基所说，诗和散文并不是截然相反的东西，散文是一切文体之根；小说、戏剧、批评、甚至哲学、历史等等，都脱离不了散文。诗是一切文体之花，意象和音调之美，能赋一切文体以气韵；它是音乐、绘画、舞蹈、雕塑等等艺术达到高潮时，呼之欲出的那种感觉。散文乃一切作家的身份证，诗是一切艺术的入场券。

（a）

缪斯的左右手（节选）

诗和散文，同为表情达意的文体，但诗凭籍想象，较具情感的价值，散文依据常识，较具实用功能。诗为专任，心无旁骛；散文乃兼差，不但要做公文、新闻、书信、广告等等杂务的工具，还要用来叙事、说理、抒情。诗像是情人，可以专门谈情，散文像是妻子，当然可以谈情说爱，但是家务太重太杂了，实在难以分身，而且距离太近了，不够刺激。于是，有人说，散文乃走路，诗乃跳舞；散文乃喝水，诗乃饮酒；散文乃对话，诗乃独白；散文乃说话，诗乃唱歌；散文乃国语，诗乃方言；散文乃门，诗乃窗。其间的对比，永远说不完。

诗和散文这两个体裁正是相邻的两个天体，彼此之间必有影响。散文犹如地球，诗犹如月亮，月球被地球吸引，绕地球旋转，成为卫星，但地球也不能把月球吸得更近，力的平衡便长此维持；另一方面，月球对地球的引力，也形成了海潮。

正如柯立基所说，诗和散文并不是截然相反的东西，散文是一切文体之根：小说、戏剧、批评、甚至哲学、历史等等，都脱离不了散文。诗是一切文体之花，意象和音调之美，能赋一切文体以气韵；它是音乐、绘画、舞蹈、雕塑等等艺术达到高潮时，呼之欲出的那种感觉。散文乃一切作家的身份证，诗是一切艺术的入场券。

（b）

图 2-1-2-34 “缪斯的左右手”原文档与最终效果图对比

知识拓展

一、设置缩进

设置缩进最快速的方法是使用标尺（如果标尺没有显示出来，则勾选“视图”选项卡“显示”组中的“标尺”复选框），标尺上面有四种缩进标记，如图 2-1-2-35 所示。先选定欲缩进的段，用鼠标拖动相应的缩进标记向左或向右移动到合适位置，即可完成四种段落的缩进。

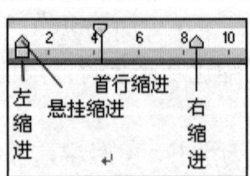

图 2-1-2-35 四种缩进标记

（1）首行缩进。拖动该标记，控制段落中第一行第一个字的起始位置。
（2）悬挂缩进。拖动该标记，控制段落中首行以外其他行的起始位置。
（3）左缩进。拖动该标记，控制段落左边界缩进的位置。
（4）右缩进。拖动该标记，控制段落右边界缩进的位置。

二、设置段落对齐

在使用 WPS 文字编辑文档时,段落的对齐方式直接影响文档的版面效果。

【填一填】

文档段落的对齐方式包括_____和_____两种方式,分别决定了段落在页面水平方向上和垂直方向上的排列方式。

【填一填】

水平对齐方式有 5 种,分别是_____、_____、_____、_____和_____。

可以通过"开始"选项卡的"段落"组中的功能按钮快速设置水平对齐方式。垂直对齐方式的设置,需要在"页面"选项卡中,单击"页面设置"组下"页边距"按钮,选择"自定义页边距"选项,弹出"页面设置"对话框,然后在"文档网格"选项卡中设置文字排列方向为"垂直"即可,后文不再赘述。

三、设置换行和分页

WPS 文字会按照预设置的页边距和纸张大小等相关信息将文档自动分页。如果要设置段落分页的形式,可采用下列方法:

(1)将插入点移动到控制换行分页的段落中任意位置,可选取多个段落

(2)打开"段落"对话框,选择"换行和分页"选项卡,设置换行和分页方法,如图 2-1-2-36 所示。

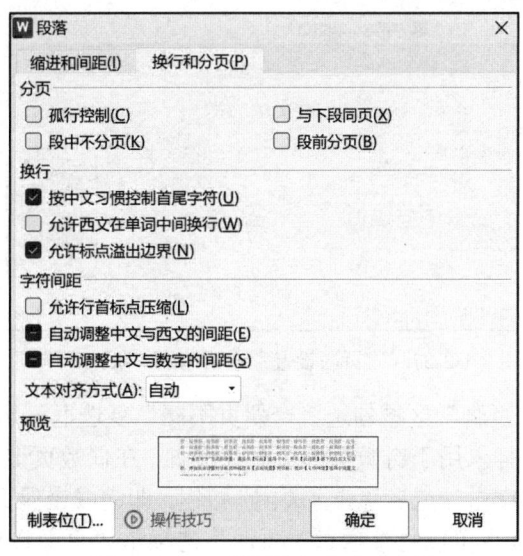

图 2-1-2-36　设置换行和分页方法

(3)根据需要,用户可勾选相应的复选框。

1)孤行控制:可使文档中不出现孤行。段落的第一行单独出现在页面的最后,或段落的最后一行出现在页面的起始,称为孤行。

2)段中不分页:可使同一段落总处于同一页面中。

3)与下段同页:可使文档不在该段落与下一段落之间添加分页符。

4）段前分页：可使文档在该段落前添加分页符。

在文档编排中，要求标题和后续段落在同一页上时，勾选"与下段同页"复选框非常有用，可避免标题出现在一页的底部，而随后的正文出现在下一页的顶部的情况。

四、为奇偶页创建不同的页眉和页脚

为奇偶页创建不同的
页眉和页脚

在很多书籍中奇偶页的页眉和页脚是不同的，例如在奇数页上使用书籍名称页眉，而在偶数页上使用章标题页眉。在 WPS 文字中可以很方便地进行此操作，具体操作步骤如下：

步骤 1：按照前述方法进入页眉或页脚的编辑状态。

步骤 2：在"页面"选项卡的"页面设置"组单击 按钮，打开"页面设置"对话框，并选择"版式"选项卡，如图 2-1-2-37 所示。

图 2-1-2-37 "页面设置"对话框的"版式"选项卡

步骤 3：在"页眉和页脚"区域勾选"奇偶页不同"复选框，然后单击"确定"按钮。

步骤 4：在奇数页上插入用于奇数页的页眉或页脚，在偶数页上插入用于偶数页的页眉或页脚，插入完成后，单击空白处或者单击"关闭"按钮，即完成奇偶页页眉或页脚不同的设置。

设置纸张大小和方向也可以直接通过"页面"选项卡"页面设置"组中的"纸张方向"按钮和"纸张大小"按钮来完成；另外，单击"页面设置"组右下角的对话框启动器按钮 ，也可打开"页面设置"对话框。

五、预留出装订线区域

预留出装订线区域

有时，将打印出的文档进行装订时会遮挡文字，为了避免这种情况，可以预留出装订线区域，也就是在要装订的文档左侧或顶部添加额外的空间。

操作步骤如下：

步骤 1：在"页面"选项卡"页面设置"组"页边距"下拉框中，选择"自定义页边距"选项，弹出"页面设置"对话框。

步骤 2：在"页面设置"对话框"页边距"区域的"装订线位置"列表框中，选择"左"或"上"。

步骤 3：通过"装订线宽"组合框右面的微调按钮调整装订线边距的值，也可以直接输入装订线边距的值。

步骤 4：单击"确定"按钮即可完成装订线的设置。

任务三　丰富"个人简历"文档效果

任务实施

本任务主要目标是掌握 WPS 文字中表格的创建和编辑方法；掌握 WPS 文字中表格与文本的相互转换；掌握插入图片的操作，图片格式设置和绘制图形；掌握如何插入数学公式；掌握图文混排。这些技能的学习，绝非独立的软件操作，而是能全面提升用户的综合素养。在未来的日子里，希望同学们能够将今日所学，转化为解决问题的能力，以更加自信的姿态，迎接学习与生活中的各种挑战。每一次文档的编辑，都是对思维的打磨；每一次技能的运用，都是对未来的投资。

任务单 2-1-3

任务编号	2-1-3		任务名称		丰富"个人简历"文档效果	
任务简介	在任务二中，已经设计完成了"个人简历"文档。接下来，通过学习文档表格、图片插入，绘制图形等进一步丰富"个人简历"文档，以确保其内容详尽、格式美观、结构合理					
设备环境	装有浏览器的台式机或笔记本电脑					
任务要求	1. 掌握 WPS 文字中表格的创建和编辑 2. 掌握 WPS 文字中表格与文本的相互转换 3. 掌握插入图片的操作，图片格式设置和绘制图形 4. 掌握如何插入数学公式 5. 掌握图文混排					
任务执行评价	序号	考核指标	所占分值		备注	得分
	1	任务完成情况	30		在规定时间内完成并按时上交任务单	
	2	成果质量	70		从完整性、准确性、创新性、实用性、规范性等方面进行评价	
	总分					

一、建立表格

在编辑文档时,为了更直观形象地说明某些数据,常常需要制作各种表格。例如,通常使用表格制作通讯录、课程表、成绩表等,既直观又美观。在之前的完成的"个人简历"文档的基础上继续补充和完善,需要在文档中添加教育经历的内容,插入表 2-1-3-1。

建立表格、表格的编辑

表 2-1-3-1　教育经历一览表

时间	学校名称	职位
2008 年 9 月—2014 年 6 月	第一实验小学	学生
2014 年 9 月—2017 年 6 月	第一实验中学	学生
2017 年 9 月—2020 年 6 月	高级中学	学习委员
2020 年 9 月—2024 年 6 月	清北大学	团支书

实施步骤:

(1)将光标定位到要创建表格的位置。

(2)在"插入"选项卡的"常用对象"组中,单击"表格"的下拉按钮,将显示"插入表格"菜单,如图 2-1-3-1 所示。

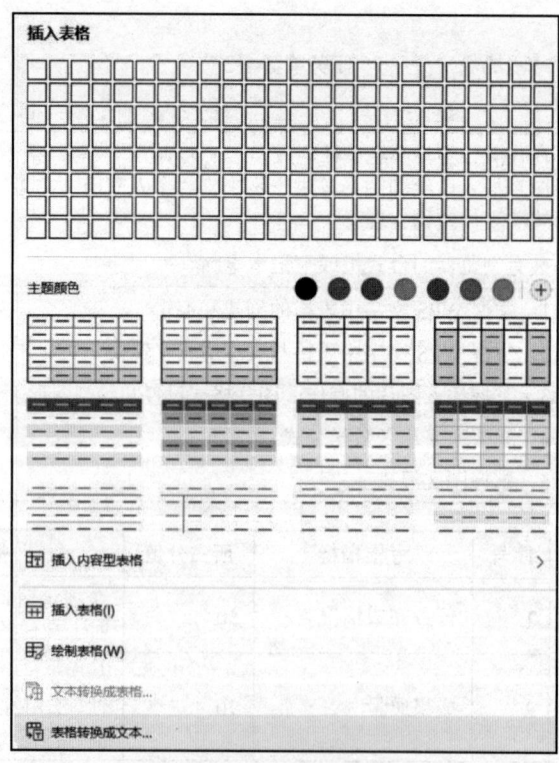

图 2-1-3-1　"插入表格"菜单

(3)在示意框中按住鼠标左键向右下拖拽光标直到所需的行数、列数为止(此处选择 6 行

4列），然后松开鼠标左键。此时就可在插入点处建立一个空表。

（4）将插入点定位到第一个单元格中单击，输入第一个单元格的内容，按 Tab 键，插入点会移到下一个单元格，按 Shift+Tab 组合键会使插入点移到上一个单元格，也可按方向键移动插入点，还可将鼠标直接指向所需的单元格后单击，插入点就定位到单元格中，输入内容即可。

（5）保存文档。

【搜一搜】思考一下，建立表格是否还有其他方法？请填写在下面的横线上。

_____

二、表格的编辑

将表格进一步编辑，最终效果见表 2-1-3-2。

表 2-1-3-2　教育经历一览表

教育经历一览表			
时间	学校名称	职位	证明人
2008 年 9 月—2014 年 6 月	第一实验小学	学生	张三
2014 年 9 月—2017 年 6 月	第一实验中学	学生	李四
2017 年 9 月—2020 年 6 月	高级中学	学习委员	王明
2020 年 9 月—2024 年 6 月	清北大学	团支书	赵明
2024 年 6 月至今	待业	无	周武

实施步骤：

（1）将光标定位到第一行的任一单元格中，右击，在快捷菜单中执行"插入"→"在上方插入行"命令，如图 2-1-3-2 所示，在表格上方就插入了一个空行。

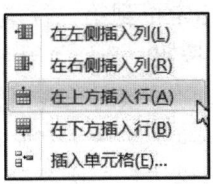

图 2-1-3-2　在表格上方插入空行

（2）同样将光标定位到最后一行的任一单元格中，右击，在快捷菜单中执行"插入"→"在下方插入行"命令，在表格下方就插入了一个空行。

（3）将光标定位到最后一列的任一单元格中，右击，在快捷菜单中执行"插入"→"在右侧插入列"命令，在表格右方就插入了一个空列。

（4）选中第一行，右击，弹出快捷菜单，选择"合并单元格"选项，输入"教育经历一览表"。

（5）在第二行的最后一个单元格内输入"证明人"。在最后一行的第一个单元格内输入"2024 年 6 月至今"。

（6）选中第一行，右击该区域，在快捷菜单中选择"表格属性"选项，打开"表格属性"对话框，单击对话框下方"边框和底纹"按钮，打开"边框和底纹"对话框，切换到"底纹"

选项卡，进行底纹设置，如图 2-1-3-3 所示。

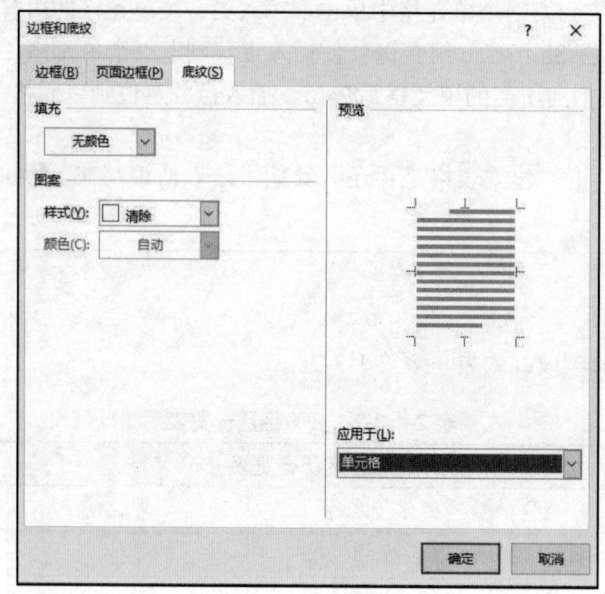

图 2-1-3-3　设置底纹

（7）同（6），设置表格最后一行的底纹。

（8）选中第二行，将第二行的下边框设置为双线。右击该区域，在快捷菜单中选择"表格属性"选项，打开"表格属性"对话框，单击对话框下方"边框和底纹"按钮，打开"边框和底纹"对话框，切换到"边框"选项卡，在"线型"中选择"双线"，在"预览"中设置"下边框"，单击"确定"按钮即可。

（9）同（8），将第一列（除第一行外）的右边框设置为双线。

（10）调整第二行的行高，将光标定位到第二行第一个单元格的位置，在"插入"选项卡的"常用对象"组中，单击"表格"按钮，选择"绘制表格"选项，这时光标移到文档编辑区中会变成铅笔形状，然后在单元格中画一条对角线，输入文字，调整位置。

（11）另外，WPS文字中表格支持插入公式，例如将光标定位到某行最后一个单元格中，计算平均分：切换到功能区显示的"表格工具"选项卡，如图 2-1-3-4 所示。单击"公式"按钮，弹出"公式"对话框，如图 2-1-3-5 所示。在"粘贴函数"下拉列表中选择"AVERAGE"，"公式"文本框中就会出现"=AVERAGE()"，在"()"中输入参数"LEFT"，即对左侧单元格中的数值求平均值，在"数学格式"下拉列表中选择"0.00"，即保留两位小数，单击"确定"按钮即求出平均分。

图 2-1-3-4　"表格工具"选项卡

（12）设置不同单元格的对齐方式，单元格的对齐方式有 9 种。在单元格中右击，弹出快捷菜单，选择"单元格对齐方式"选项，会出现 9 种方式，如图 2-1-3-6 所示。

图 2-1-3-5 "公式"对话框

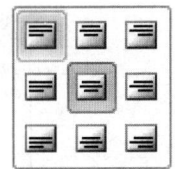
图 2-1-3-6 单元格的 9 种对齐方式

(13) 保存文档。

三、表格和文本的相互转换

实施步骤:

(1) 表格转换成文本。选中需要转换成文本的表格,在"插入"选项卡中选择"表格"下拉菜单中的"表格转换成文本"选项,如图 2-1-3-7 所示,弹出"表格转换成文本"对话框,选择一种文本分隔符,单击"确定"按钮即可,如图 2-1-3-8 所示。

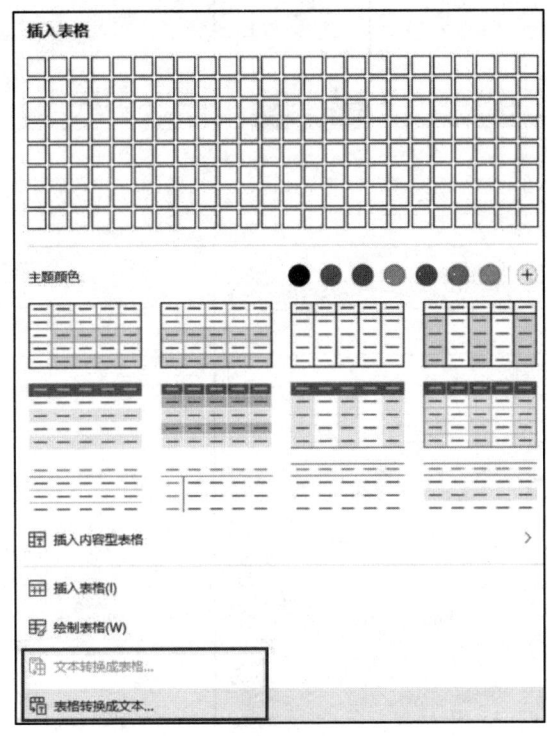
图 2-1-3-7 "表格转换成文本"按钮

图 2-1-3-8 "表格转换成文本"对话框

(2) 将文本转换成表格。

1) 选中需要转换成表格的文本。

2) 在"插入"选项卡的"常用对象"组中,单击"表格"按钮,在下拉菜单中选择"文本转换成表格"选项,弹出"将文字转换成表格"对话框,如图 2-1-3-9 所示,在该对话框中设定列数和文本的分隔符,单击"确定"按钮,则选中的文本被转换为表格形式。

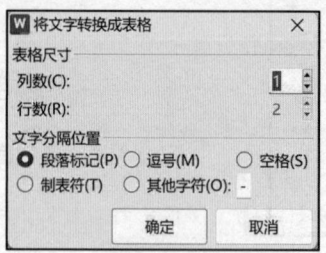

图 2-1-3-9 "将文字转换成表格"对话框

四、插入图片的操作

继续完善"个人简历"文档,在文档的顶部右侧插入任意一张图片,设置图片环绕方式为四周型,宽 3.2 厘米,高 3.6 厘米。效果图如图 2-1-3-10 所示。

插入图片的操作

图 2-1-3-10 效果图

实施步骤:

(1)新建文档,保存为"个人简历.docx"。

(2)将光标定位到顶部右侧,插入个人证件照,在"插入"选项卡的"常用对象"组中单击"图片"按钮，弹出菜单，如图 2-1-3-11 所示，选择"本地图片"选项，弹出"插入图片"窗口，选择图片所在的位置，如图 2-1-3-12 所示，选中之后，单击"插入"按钮即可。

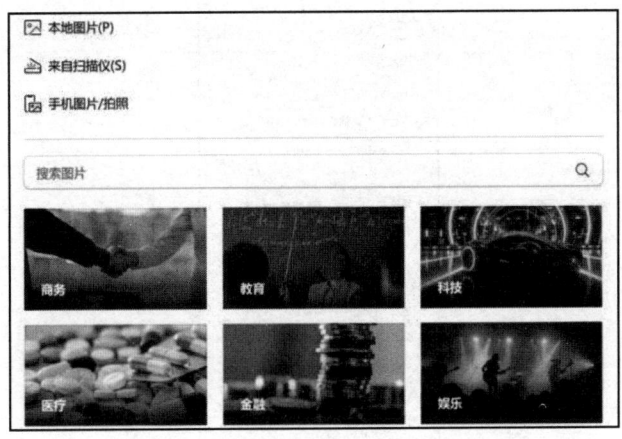

图 2-1-3-11　单击"图片"按钮弹出菜单

图 2-1-3-12　"插入图片"窗口

（3）选中插入的图片后出现"图片工具"选项卡，如图 2-1-3-13 所示，"图片工具"选项卡下方出现图片格式设置功能区，右侧出现图片属性设置栏，如图 2-1-3-14 所示，包括"填充与线条""效果""图片"三个选项卡，可以选择相应的选项卡进行设置；或选中图片，右击弹出快捷菜单，选择"设置对象格式"选项，对图片进行设置。单击"图片工具"选项卡下"排列"组中的"环绕"按钮，如图 2-1-3-15 所示，设置环绕方式为"四周型环绕"。在"大小和位置"组，设置宽度和高度分别为 3.2 厘米、3.6 厘米。

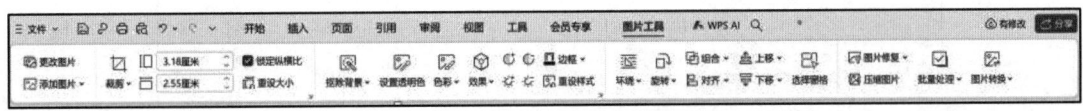

图 2-1-3-13　"图片工具"选项卡

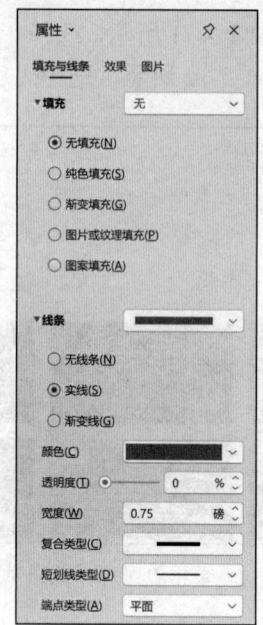

图 2-1-3-14 图片属性设置栏

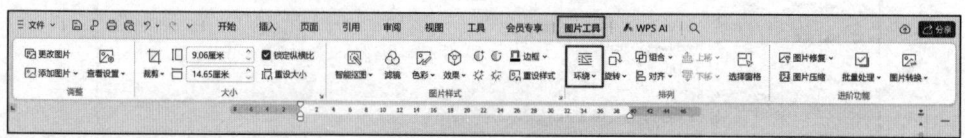

图 2-1-3-15 "环绕"按钮

以上操作也可以选中图片后右击，对图片进行设置，如图 2-1-3-16 所示，包括"设置对象格式""文字环绕"等选项。

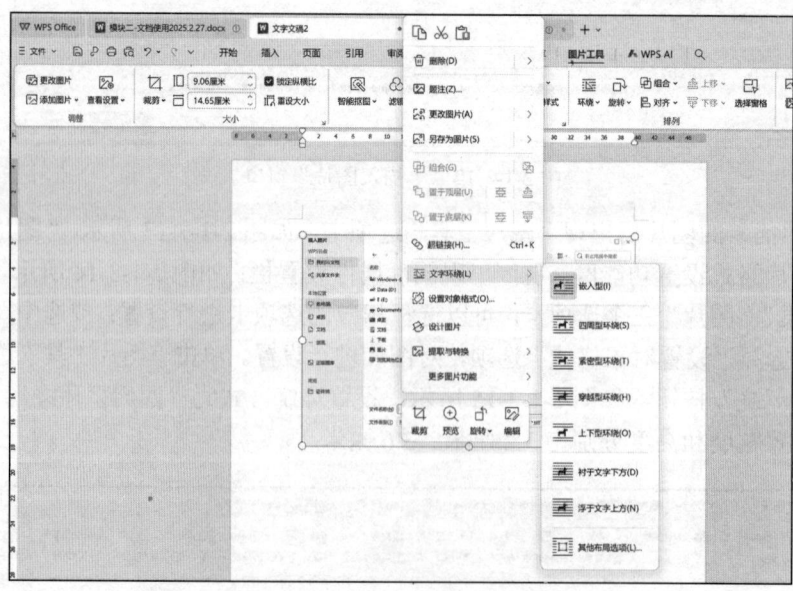

图 2-1-3-16 选中图片后右击效果

（4）保存文档。

五、绘制图形

绘制图形

绘制自选图形——缺角矩形，填充颜色为浅蓝色，边框为深蓝色；其中插入艺术字，选择样式1，宋体，10号，加粗；艺术字填充黄色，线条为黄色。文本框无线条，无填充色。效果图如图2-1-3-17所示。

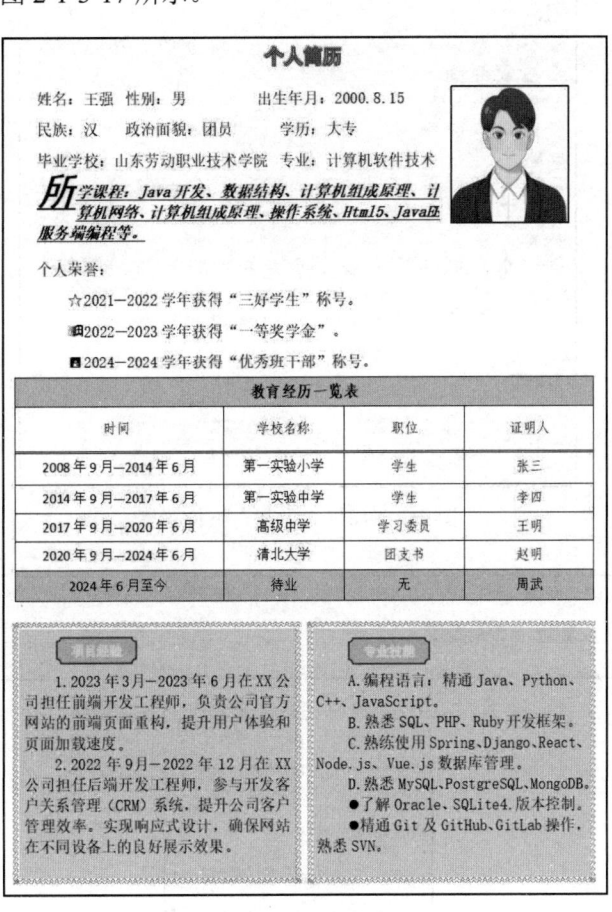

图 2-1-3-17　绘制图形效果图

实施步骤：

（1）继续完善"个人简历文档"。

（2）在"插入"选项卡的"常用对象"组中单击"形状"按钮，出现如图2-1-3-18所示的下拉菜单，在"基本形状"中单击"缺角矩形"图形，鼠标变成十字状，在文档编辑区单击并拖动鼠标左键，缺角矩形就绘制而成了。

（3）选中"缺角矩形"，功能区会出现"绘图工具"选项卡，选择"绘图工具"选项卡，出现各功能组，如图2-1-3-19所示。在"形状样式"组中单击"填充"按钮，设置填充颜色为"浅蓝色"，在"轮廓"下拉菜单中选择"深蓝色"；在"缺角矩形"上右击，在快捷菜单中选择"设置对象格式"选项，弹出绘图属性设置栏，如图2-1-3-20所示，在"透明度"后的文本框中输入"14"。

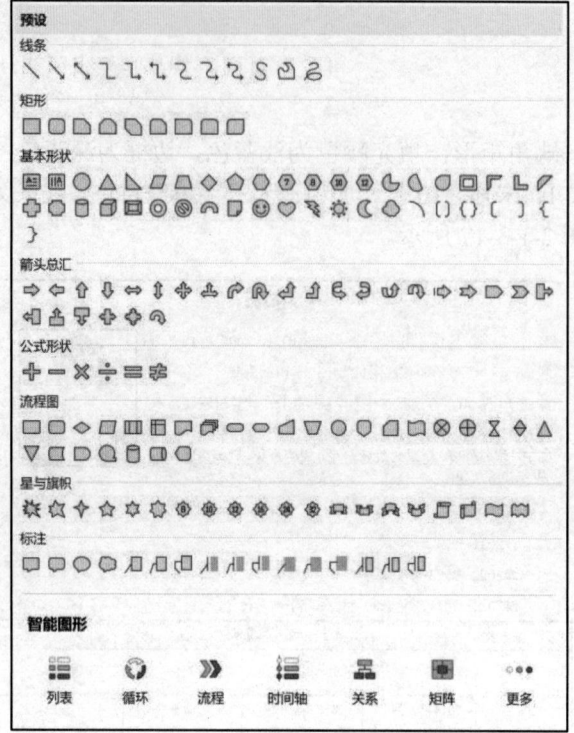

图 2-1-3-18 "形状"下拉菜单

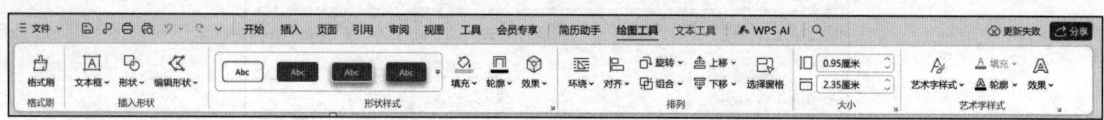

图 2-1-3-19 "绘图工具"选项卡的各功能组

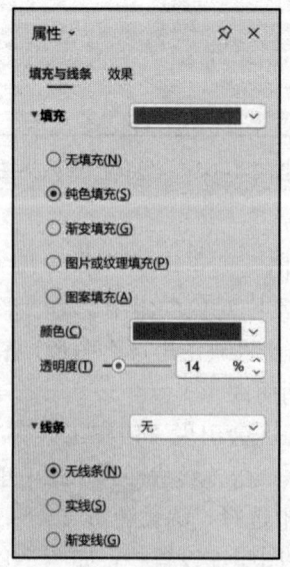

图 2-1-3-20 绘图属性设置栏

（4）单击"插入"选项卡中"常用对象"组的"文本框"按钮，在下拉菜单中选择"横向"，此时鼠标变成十字形，在"缺角矩形"中拖动鼠标，画出文本框，将光标定位到文本框，功能区出现"文本工具"选项卡，如图2-1-3-21所示。单击"艺术字样式"组中的"艺术字"扩展按钮，在下拉菜单中选择其中一个样式，输入"项目经验"文本，设置字体为宋体，字号为10，加粗，如图2-1-3-22所示。

图2-1-3-21　"文本工具"选项卡

图2-1-3-22　编辑艺术字

（5）选中"项目经验"文本，在"文本工具"选项卡下"艺术字样式"组中，单击"填充"按钮，选择"黄色"，单击"文本轮廓"按钮，选择"黄色"。

（6）选中"文本框"，右击弹出快捷菜单，选择"设置对象格式"选项，弹出文本框属性设置栏，设置"填充"为"无填充"，设置"线条颜色"为"无线条"。

（7）调整"项目经验"文本在缺角矩形中的位置，全部选中对象（按Shift键）后，弹出如图2-1-3-23所示功能按钮，单击最后一个按钮即"组合"按钮，或在"绘图工具"选项卡中单击"排列"组的"组合"按钮，如图2-1-3-24所示，文本框和缺角矩形就成为一体了。

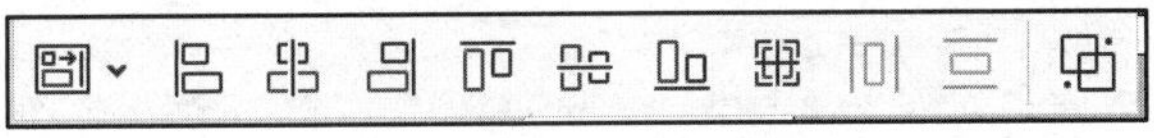

图2-1-3-23　"组合"按钮

图2-1-3-24　"绘图工具"选项卡中"排列"组的"组合"按钮

（8）保存文档。

六、插入公式

插入公式

在撰写和整理理工科方面的文档时，经常需要编辑各种公式。WPS文字提供的公式编辑器能以直观的操作方法帮助用户编辑各种公式。

以插入公式 $X = \dfrac{1}{2T}\int_{-T}^{T} x^2(t)\,\mathrm{d}t$ 为例讲解操作步骤。

操作步骤如下：

（1）新建文档，将光标定位到要插入公式的位置。

（2）在"插入"选项卡的"符号"组中，单击"公式"按钮，将显示如图2-1-3-25所示的公式下拉菜单。

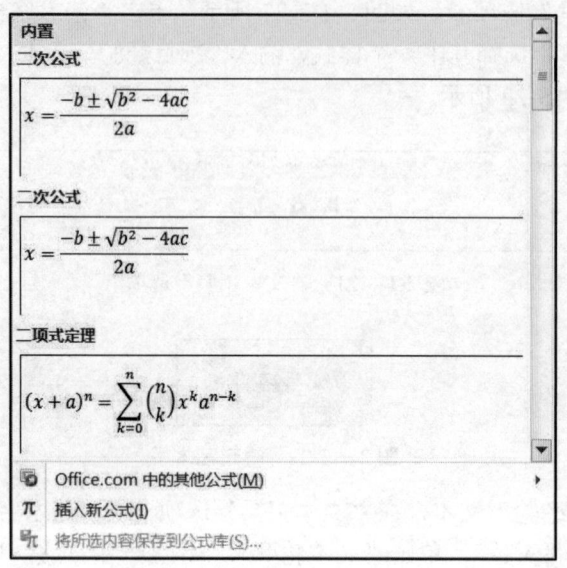

图 2-1-3-25　公式下拉菜单

（3）选择相应的公式选项，即可进行公式的插入和编辑；如果下拉菜单中没有所需公式类型，则应选择"插入新公式"选项，此时将在功能区显示"公式工具"选项卡，如图2-1-3-26所示，并且在插入点显示"在此处键入公式"文本。

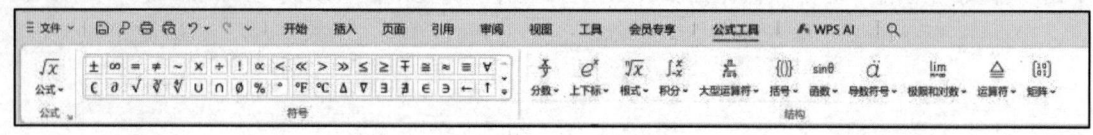

图 2-1-3-26　"公式工具"选项卡

（4）在"公式工具"选项卡中选择相应的公式符号或模板进行编辑即可。
（5）保存文档。

知识清单

表格编辑相关概念

一、表格编辑相关概念

（1）在 WPS 文字中插入和编辑表格是一项重要的技能，有助于有效组织和展示信息。在 WPS 文字中，选择"插入"选项卡，单击"常用对象"组的"表格"按钮，可以在"插入表格"中指定表格行数和列数。
（2）选中表格后，可以通过拖动表格边框或单元格边界来调整行高和列宽。
（3）调整表格的行高和列宽。
1）利用标尺。光标放在表格行或列边框线上时会呈现双箭头形，拖动表格边框线可改变行高和列宽。按 Alt 键的同时拖动表格边框线，在标尺上会显示行高和列宽值。

2）利用菜单。选中表格，右击，弹出快捷菜单，选择"表格属性"选项，弹出"表格属性"对话框，切换"行"和"列"选项卡，设置精确的行高和列宽值，如图2-1-3-27所示。

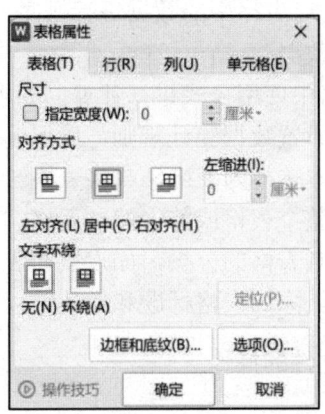

图2-1-3-27　设置精确的行高和列宽值

（4）选中多个单元格，选择"合并单元格"选项，将其合并为一个单元格。

（5）选中表格，右击选择"边框和底纹"选项，可以设置表格的边框样式和单元格的填充颜色。

（6）在单元格中输入文本后，可以通过工具栏设置字体、字号、颜色、对齐方式等，以提升可读性。

（7）选中合并后的单元格，右击选择"拆分单元格"选项，可将其拆分为多个单元格。

（8）在表格中右击某一行或列，选择"插入行"或"插入列"选项，可快速增加新的行或列。

（9）删除行列。选中要删除的行或列，右击选择"删除"选项。

（10）WPS文字中的表格插入与编辑涉及多个基本概念和操作技巧。掌握这些内容可以有效提升文档的信息组织和呈现能力，增强其专业性和可读性。

二、表格进一步完善编辑

在WPS文字中，表格的进一步完善编辑通常是指在基础表格内容编辑完成后，进行更多的优化和功能提升。这样做的目的是让表格更加符合文档需求，并提高其可读性、结构性与美观性。

在WPS文字中插入表格后，进一步完善编辑可能包括以下几个步骤：

（1）调整表格结构。添加或删除行和列、合并或拆分单元格、调整行高和列宽以适应内容。

（2）格式化表格。设置单元格的背景颜色或图案、应用边框样式，包括边框的颜色和线条粗细，调整文本的字体、大小、颜色和对齐方式。

（3）输入和编辑数据。输入数据或文本到表格的单元格中、编辑或删除已存在的数据。

（4）应用表格样式。应用预设的表格样式，快速改变表格的外观、自定义表格样式，包括字体样式、边框和颜色等。

（5）格式化文本。设置文本的粗体、斜体、下划线等；调整文本的行间距和段落间距。

（6）设置表格属性。设置表格的对齐方式，如居中或左对齐；调整表格的缩进和边距。

（7）设置表格标题行。设定某些行或列作为标题行，以便在表格跨越多页时重复显示。

（8）设置表格排序和筛选。对表格中的数据进行排序，可以是升序或降序；应用筛选条件，以便只显示符合特定条件的数据。

（9）设置表格公式。在表格中使用公式进行计算，如求和、求平均值等。

（10）设置表格数据验证。设置数据验证规则，确保输入的数据符合特定格式或条件。

（11）设置表格转换。将文本转换为表格，或将表格转换为文本。

（12）设置表格保护。保护整个表格或特定的单元格，防止被其他人修改。

（13）控制表格的分页。控制表格的分页，如设置在表格前后分页。

（14）提高表格的可访问性。添加表格标题和描述，以提高文档的可访问性。

三、WPS 文字中图片图形文件的操作

WPS 不仅有强大的文字处理功能，同时还可以插入各种形式的图片、艺术字等，创建出图文并茂，美观大方的文档，也可以插入页码、目录、公式等，增强了 WPS 的各种处理功能。

插入的图片，可以是 WPS 附带的剪贴画和形状，也可以是计算机中其他文件中的图片。剪贴画是一种矢量图片，包括人物、动植物、建筑、科技等各个领域，精美而实用，但剪贴画毕竟数量和种类有限，用户可以根据个人喜好选择自己文件中的图片，制作出来的文档更丰富多彩和个性化。

另外，可以将文字和图像按照一定的规则和格式进行组合，即图文混排，以达到视觉和信息传达的最佳效果。这种方式广泛应用于报纸、杂志、网站以及各类文档中。组成元素包括以下几个方面：

（1）文字。文字是信息的主要载体，包括标题、段落、说明文字等。

（2）图片。图片可以是照片、插图、图表等，作为补充信息和视觉支持。

（3）图形。图形包括形状、图标、线条等，用于辅助说明和美化文档。

（4）排版方式。排版方式指文字和图像的布局方式，包括对齐、间距、层次等。

任务实训

绘制菱形，填充红色，无边框，添加阴影，14；其中插入艺术字，样式1，楷书，96，加粗；艺术字填充黑色，线条为金色，文本框无线条，无填充色，效果如图 2-1-3-28 所示。

图 2-1-3-28　最终效果图

知识拓展

一、叠放次序

每次在文档中创建或插入图形时，图形都会被置于文字上方的、单独的、透明的层次上，这样文档就可能成为含有多个层的堆栈。通过改变堆栈中层的叠放次序可以指定某个图形位于其他图形的前面或后面。使用层可以改变图形和文字的相对位置。

如果要重新安排图形层的叠放次序，可按下列操作方法进行：

（1）选中要改变其层次的图形。

（2）选择"绘图工具"选项卡，在"排列"组中单击"上移一层"按钮，弹出下拉菜单，或者单击"下移一层"按钮，弹出下拉菜单，如图2-1-3-29所示。

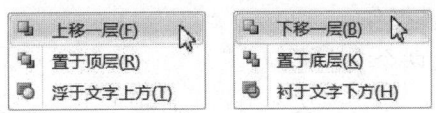

图 2-1-3-29　设置图形上移一层或下移一层

（3）选择菜单中的命令。

其中，菜单中命令的功能如下：

1）置于顶层：将所选图形移至顶层。

2）置于低层：将所选图形移至低层。

3）上移一层：将所选图形上移一层。

4）下移一层：将所选图形下移一层。

5）浮于文字上方：将所选图形移至文字层上方。

6）衬于文字下方：将所选图形移至文字层下方。

二、翻转和旋转图形

为了能使用户随心所欲地放置图形，WPS 文字允许用户以任意角度旋转图形或者垂直或水平翻转图形。单击"绘图工具"选项卡下"排列"组中的"旋转"按钮，可以特定的方式翻转或旋转图形。

如果要使用这些命令，可按以下操作进行：

（1）选中一个或多个要翻转或旋转的图形。

（2）单击"绘图工具"选项卡下"排列"组中的"旋转"按钮，弹出下拉菜单，如图 2-1-3-30 所示。

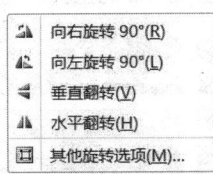

图 2-1-3-30　图片旋转设置下拉菜单

（3）在下拉菜单中选择"垂直翻转"或"水平翻转"选项翻转对象，或选择"向左旋转

90°"或"向右旋转90°"选项，以90°为单位旋转对象。

三、图形自由旋转

选中图形。

（1）选中的图形的方向控制柄变成旋转点（即图形对象上的小圆圈）；光标指向旋转点按下鼠标左键不松开，拖动鼠标根据需要进行任意角度的旋转。

（2）在图形对象外单击可退出自由旋转模式。

四、文本框之间创建链接

创建报纸、时事通信或杂志样式的版式时，相互链接的文本框将为用户在控制文字出现位置和方式上提供很大的自由。链接文本框时，所有文本框将彼此相连成链状。如果要链接两个文本框，则可以按以下步骤操作：

（1）首先在文档中建立两个文本框。

（2）选中第一个文本框，单击"文本工具"选项卡下"文本框"组中"创建链接"按钮，鼠标指针变成一个直立的杯子形状。将鼠标指针指向需要链接的文本框（该文本框必须为空）并单击，两个文本框之间就建立了链接。

（3）在第一个文本框中键入所需的文本。如果该文本框已满，超出的文本将自动转入下一个文本框中。

五、剪贴画

在文档中插入的图片通常来自本地文件，其实WPS文字提供了大量的图形，可以在文档中插入这些图形。使用WPS文字中重新设计过的"剪贴库"可以轻松地查找、管理和插入特定的图形。插入剪贴画图形可按以下步骤进行操作：

（1）移动插入点到需要插入图片的位置。

（2）在"插入"选项卡选择"图片"下拉菜单中的"搜索图片"或者"更多图片"选项查找所需的图片，如图2-1-3-31和图2-1-3-32所示。

图2-1-3-31　搜索图片

图 2-1-3-32　更多图片

（3）选中任意一张图片，然后单击"插入"按钮。

任务四　保存并打印"个人简历"文档

任务实施

本项目主要讲解 WPS 文字中的打印、批注、修订标记、拼写检查等常用高级功能。学会使用 WPS 文字打印功能非常重要，它能帮助我们在打印前预览和调整文档格式，确保输出清晰美观，提升专业形象。同时，精准控制打印内容和份数，节约纸张和墨水，培养环保意识。纸质文档在正式性和权威性上更具优势，便于分享和讨论，扩大信息传播范围。通过这一技能的学习，可以锻炼实践操作能力，解决打印中遇到的问题，提升应变能力。这不仅适用于当前的学习，更为未来多样化办公场景中的高效工作打下基础。

任务单 2-1-4

任务编号	2-1-4		任务名称		保存并打印"个人简历"文档	
任务简介	通过完成任务一、任务二和任务三，已经逐步完善了"个人简历"文档。在完成文档制作后，需要将其保存并打印					
设备环境	装有浏览器的台式机或笔记本电脑					
任务要求	1. 掌握文档的保存以及正确打印的方式 2. 实践操作如何将个人简历保存并打印					
任务执行评价	序号	考核指标	所占分值	备注		得分
	1	任务完成情况	30	在规定时间内完成并按时上交任务单		
	2	成果质量	70	从完整性、准确性、创新性、实用性、规范性等方面进行评价		
	总分					

一、WPS 文字的打印案例实施

页面设置完成后，就可以对文档进行打印预览和打印了。若要通过打印机打印文档，一要确保打印机已经连接到主机端口上，并已开启电源，且打印纸已装好；二要确保所用打印机的打印驱动程序已经安装好，且该打印机已经是系统默认的打印机。

WPS 文字的打印案例实施

实施步骤：

"打印预览"功能用于预先查看文档的打印效果，进行打印预览/打印的操作方法如下：

步骤 1：单击"文件"按钮，在 Backstage 视图中选择"打印"选项，弹出"打印"对话框，如图 2-1-4-1 所示。

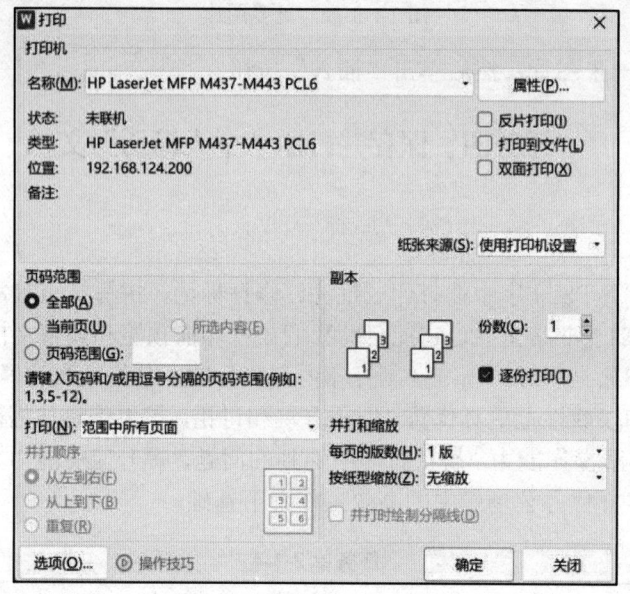

图 2-1-4-1 "打印"对话框

步骤 2："打印"对话框中可以设置连接的打印机，勾选"反片打印""打印到文件""双面打印"复选框，设置打印所有页、打印当前页或者自定义打印范围，其中自定义打印范围需要输入指定的页码，页码之间用逗号分隔，也可用连字符表示页码的范围，例如在"页码范围"文本框中输入"1, 3, 5-12"，将打印文档的第 1 页、第 3 页以及第 5 页至第 12 页。

步骤 3：也可单击打印机名称下拉列表框右侧的"属性"按钮，弹出属性对话框，进行打印纸张、打印方向等设置，如图 2-1-4-2 所示，选择"基本"选项卡，如图 2-1-4-3 所示。

步骤 4：设置完成后，单击"确定"按钮，即可完成打印设置。

步骤 5：单击窗口左上方的"打印"按钮 ，即可开始打印。

步骤 6："打印"按钮右侧是"打印预览"按钮 ，单击"打印预览"按钮可以进行"打印份数""打印方式""打印范围""是否缩放"等设置，在正式打印之前，可以先通过打印预览功能测试或者调整打印效果，如图 2-1-4-4 所示。

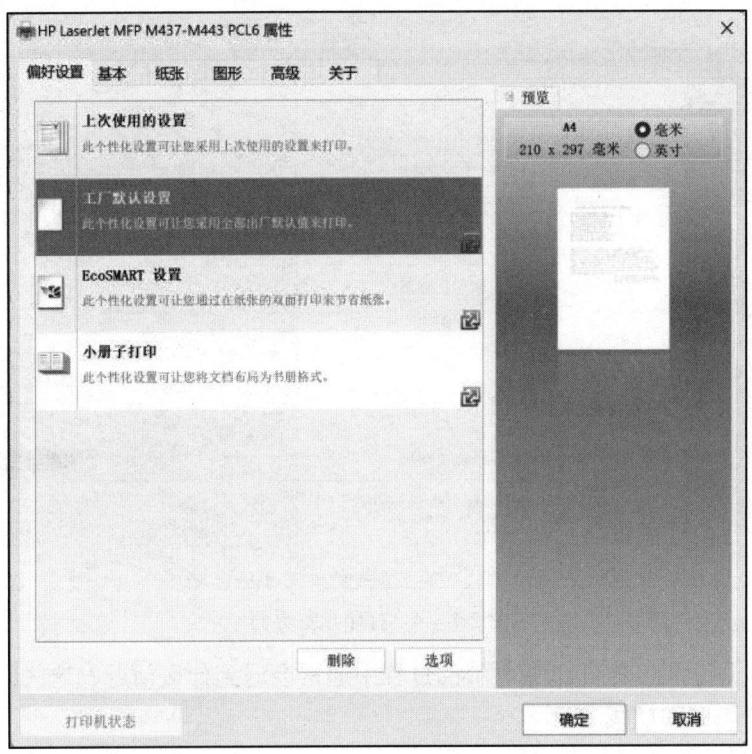

图 2-1-4-2　属性对话框

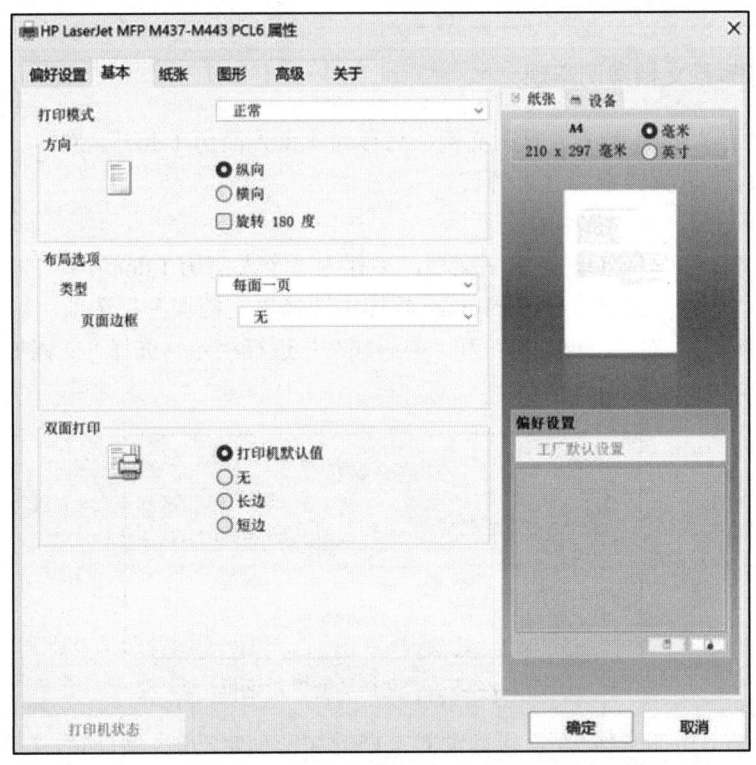

图 2-1-4-3　"基本"选项卡

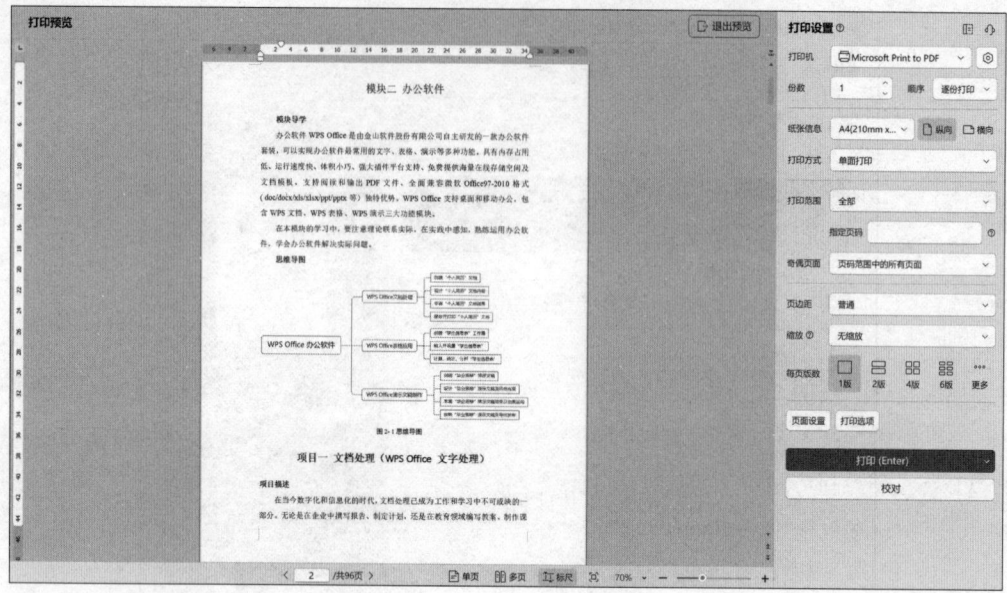

图 2-1-4-4　打印预览界面

【想一想】同学们在打印纸质材料的过程中通常会遇到什么问题？这些问题都是如何解决的？请填写在下面的横线上。

_____

_____

二、锁定和解锁文档案例实现

打开文档"个人简历.doc"，复制文档，另存为"个人简历 1.doc"。对"个人简历 1.doc"进行锁定，之后解锁。

锁定和解锁文档案例实现

实施步骤：

（1）打开"个人简历.doc"，复制文档，另存为"个人简历 1.doc"。

（2）单击"文件"按钮，在 Backstage 视图中选择"文档加密"选项，显示"文档加密""密码加密""属性"，对"文档加密"和"密码加密"进行演示，选择"文档加密"，弹出"文档加密"对话框，如图 2-1-4-5 所示。

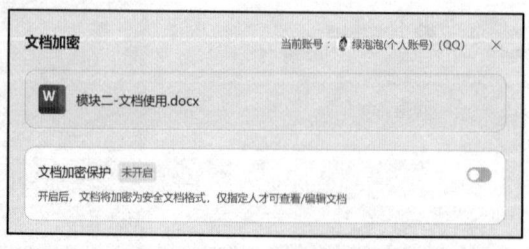

图 2-1-4-5　"文档加密"对话框

（3）打开"文档加密保护"，可启动对文档的加密锁定功能，启动后文档只能由指定人查看、编辑，如图 2-1-4-6 所示。

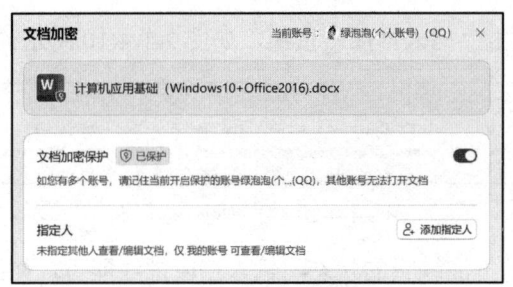

图 2-1-4-6 文档加密添加指定人

（4）当选择"密码加密"时，弹出"密码加密"对话框，此时可以设置文件的打开和编辑功能各自独立的密码，如图 2-1-4-7 所示。

（5）单击"密码加密"对话框中的蓝色字体"高级"时，会打开"加密类型"对话框，可以设置不同的加密类型，如图 2-1-4-8 所示。

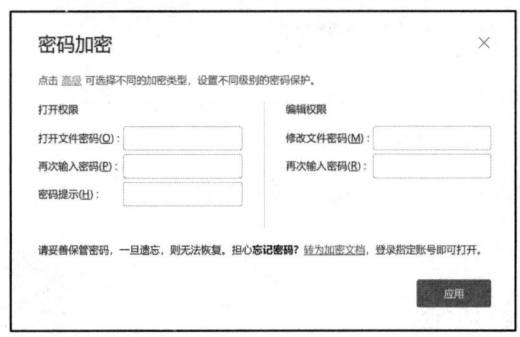 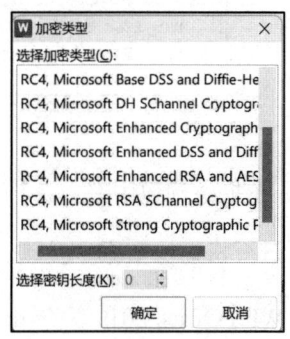

图 2-1-4-7 "密码加密"对话框　　　　图 2-1-4-8 "加密类型"对话框

（6）保存文档，关闭。

（7）以密码加密为例，再次打开"个人简历 1.doc"，会弹出"文档已加密"对话框，如图 2-1-4-9 所示，输入（4）设置的"打开文件密码"，单击"确定"按钮，才能打开文件。

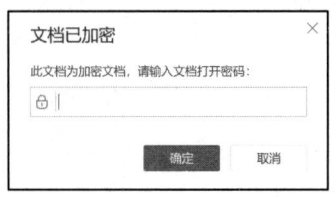

图 2-1-4-9 打开文档时需要输入密码

（8）文档解锁。将"密码加密"对话框设置的密码清空，并单击"应用"按钮即可。

三、插入、显示及修改批注实现

打开"WPS Office 2019 简介.doc"，复制文档，另存为"WPS Office 2019 简介批注.doc"，给文章插入批注。

插入、显示及修改批注实现

实施步骤：

（1）打开"WPS Office 2019 简介批注.doc"文档。

（2）将光标定位于加批注的字或词组后面或选中加批注的字或词组，切换到"审阅"选项卡，在"批注"组中单击"插入批注"按钮，如图 2-1-4-10 所示。

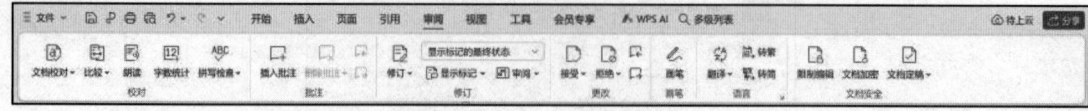

图 2-1-4-10　"审阅"选项卡

（3）此时文档中显示批注编辑的状态，输入相应批注即可，如给"WPS2019"添加批注"WPS Office 2019 版本"，如图 2-1-4-11 所示。

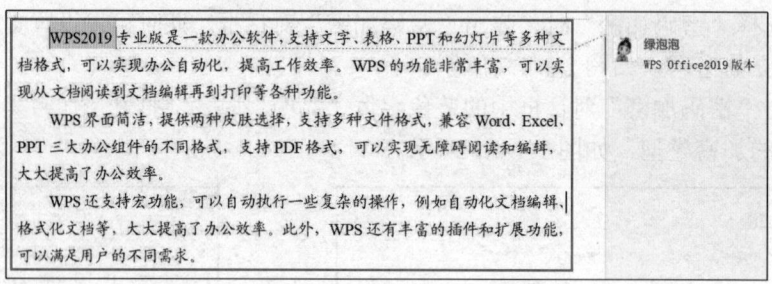

图 2-1-4-11　给文字添加批注

（4）在批注标记中右击，选择"删除批注"选项，即可删除批注。

四、进行拼写检查案例实现

对"WPS Office 2019 简介.doc"进行拼写检查。

进行拼写检查
案例实现

实施步骤如下：

（1）将光标定位于需要检查的文字部分的开头。

（2）切换到"审阅"选项卡，在"校对"组中单击"拼写检查"按钮，如图 2-1-4-12 所示。这时，文档将自动对光标后的内容进行检查校对。在检查的过程中，如果发现了一个在它的标准词典中没有的词时，将会出现一个"拼写检查"对话框，（例如 student 写成了 studentt），如图 2-1-4-13 所示。

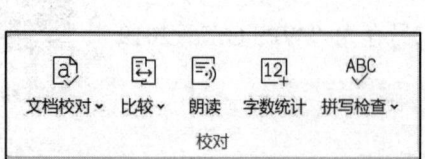

图 2-1-4-12　"审阅"选项卡的"校对"组

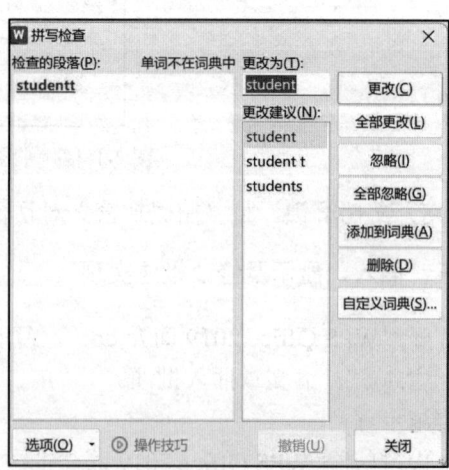

图 2-1-4-13　"拼写检查"对话框

在"更改建议"列表中选择正确的单词,单击"更改"按钮,则可完成拼写检查。

知识清单

一、锁定和解锁文档基本概念

在 WPS 文字中,锁定和解锁是保护文档内容不被意外修改的重要功能。

锁定是指对文档或特定内容(如文本、图像、表格等)进行保护,以防止其他用户或意外操作导致内容更改。锁定可以增强文档的安全性,确保重要信息不被篡改。

解锁是指取消对文档或特定内容的保护,使其可以被编辑和修改。解锁操作通常需要相应的权限或密码,以确保只有授权用户才能进行更改。

WPS 文字中的锁定和解锁功能是保护文档及其内容的重要工具。掌握这些基本概念和操作,可以有效提高文档的安全性和管理效率,确保信息的准确性和完整性。

二、插入、显示及修改批注基本概念

在 WPS 文字中,批注是一种用来标记、注解或补充说明文档内容的功能,通常用于评论或建议。批注可以帮助多人协作时记录意见、反馈或补充信息,便于团队成员间沟通。

1. 插入批注

插入批注用于对文档中的某部分内容进行说明、注解或提出建议。

2. 显示批注

批注一旦插入后,可以选择显示或隐藏。默认情况下,批注会显示在文档的右侧,通常是以一个小标记的形式显示。

(1)查看批注。在"审阅"选项卡中,单击"显示标记"按钮,可以选择显示批注框、修改历史或查看不同用户的批注。

(2)查看批注历史。如果文档中包含多个版本或多人协作,可以选择显示所有批注或仅显示特定用户的批注。

3. 修改批注

批注的内容可以随时修改和删除。批注不仅包括文本内容,还可能包含对选定内容的特定反馈。

三、进行拼写检查

在 WPS 文字中,拼写检查是一个重要的功能,可以帮助用户识别和纠正文档中的拼写错误。启用拼写检查有两种方式:

(1)自动检查。在 WPS 文字中,拼写检查通常会自动进行。错误的单词会被下划线标记(通常为红色波浪线)。

(2)手动检查。选择"审阅"选项卡,然后单击"拼写检查"按钮,手动启动拼写检查。

WPS 文字的拼写检查功能是提高文档质量的重要工具,可以帮助用户及时发现并修正拼写错误。掌握其基本操作和设置,能够显著提升文档的专业性和可读性。

任务实训

（1）在前面任务的"个人简历"文档基础上，插入两条批注，最终效果如图 2-1-4-14 所示。

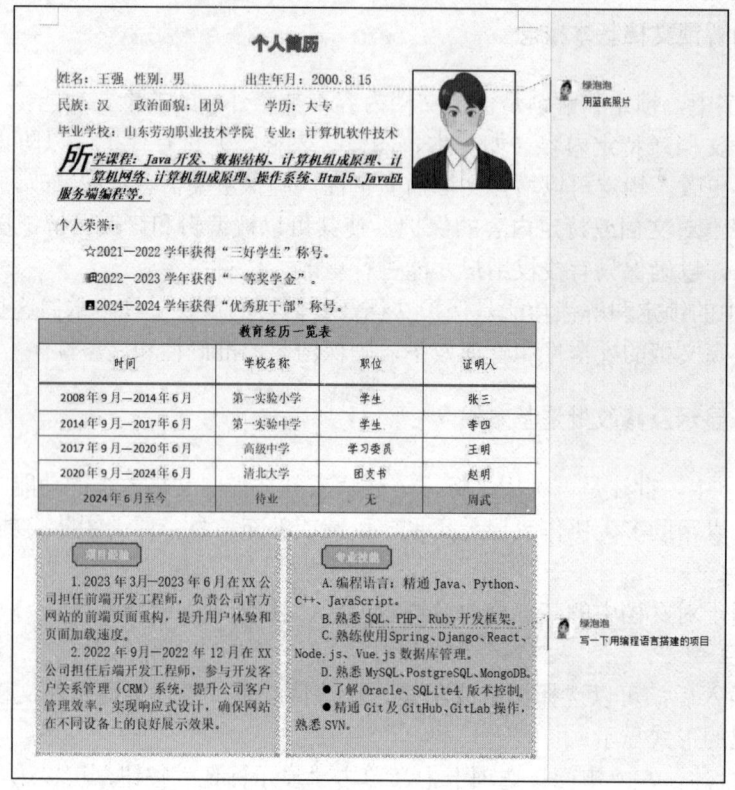

图 2-1-4-14　最终效果图

（2）调整当前文档格式，实现"个人简介"打印预览和打印功能。
（3）将简历锁定。

知识拓展

添加文档目录

一、简历一键生成智能助手

在当今高度数字化的就业环境中，维护一份全面且最新的简历对于每位求职者而言变得日益重要。无论是为了申请职位、资助还是简单地更新个人资料，一个详尽准确的简历都是不可或缺的。然而，手动管理并更新这份文件不仅耗时，而且容易出错。有一些智能化生成简历平台可以有效帮助求职者解决这些问题，平台能够迅速提取用户输入的信息，自动生成结构清晰、格式规范的简历，用户只需简单填写个人信息、教育背景、工作经验等关键信息，即可在短时间内获得一份专业级的简历，大大提高了简历制作的效率。下面介绍一些 AI 生成简历工具。

1. Canva

Canva 是一款强大的在线设计工具，提供了大量的简历模板。人们可以通过选择一个模板，然后根据个人信息进行编辑。旨在帮助用户简化和提升创意设计过程。无论是设计新手还是经验丰富的设计师，Canva 都提供了直观的操作界面和大量的设计素材，适用于各种类型的设计需求。它广泛应用于社交媒体内容制作、营销材料设计、企业品牌设计、教育素材制作、个人项目等多个领域，如图 2-1-4-15 所示。

图 2-1-4-15　Canva

2. ExplainThis

ExplainThis 是一款免费的 AI 求职工具，基于 ChatGPT API 开发，涵盖简历到面试，包括简历修改、常见面试题回答生成、自我介绍生成、介绍信和推荐信、离职信生成等各种场景，帮助求职者找工作更轻松，产品使用无需注册登录，直接打开网站即可使用，具有免费的 AI 简历服务，如图 2-1-4-16 所示。

图 2-1-4-16　ExplainThis

3. YOO 简历

YOO 简历是必优科技推出的 AI 简历工具，为求职者提供一站式服务，包括简历撰写、分析、岗位探测及投递等功能，是国内优秀的 AI 简历工具之一。

YOO简历不仅可以提供简历撰写、分析、岗位探测和投递等一站式服务，还提供AI简历分析评估，帮助求职者了解简历优劣及改进方向，还能智能探测和投递合适岗位，是一款与办公文档深度整合，支持在腾讯文档、WPS等软件中直接使用AI简历服务的丰富生态体系，最终实现用户可轻松上手，快速生成和修改简历，如图4-1-4-17所示。

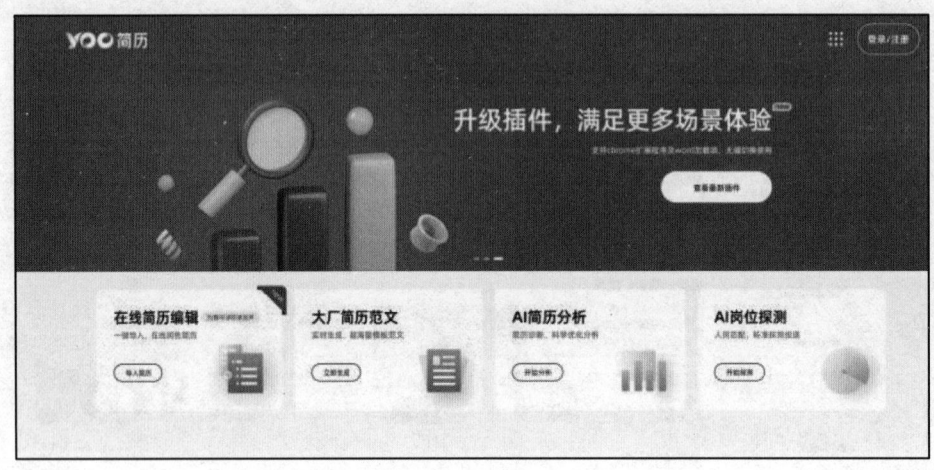

图 2-1-4-17 YOO 简历

二、如何添加文档目录

文档目录是文档的导航图。它梳理文档结构，让读者快速了解内容布局。方便快速定位所需章节，节省查找时间。在长文档中，目录清晰呈现各部分层级关系，增强文档逻辑性，提升阅读和使用效率，是高效管理和查阅文档的关键工具。

给WPS文字添加目录主要有以下几个步骤。

1. 设置标题样式

在文档中选中各级标题（如一级标题、二级标题等）。一般情况下，标题位于各章节或段落的开头，用于概括内容。

单击"开始"选项卡，在"样式"组中为选中的标题选择合适的样式。例如，将一级标题设置为"标题1"样式，二级标题设置为"标题2"样式等。这些样式通常会自动设置字体大小、加粗等格式，以区分不同级别的标题。这样做的目的是让WPS文字能够识别出文档中的结构层次，为生成目录做准备。

2. 插入目录

将光标定位到文档中想要插入目录的位置，一般放在文档的开头部分。

单击"引用"选项卡，在"目录"组中单击"目录"按钮。在弹出的下拉菜单中，可以选择"自动目录1""自动目录2"等预设的目录样式。这些样式有不同的字体、缩进等格式，用户可以根据自己的喜好和文档的风格进行选择。例如，"自动目录 1"样式通常会将一级标题居中显示，二级标题左对齐并缩进一定距离，三级标题再进一步缩进，以此类推，清晰地展示文档的层级结构。

3. 更新目录

如果在添加目录后，又对文档内容进行了修改，如增加了新的章节、更改了标题等，需要更新目录以保持其准确性。

单击目录区域，会发现目录文字的左侧有一个"更新目录"按钮。单击该按钮，在弹出的对话框中，可以选择"更新整个目录"选项，这样会重新生成整个目录，包括页码等信息；也可以选择"只更新页码"选项，如果只是文档页码发生了变化，而标题和层级没有改变，选择该选项可以节省时间。

通过以上步骤，就可以在 WPS 文字中成功添加并维护一个清晰、准确的目录，方便用户快速浏览文档的结构和查找相关内容。

项目二　WPS Office 表格应用

项目描述

电子表格处理是信息化办公的重要组成部分，在数据分析和处理中发挥着重要的作用，广泛应用于财务、管理、统计、金融等领域。

WPS 表格是一款功能强大的电子表格处理软件，具有强大的数据处理能力，可以对各种类型的数据进行采集、存储、加工和处理，在人们的工作、学习和生活中具有广泛的应用。它可以管理档案、制作报表、分析数据或者将数据转换为直观的图表等。

怎样才能掌握 WPS 表格的使用，让其更好的服务于我们的学习、生活和日后的工作呢？让我们跟随项目脚步，掌握这一技能吧。

学习目标

1. 熟悉 WPS 表格工具的功能和操作界面。
2. 掌握工作簿、工作表和单元格的基本操作。
3. 掌握单元格中录入数据的技巧和设置单元格格式的方法。
4. 理解单元格绝对地址、相对地址的概念和区别，掌握相对引用、绝对引用的方法。
5. 熟悉公式和函数的使用，掌握平均值、最大/最小值、求和、计数等常见函数的使用。
6. 了解常见的图表类型，掌握利用表格数据制作常用图表的方法。
7. 掌握自动筛选、自定义筛选、高级筛选、排序和分类汇总等操作。
8. 理解数据透视表的概念，掌握数据透视表的创建、更改布局、更新数据、更改图表类型、添加和删除字段、查看明细数据等操作。
9. 掌握工作簿、工作表、单元格的保护操作。
10. 掌握打印和打印预览操作的相关设置。

任务一　初始工作表

任务实施

随着全球信息化的发展，技术的不断进步，人们生活和工作的节奏越来越快，社会对个人能力的要求越来越高，为创造更高的价值，保持企业的竞争力，企业对员工的要求也越来越严苛,这就要求当代大学生能够从各方面提升自身素质。熟练掌握电子表格处理软件不仅可以显著提高个人和团队的工作效率,还能在数据管理、分析和可视化等方面获得强大的支持,进而做出更加明智的决策,并为企业带来更大的竞争优势。

本任务一起熟悉 WPS 表格的工作界面,掌握工作簿、工作表、单元格等相关概念和基本操作,学习在单元格内录入数据的方法等。

任务单 2-2-1

任务编号	2-2-1		任务名称	初始工作表	
任务简介	学习工作簿、工作表、单元格的基本操作以及单元格中各类数据的输入方法				
设备环境	安装了 WPS Office(2019)办公软件的台式机或笔记本				
任务要求	1. 掌握工作簿基本操作,包括新建工作簿、打开已有工作簿和保存工作簿等 2. 掌握工作表基本操作,包括添加或删除工作表、重命名工作表、移动和复制工作表、隐藏或显示工作表和打印工作表等 3. 掌握单元格基本操作,包括插入和删除单元格、合并和拆分单元格等 4. 掌握单元格不同类型数据录入方法,包括输入文本内容、输入文本型数据、输入数值型数据及输入日期和时间型数据等				
任务执行评价	序号	考核指标	所占分值	备注	得分
	1	任务完成情况	30	在规定时间内完成并按时上交任务单	
	2	成果质量	70	从完整性、准确性、创新性、实用性、规范性等方面进行评价	
	总分				

一、工作簿基本操作

1. 新建工作簿

(1)新建空白工作簿。启动 WPS Office 后,单击"新建"按钮,选择"表格"选项卡,单击"新建空白文档"按钮,如图 2-2-1-1 所示,即可创建一个新的名为"工作簿1"的空白工作簿。

工作簿基本操作

图 2-2-1-1 新建空白工作簿

（2）使用模板新建工作簿。用户可以使用 WPS 表格提供的模板创建各种用途的工作簿。例如课程表格、评分表格、员工考勤表、财务报表等，这些工作簿包含了特定的格式和内容，用户只需稍加编辑即可快速创建一张工作簿，从而大幅度地提高工作效率。

请同学们集体讨论一下，如何使用模板新建工作簿？

2. 打开已有工作簿

在 WPS 表格中，单击"打开"按钮，或者按 Ctrl+O 组合键，都将出现"打开文件"窗口，从中选择要打开的文件位置，再选择相应文件后，单击"打开"按钮即可打开已有工作簿，如图 2-2-1-2 所示。

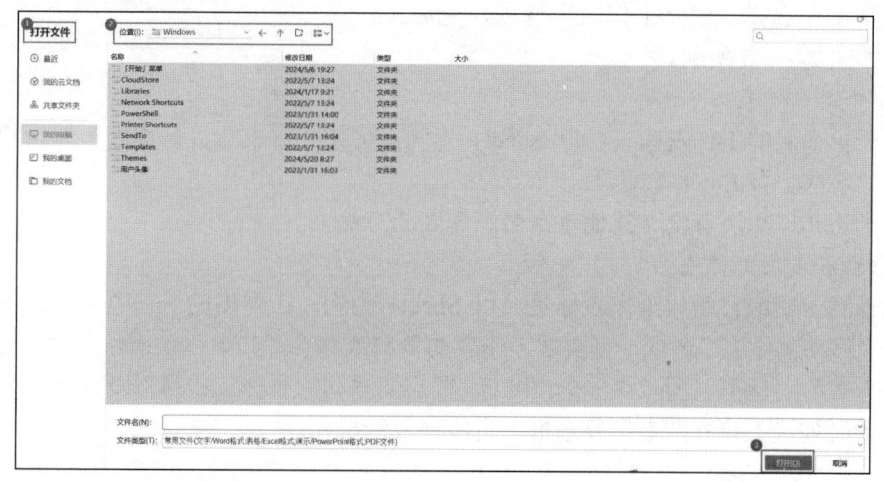

图 2-2-1-2　打开已有工作簿

3. 保存新建工作簿

保存新建的工作簿时，可以选择"文件"→"保存/另存为"选项，或者单击菜单栏中的"保存"按钮，或者按下 Ctrl+S 组合键，系统将打开"另存为"窗口。在窗口上方地址栏选择合适的保存路径，然后在"文件名称"文本框内输入工作簿名称，单击"保存"按钮，完成新建工作簿保存操作，如图 2-2-1-3 所示。

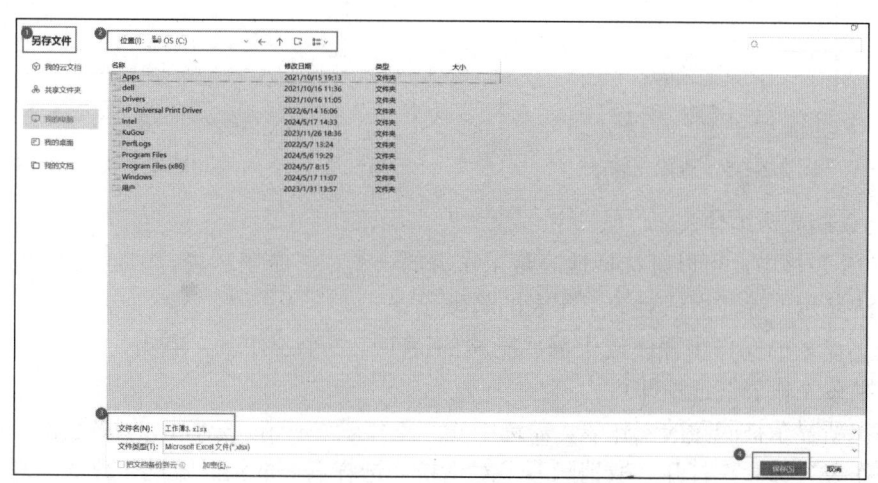

图 2-2-1-3　保存新建工作簿

请同学们思考一下，若想保存重新编辑的文件，该如何操作？

二、工作表基本操作

工作表基本操作

1. 添加或删除工作表

在打开的工作簿下方单击"新建工作表"按钮（即加号按钮），即可在最右侧添加新的工作表，如图 2-2-1-4 所示。

选中要删除的工作表，以 Sheet1 为例，右击，在弹出的快捷菜单中选择"删除工作名"选项，完成工作表的删除。如图 2-2-1-5 所示。

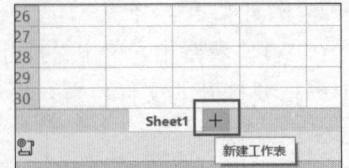

图 2-2-1-4　新建工作表

2. 重命名工作表

双击需重命名的工作表标签，以 Sheet1 为例，可使工作表标签名称处于编辑状态，在其中输入新的名称，按 Enter 键即可。

请同学们想一想还有没有其他重命名工作表的方法？

3. 移动和复制工作表

右击需要复制或移动的工作表标签。以 Sheet1 为例，在弹出的快捷菜单中选择"复制工作表"或"移动工作表"选项，可实现工作表的复制或移动，其中移动工作表时，可在"移动或复制工作表"对话框（图 2-2-1-6）中，设置需要移动的目标工作簿以及在工作簿中的存放位置，移动时勾选"建立副本"复选框，可实现复制操作。

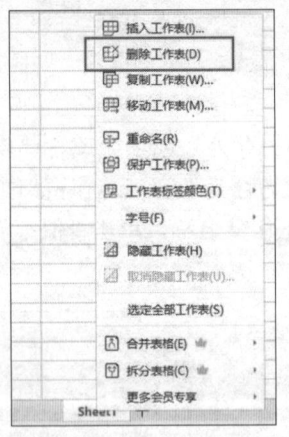

图 2-2-1-5　删除工作表

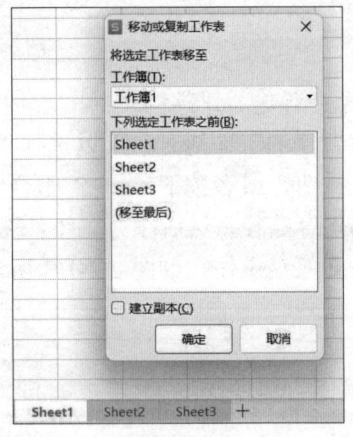

图 2-2-1-6　"移动或复制工作表"对话框

4. 隐藏或显示工作表

在 WPS 表格中，可以有选择地隐藏工作簿的一个或多个工作表，一旦工作表被隐藏，其内容将无法显示，除非撤消对该工作表的隐藏设置。

隐藏工作表的操作步骤：选中需要隐藏的一个或多个工作表，右击，在弹出的快捷菜单中选择"隐藏工作表"选项即可。

若要重新显示被隐藏的工作表，需选中任一工作表，右击，在弹出的快捷菜单中选择"取消隐藏工作表"选项，打开"取消隐藏"对话框，选择需要取消隐藏的工作表，单击"确定"按钮即可。

5. 打印工作表

选择"文件"→"打印"选项,打开"打印"对话框,在该对话框可以进行打印机选择、打印方式、打印范围、打印内容、打印份数等设置,如图 2-2-1-7 所示。

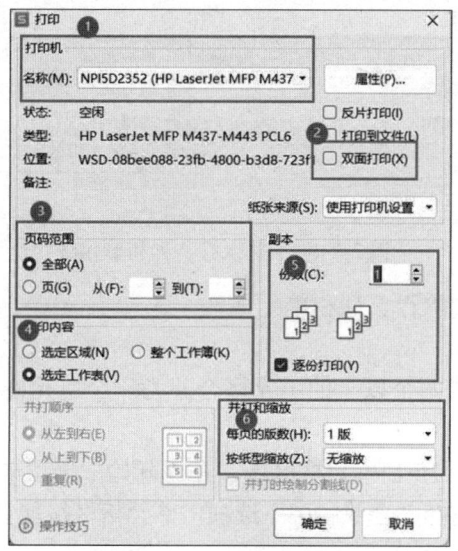

图 2-2-1-7 "打印"对话框

如需进行更复杂的设置,可单击"属性"按钮,打开"属性"对话框进一步设置,如图 2-2-1-8 所示。

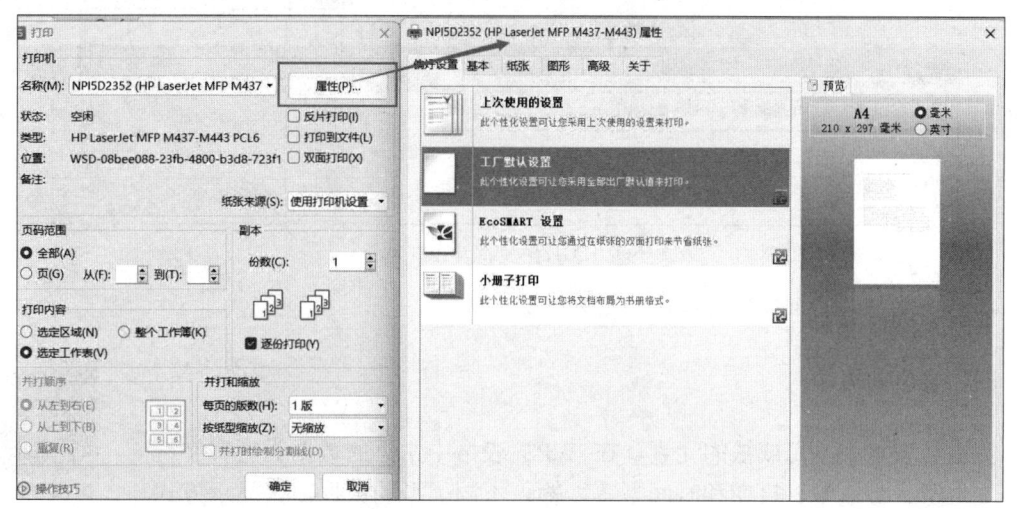

图 2-2-1-8 "属性"对话框

三、单元格基本操作

单元格基本操作

1. 插入和删除行、列和单元格

在工作表中选定要插入的行、列或单元格位置,右击,在弹出的快捷菜单中选择"插入"选项,然后选择符合条件的子命令进行设置。如图 2-2-1-9 所示。

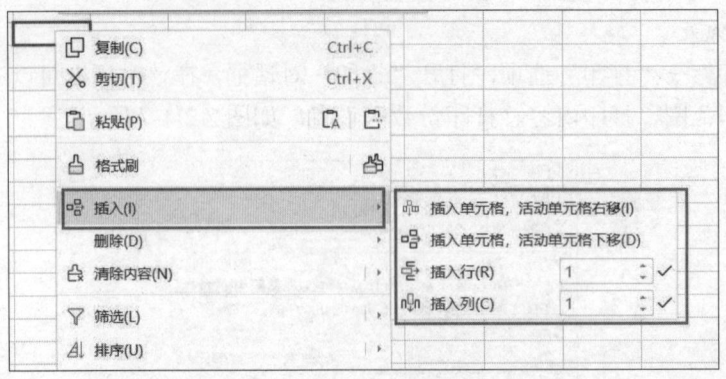

图 2-2-1-9　插入行、列和单元格

请同学们想一想如何删除行、列和单元格？

2. 合并和拆分单元格

用户如果想要将两个或两个以上的单元格合并为一个单元格，这时可通过合并单元格操作来完成。

例如在工作表中选中 A1:F1 单元格区域，在"开始"选项卡中单击"合并居中"下拉按钮，在弹出的快捷菜单中选择"合并居中"选项，单元格区域便会合并为 A1 单元格并将内容居中显示，如图 2-2-1-10 所示。

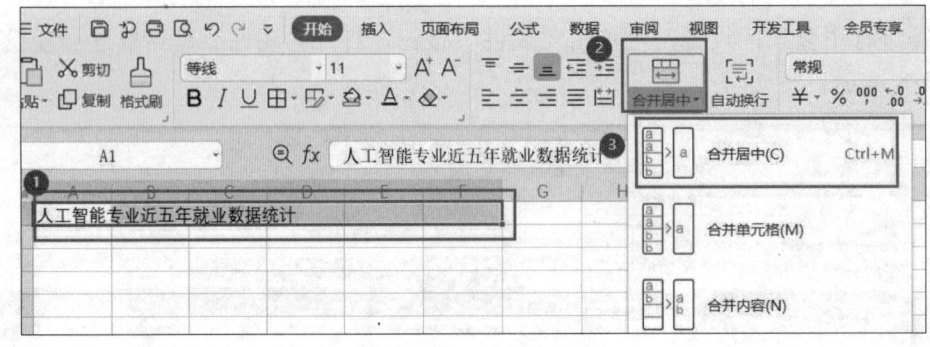

图 2-2-1-10　合并单元格

请同学们思考一下如何拆分单元格？

四、表格数据输入

数据是表格中不可或缺的元素，在 WPS 表格中常见的数据类型有字符型、文本型、数值型、日期和时间型等，输入不同类型的数据，其显示方式也不相同，下面介绍几种常用数据类型的输入方法。

1. 输入字符型数据

（1）打开素材中名为"毕业生相关信息"的工作簿，此时"毕业生信息表"工作表处于活动状态，选中 A1:G1 单元格区域，完成单元格合并，在合并后的单元格内输入标题文本"毕业生信息表"。

（2）按照同样的方法继续录入其他字符型数据，如图 2-2-1-11 所示。

	A	B	C	D	E	F	G
1				毕业生信息表			
2	序号	姓名	联系方式	毕业专业	签约企业	签约时间	月薪
3		陈明华		人工智能专业	企业1		
4		张雪		计算机网络技术专业	企业2		
5		孙才		云计算专业	企业3		
6		李明		大数据专业	企业4		
7		吴楠		软件技术专业	企业5		
8		米小米		区块链专业	企业6		
9		王亮		计算机应用技术专业	企业7		

图 2-2-1-11　录入字符型数据

2. 输入文本型数据

文本型数据通常指的是一些非数值型文字、符号等，它们一般不代表数量、不需要进行数值计算，可以保存为文本形式，如电话号码、身份证号等。输入这类数据时需要先输入单引号，再输入数字。WPS 表格会自动在该单元格左上角加上绿色三角标记，表示该单元格中的数据为文本。

（1）继续完成"毕业生信息表"工作表中"联系方式"列的录入，以 C3 单元格（陈明华的联系方式）为例，选中 C3 单元格，先在英文输入法状态下输入单引号，然后输入 11 位数字的联系方式。

（2）用同样的方法继续录入其他学生的联系方式，如图 2-2-1-12 所示。

	A	B	C	D	E	F	G
1				毕业生信息表			
2	序号	姓名	联系方式	毕业专业	签约企业	签约时间	月薪
3		陈明华	18598701145	人工智能专业	企业1		
4		张雪	18903481098	计算机网络技术专业	企业2		
5		孙才	13678945098	云计算专业	企业3		
6		李明	18058740931	大数据专业	企业4		
7		吴楠	15604219032	软件技术专业	企业5		
8		米小米	13984100453	区块链专业	企业6		
9		王亮	19034589302	计算机应用技术专业	企业7		

图 2-2-1-12　录入文本型数据

3. 输入数值型数据

数值型数据在 WPS 表格中较为常见，以"毕业生信息表"工作表中各毕业生信息中的"序号"列为例，直接录入即可，如图 2-2-1-13 所示。

	A	B	C	D	E	F	G
1				毕业生信息表			
2	序号	姓名	联系方式	毕业专业	签约企业	签约时间	月薪
3	1	陈明华	18598701145	人工智能专业	企业1		
4	2	张雪	18903481098	计算机网络技术专业	企业2		
5	3	孙才	13678945098	云计算专业	企业3		
6	4	李明	18058740931	大数据专业	企业4		
7	5	吴楠	15604219032	软件技术专业	企业5		
8	6	米小米	13984100453	区块链专业	企业6		
9	7	王亮	19034589302	计算机应用技术专业	企业7		

图 2-2-1-13　录入数值型数据

请同学们想一想若单元格中数据前有诸如人民币符号、美元符号等其他符号，该如何操作？

4. 输入日期和时间型数据

在 WPS 表格中，当在单元格中输入系统可识别的日期和时间型数据时，单元格的格式就会自动转换为相应的"时间"或者"日期"格式，而不需要专门设置。单元格中日期和时间型数据对齐方式默认为右对齐。如果系统不能识别输入的日期或时间格式，则输入的内容将被视为文本（此时在单元格中左对齐）。当键入日期时，应使用"/"或"-"作为年、月、日的分隔符号，如键入"2023/9/10"，表示 2023 年 9 月 10 日。当键入时间时，应使用":"来分隔时、分、秒，如键入"20:32:30"，表示 20 点 32 分 30 秒。当同时需要键入日期和时间时，它们之间需用空格分开，如"2023/9/10 20:32:30"。

继续完成"毕业生信息表"工作表中"签约时间"列数据的录入。如图 2-2-1-14 所示。

序号	姓名	联系方式	毕业专业	签约企业	签约时间	月薪
			毕业生信息表			
1	陈明华	18598701145	人工智能专业	企业1	2022/3/23	￥5,400.00
2	张雪	18903481098	计算机网络技术专业	企业2	2023/6/14	￥4,500.00
3	孙才	13678945098	云计算专业	企业3	2023/7/3	￥5,200.00
4	李明	18058740931	大数据专业	企业4	2022/12/28	￥5,000.00
5	吴楠	15604219032	软件技术专业	企业5	2023/5/9	￥4,800.00
6	米小米	13984100345	区块链专业	企业6	2022/11/23	￥5,500.00
7	王亮	19034589302	计算机应用技术专业	企业7	2022/9/10	￥4,500.00

图 2-2-1-14 录入日期和时间型数据

请同学们思考一下如果要修改日期和时间的显示格式，该如何操作？

知识清单

一、WPS 表格工作界面

WPS 表格工作界面如图 2-2-1-15 所示，主要由以下几部分组成：

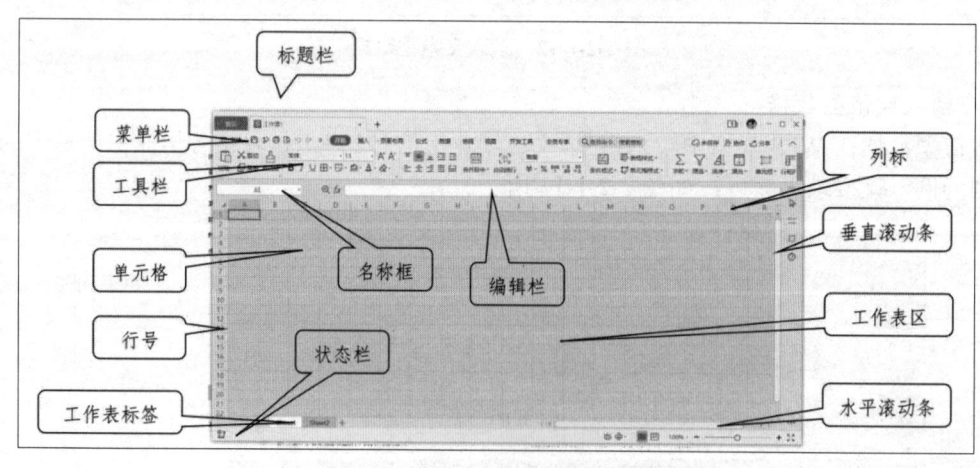

图 2-2-1-15 WPS 表格工作界面

（1）标题栏。标题栏位于窗口最上方，用于显示当前被编辑的工作簿名称。图 2-2-1-15 中显示的工作簿名称是"工作簿 1"。

（2）菜单栏。菜单栏位于标题栏下方，给出了包含各类操作命令的 8 个菜单项。

（3）工具栏。工具栏中的每个按钮都对应一种操作。例如，单击"复制"按钮，可复制所选内容，并将其放入剪贴板；单击"粘贴"按钮，可粘贴剪贴板上的内容到指定位置。

（4）名称框。名称框用于显示当前选中单元格的位置，也可以在此处输入单元格的标识进行单元格的定位。

（5）编辑栏。编辑栏用于输入或编辑当前单元格中的数据和公式。

（6）行号、列标。行号、列标用于定位单元格。一个工作表共有1048576行，16384列。行号用数字1,2,3,…,1048576来表示，列标用英文字母A,B,C,…,Z,AA,AB,…,XFD来表示。例如，A3代表第A列第3行所在的单元格；A1:C5表示从A1单元格到C5单元格之间的矩形单元格区域。

（7）工作表区。工作表区位于窗口中间，由单元格组成，用来记录数据的区域。

（8）状态栏。状态栏位于窗口最下方，用于显示当前所编辑工作表的主要属性及信息。

（9）工作表标签。工作表标签用于显示工作表的名称，单击工作表标签将激活对应的工作表。当前工作表以白底显示，其他工作表以灰底显示。一个工作簿里默认有1个工作表，名字为Sheet1，显示在工作表标签中。在实际工作中，可以根据需要添加更多的工作表，也可以修改它们的名称。

（10）水平、垂直滚动条。水平、垂直滚动条用来在水平、垂直方向改变工作表的可见区域。

二、WPS 表格相关概念

1. 工作簿

工作簿是WPS表格用来处理和存储数据的文件，新建的表格文件就是一个工作簿，其默认扩展名是.xlsx，其中可以包含一个或多个工作表。使用WPS表格创建空白表格时，会自动打开一个名为"工作簿1"的空白工作簿。

2. 工作表

工作表是工作簿的重要组成部分，包含若干按行和列排列的单元格，也称电子表格。若把工作簿看成一本账簿，则一张工作表就好比账簿中的一页。工作表可以容纳字符、数字、公式、图表等多种类型的数据和信息。

3. 单元格

单元格是组成工作表的基本单位，是WPS表格独立操作的最小单位。单元格在工作表中按行和列排列，每一列的列标由A、B、C等字母表示，每一行的行号由1、2、3等数字表示。用"列标行号"形式表示单元格名称，也称为单元格地址，如A1、D3等。

4. 工作簿、工作表及单元格的关系

在WPS表格中的工作簿包含若干工作表，工作表又包含若干单元格。在默认情况下，一个新建的工作簿包含1张工作表，用户可以按需添加更多的工作表。

在WPS表格中一个工作表的大小为16384列×1048576行，超出该范围的数据将会丢失。

任务实训

作为高校学生，学成毕业后大家都希望能靠自己的所学找到一份稳定的工作，报答父母，

贡献社会，更希望自己的付出能有所回报，按时拿到工资是其中最基本的需求。作为企业，按时支付工资可以确保员工及其家庭成员的基本生活需求得到满足，如食物、住房、教育和医疗等，是企业诚信和责任感的体现。同时，这样的行为有助于树立企业的良好形象，吸引更多优秀人才加入，并增强合作伙伴和客户的信任。本任务将完成"东方公司员工工资表"工作簿基本数据的录入。具体要求如下：

（1）在 D 盘新建一个名为"东方公司员工工资表"的工作簿，在工作簿中创建 3 张工作表，名称分别为"2024 年 7 月""2024 年 8 月""2024 年 9 月"。

（2）在"2024 年 7 月"工作表中按图 2-2-1-16 所示录入数据。

1）"序号"字段所在列的 A3 到 A17 单元格的值，要求采用有序数字自动填充功能实现。

2）隐藏 B 列。

3）调整第 1 行至第 19 行的行高为 20 磅。

4）其余属性按图片效果呈现。

图 2-2-1-16　效果图

知识拓展

工作表、单元格、表格
数据输入拓展操作

一、工作表拓展操作

1. 隐藏工作表的行或列

在工作表中隐藏行或列和取消隐藏行或列操作方法类似，以隐藏"毕业生信息表"工作表中毕业生信息中的"月薪"列为例。在"开始"选项卡中单击"行和列"的下拉按钮，在弹出的菜单中选择"隐藏和取消隐藏"选项，在级联菜单中选择"隐藏列"选项，完成操作。如图 2-2-1-17 所示。

图 2-2-1-17　隐藏工作表的列

2. 设置工作表标签颜色

当一个工作簿中存在很多工作表，不方便用户查找时，可以通过更改工作表标签颜色的方式来标记常用的工作表，使用户能够快速查找到需要的工作表。右击"毕业生信息表"工作表标签，在弹出的快捷菜单中选择"工作表标签颜色"选项，在打开的颜色库中选择一种颜色，如图 2-2-1-18 所示。此时工作表的标签颜色已经被更改，如图 2-2-1-19 所示。

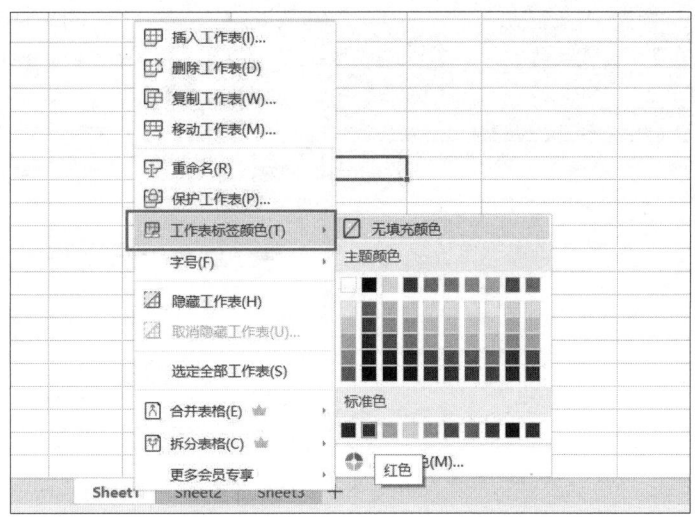

图 2-2-1-18　设置工作表标签颜色

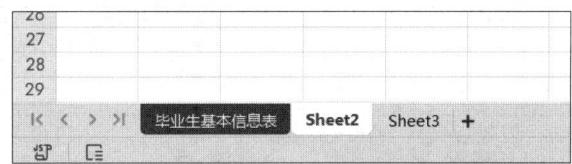

图 2-2-1-19　设置工作表标签颜色后效果

3. 工作表格式设置

工作表格式设置包含多个内容，如隐藏网格线、设置单元格边框、给单元格添加底纹、设置单元格内容的字体、设置单元格的对齐格式和使用条件格式等。接下来以设置单元格边框和底纹、条件格式的使用为例进行介绍。

（1）设置单元格边框和底纹。默认状态下，单元格的边框在屏幕上显示为浅灰色，但工作表中的框线在打印时并不显示出来。一般情况下，用户在打印工作表或突出显示某些单元格时，需要添加一些边框和底纹以使工作表更美观。

继续使用“毕业生信息表”工作表，选中 A2:G9 单元格区域，在“开始”选项卡中单击“单元格”组的下拉按钮，打开“单元格格式”对话框，在“单元格格式”对话框中选择“边框”选项卡，在“样式”区域选择一种边框格式，在“颜色”下拉列表中选择一种颜色，在“预置”区域单击“外边框”或“内部”按钮，单击“确定”按钮，完成单元格边框格式的设置，设置步骤如图 2-2-1-20 所示，设置效果如图 2-2-1-21 所示。

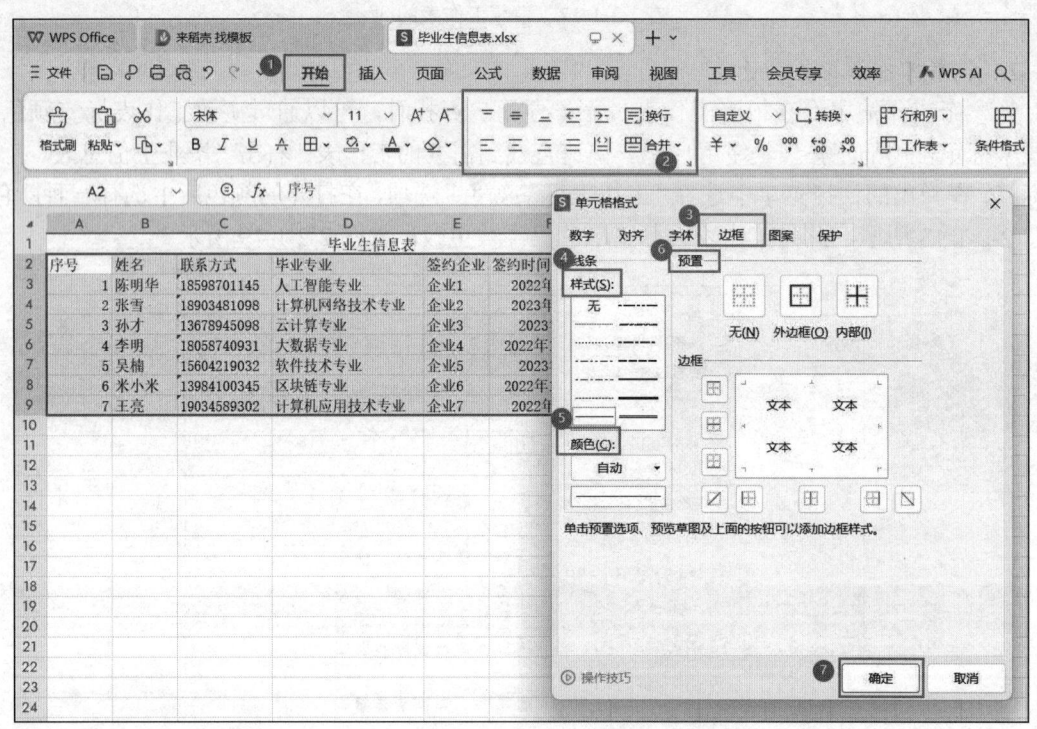

图 2-2-1-20 单元格边框设置步骤

毕业生信息表						
序号	姓名	联系方式	毕业专业	签约企业	签约时间	月薪
1	陈明华	18598701145	人工智能专业	企业1	2022年3月23日	￥5,400.00
2	张雪	18903481098	计算机网络技术专业	企业2	2023年6月14日	￥4,500.00
3	孙才	13678945098	云计算专业	企业3	2023年7月3日	￥5,200.00
4	李明	18058740931	大数据专业	企业4	2022年12月28日	￥5,000.00
5	吴楠	15604219032	软件技术专业	企业5	2023年5月9日	￥4,800.00
6	米小米	13984100345	区块链专业	企业6	2022年11月23日	￥5,500.00
7	王亮	19034589302	计算机应用技术专业	企业7	2022年9月10日	￥4,500.00

图 2-2-1-21 单元格边框设置效果

单元格的底纹设置和单元格的边框设置方法类似，在“单元格格式”对话框中选择“图案”选项卡，然后按照需求完成相应设置即可，这里不再赘述。

（2）条件格式的使用。条件格式就是将工作表中满足指定条件的数据用特殊格式显示出来。

继续使用“毕业生信息表”工作表，若想把月薪超过 5000 元的毕业生信息突出显示，可采用如下方法设置。

选中 G3:G9 单元格区域，在“开始”选项卡中单击“条件格式”的下拉按钮，选择“突出显示单元格规则”选项，选择“大于”选项，打开“大于”对话框，按要求完成设置即可。过程如图 2-2-1-22 所示，效果如图 2-2-1-23 所示。

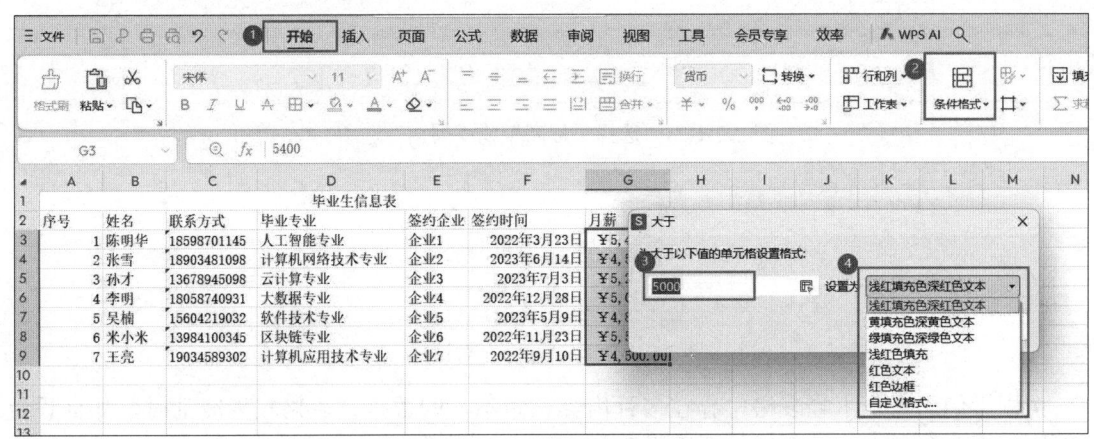

图 2-2-1-22　单元格条件格式设置

	A	B	C	D	E	F	G
1	毕业生信息表						
2	序号	姓名	联系方式	毕业专业	签约企业	签约时间	月薪
3	1	陈明华	18598701145	人工智能专业	企业1	2022年3月23日	￥5,400.00
4	2	张雪	18903481098	计算机网络技术专业	企业2	2023年6月14日	￥4,500.00
5	3	孙才	13678945098	云计算专业	企业3	2023年7月3日	￥5,200.00
6	4	李明	18058740931	大数据专业	企业4	2022年12月28日	￥5,000.00
7	5	吴楠	15604219032	软件技术专业	企业5	2023年5月9日	￥4,800.00
8	6	米小米	13984100345	区块链专业	企业6	2022年11月23日	￥5,500.00
9	7	王亮	19034589302	计算机应用技术专业	企业7	2022年9月10日	￥4,500.00

图 2-2-1-23　单元格条件格式设置效果

二、单元格拓展操作

设置行高和列宽

要设置行高和列宽，有以下几种方式可以进行操作。

（1）拖动鼠标更改行高和列宽。要改变行高和列宽可以直接在工作表中拖动鼠标进行操作，比如要设置行高，用户在工作表中选中单行，将光标放置在行与行标签之间，出现黑色双向箭头时，按住鼠标左键不放，向上或向下拖动，此时会出现提示框，显示当前选中行的行高，调整至所需的行高后松开左键即可完成行高的设置。设置列宽的方法与此操作类似，不再赘述。

（2）设置精确行高和列宽。要设置精确的行高和列宽，用户可以选中要设置的行或列，然后选择"开始"选项卡，单击"行和列"的下拉按钮，如图2-2-1-24所示，在弹出的菜单中选择"行高"或"列宽"选项。将会打开"行高"对话框或"列宽"对话框，输入精确的数字，最后单击"确定"按钮完成操作。"行高"对话框如图2-2-1-25所示。

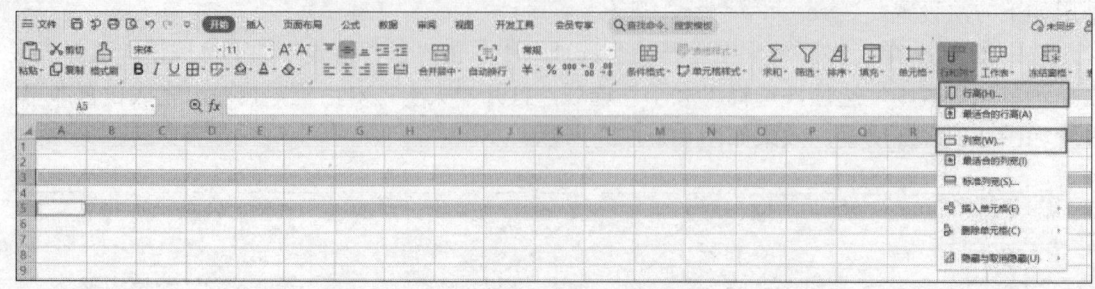

图2-2-1-24　选择"行高"或"列宽"选项

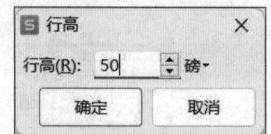

图2-2-1-25　"行高"对话框

请同学们思考一下当表格中存在多种内容长短不一的数据，表格较为凌乱时，如何设置最适合的行高和列宽，以实现表格的美观度？

三、表格数据输入拓展

当需要在连续的单元格中输入相同或者有规律的数据（如等差或等比）时，可以使用WPS表格提供的填充数据功能来实现。

（1）重复数据的自动填充。如若要在"毕业生相关信息"工作簿的Sheet2工作表的A1:A10单元格区域输入"计算机相关专业"，可以先在A1单元格输入"计算机相关专业"，将光标放到A1单元格右下方，当光标变成黑色十字形时，按住鼠标左键不放，向下拖动，直到拖动的区域覆盖完所有需要填充的单元格时，松开鼠标左键，此时完成数据填充。

注意：不仅可以向下拖动得到相同的一列数据，也可以向右拖动填充得到相同的一行数据。

（2）有序数字自动填充。有序数字的自动填充方法与重复数据相同。表格会自动判断要重复填充的数据是否为能递增的数据。若是，则将以步长为1的等差序列规律来填充所选单元格区域。以"毕业生信息表"工作表中的"序列"列为例，删除原有内容，先在A3单元格输入数值"1"，将光标放到A3单元格右下方，当光标变成黑色十字形时，按住鼠标左键不放，向下拖动，直到拖动的区域覆盖完所有需要填充的单元格。松开鼠标左键，完成数据填充。

如需改变填充方式，可在填充完成后松开鼠标左键，单击单元格区域下方出现的悬浮窗格下拉按钮，另外选择填充方式，如图2-2-1-26所示。

（3）创建自定义填充序列。WPS表格中，还可以自定义填充序列，更方便地帮助用户快速地输入一些没有规律而需要经常输入的数据。例如，"毕业生信息表"工作表中"姓名"列的数据在多张工作簿或同一工作簿的多张工作表中可能都要用到，因此，可以将毕业生姓名名单的数据自定义为一个序列，实现多次自动填充。

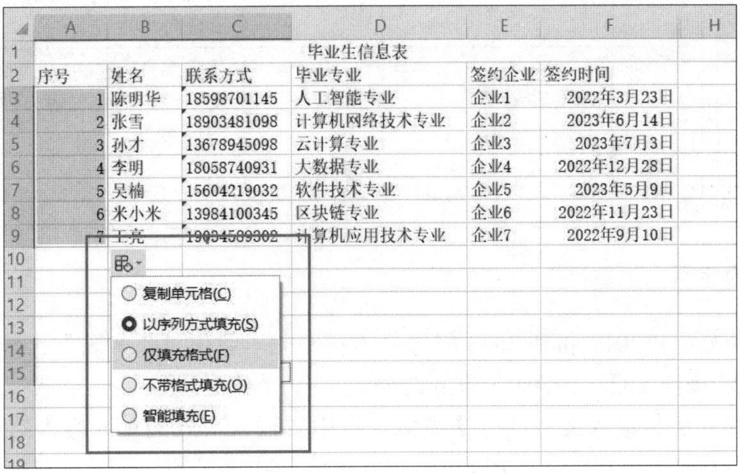

图 2-2-1-26　其他填充方式选择

请同学们思考一下该如何操作。

任务二　计算工作表

任务实施

熟悉了 WPS 表格处理软件的工作界面，了解了工作簿、工作表和单元格的基本概念，掌握了工作簿、工作表和单元格的基本操作方法，能够在表格中按要求录入各种数据后，就具备了进一步借助电子表格处理软件解决现实问题的能力。学习知识后，要在日后的工作中加以运用，才能发挥出所学知识的作用，这是学以致用的关键所在。

本任务将以"毕业生相关信息"工作簿中的"2019 届到 2023 届部分本科专业毕业生月收入表"工作表中数据为例，学习利用公式和函数等工具完成数据的自动计算，并在数据发生变化时能快速重新计算结果。掌握电子表格中公式和函数的使用方法，能减少手动计算的错误和工作量，更进一步的提高工作效率。

任务单 2-2-2

任务编号	2-2-2	任务名称	计算工作表
任务简介	以"2019 届到 2023 届部分本科专业毕业生月收入表"工作表中数据为源，练习如何借助 WPS 表格处理软件中的公式和函数完成数据的自动计算			
设备环境	安装了 WPS Office（2019）办公软件的台式机或笔记本			
任务要求	1. 掌握基本公式的使用方法，借助公式完成简单的计算 2. 掌握检查公式功能的使用，有效地避免输入的公式出错 3. 理解单元格绝对地址、相对地址的概念和区别，掌握相对引用、绝对引用的方法 4. 熟悉函数的使用方法，掌握平均值、最大/最小值、求和、计数等常见函数的使用			

模块二　WPS Office 办公软件

任务执行评价	序号	考核指标	所占分值	备注	得分
	1	任务完成情况	30	在规定时间内完成并按时上交任务单	
	2	成果质量	70	从完整性、准确性、创新性、实用性、规范性等方面进行评价	
			总分		

一、公式的使用

公式的使用

使用公式计算出"2019届到2023届部分本科专业毕业生月收入表"工作表中各专业2023届与2022届毕业生收入的差。

输入公式的方法与输入文本的方法类似，选中要输入公式的单元格，然后在编辑栏中直接输入"="，接着输入公式内容，按 Enter 键即可将公式运算的结果显示在所选单元格中。具体步骤如下：

（1）选中 H3 单元格，然后在编辑栏中输入公式"=G3-F3"，按 Enter 键即可在 H3 单元格中显示公式计算结果，如图 2-2-2-1 所示。

图 2-2-2-1　计算结果

（2）重复同样的操作可以求得其他专业的 2023 届与 2022 届毕业生收入差，除此之外可以采用复制公式的操作，快速地输入公式，求出其他单元格的值。选中 H3 单元格，右击选择"复制"选项或按 Ctrl+C 组合键；选中 H4 单元格，右击选择"粘贴"选项或按 Ctrl+V 组合键，这样就将 H3 单元格中的公式格式粘贴到了 H4 单元格中，并显示计算结果。

（3）除上述复制公式的方法外，求其他单元格的值还可以通过拖动鼠标的方式快速完成剩余计算。选中 H4 单元格，将光标放在 H4 单元格右下角的填充柄上，当光标变为"＋"时，按住鼠标左键并拖动到 H9 单元格时松开鼠标，则拖动时经过的单元格均被填充了 H4 单元格中的公式格式，计算结果如图 2-2-2-2 所示。

二、检查公式

公式作为 WPS 表格中数据处理的核心，在使用过程中出错的概率较大。为了有效地避免输入的公式出错，需要对公式进行检查或审核，使公式能够按照预想的方式计算出结果。

在 WPS 表格中，要查询公式错误的原因可以通过错误检查功能实现，该功能根据设定的规则对输入的公式自动进行检查。

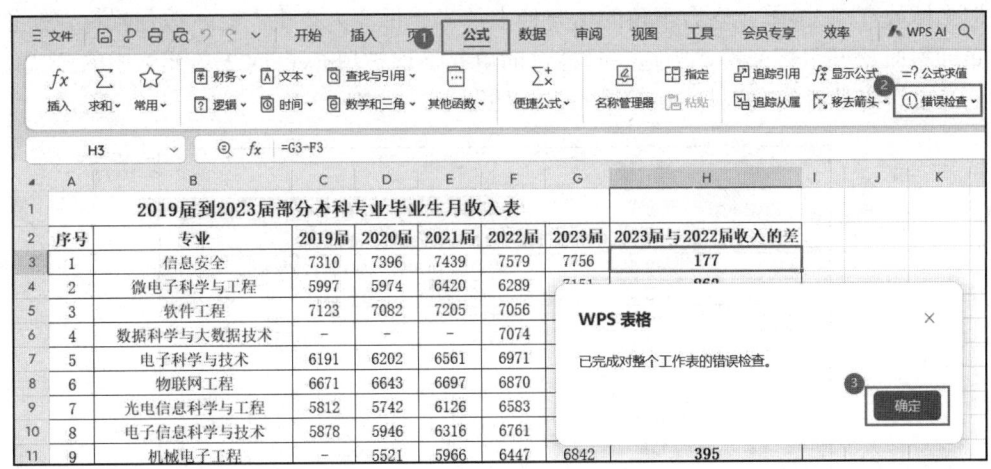

序号	专业	2019届	2020届	2021届	2022届	2023届	2023届与2022届收入的差
	2019届到2023届部分本科专业毕业生月收入表						
1	信息安全	7310	7396	7439	7579	7756	177
2	微电子科学与工程	5997	5974	6420	6289	7151	862
3	软件工程	7123	7082	7205	7056	7061	5
4	数据科学与大数据技术	-	-	-	7074	7014	-60
5	电子科学与技术	6191	6202	6561	6971	7011	40
6	物联网工程	6671	6643	6697	6870	6967	97
7	光电信息科学与工程	5812	5742	6126	6583	6911	328
8	电子信息科学与技术	5878	5946	6316	6761	6872	111
9	机械电子工程	-	5521	5966	6447	6842	395
10	自动化	5904	5915	6375	6689	6837	148
11	材料成型及控制工程			5958	6493	6810	317
12	机械工程	5616	5706	6163	6481	6792	311
13	机械设计制造及其自动化	-		5940	6407	6768	361
14	工业工程	5768	5851	6114	6559	6766	207
15	网络工程	6857	6757	6796	6878	6765	-113
16	测控技术与仪器	5856	5984	6323	6631	6753	122
17	电气工程及其自动化	5668	5827	6289	6376	6719	343
18	信息管理与信息系统	6068	6126	6420	6667	6714	47

图 2-2-2-2　计算结果

选中公式所在的单元格，选择"公式"选项卡，单击"错误检查"按钮，此时会打开"WPS表格"对话框，提示完成了整个工作表的错误检查，此处没有检查出公式错误，单击"确定"按钮即可，如图 2-2-2-3 所示。

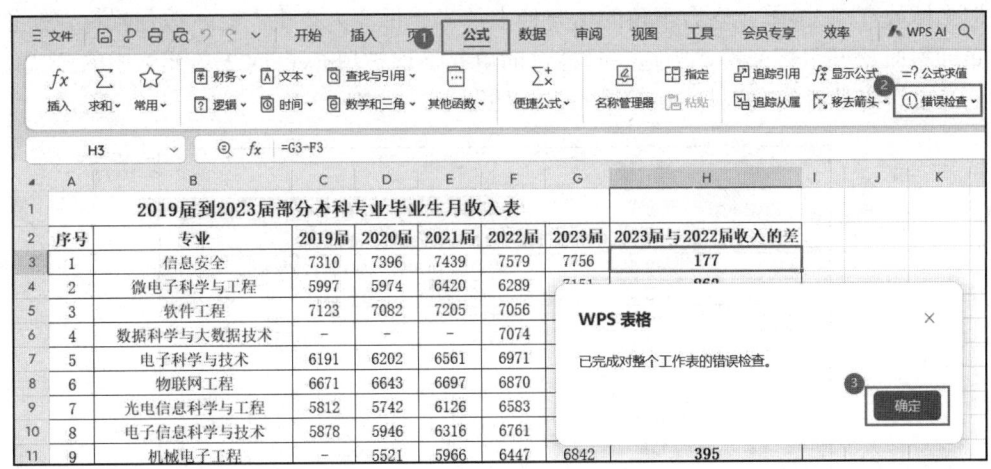

图 2-2-2-3　检查公式

三、单元格的引用

单元格的引用

在 D21:G21 单元格区域计算信息安全专业相邻年度收入差（相对引用），在 D22:G22 单元格区域计算信息安全专业各届收入与 2019 届的差（混合引用）。

（1）在 D21 单元格输入公式"=D3-C3"，按 Enter 键即可得到 2020 届与 2019 届的收入差，把光标放在 D21 单元格右下角的填充柄上，当光标变为"+"时，按住鼠标左键拖动到 G21 单元格时松开鼠标左键，则拖动时经过的单元格均被填充了 D21 单元格中的公式格式，得到信息安全专业相邻年度收入差，如图 2-2-2-4 所示。

模块二　WPS Office 办公软件

G21 =G3-F3

序号	专业	2019届	2020届	2021届	2022届	2023届
2019届到2023届部分本科专业毕业生月收入表						
1	信息安全	7310	7396	7439	7579	7756
2	微电子科学与工程	5997	5974	6420	6289	7151
3	软件工程	7123	7082	7205	7056	7061
4	数据科学与大数据技术	–	–	–	7074	7014
5	电子科学与技术	6191	6202	6561	6971	7011
6	物联网工程	6671	6643	6697	6870	6967
7	光电信息科学与工程	5812	5742	6126	6583	6911
8	电子信息科学与技术	5878	5946	6316	6761	6872
9	机械电子工程	–	5521	5966	6447	6842
10	自动化	5904	5915	6375	6689	6837
11	材料成型及控制工程	–	–	5958	6493	6810
12	机械工程	5616	5706	6163	6481	6792
13	机械设计制造及其自动化	–	–	5940	6407	6768
14	工业工程	5768	5851	6114	6559	6766
15	网络工程	6857	6757	6796	6878	6765
16	测控技术与仪器	5856	5984	6323	6631	6753
17	电气工程及其自动化	5668	5827	6289	6376	6719
18	信息管理与信息系统	6068	6126	6420	6667	6714
19	信息安全专业相邻年度收入差：		86	43	140	177
20	信息安全专业各届收入与2019届的差：					

图 2-2-2-4 信息安全专业相邻年度收入差

（2）在 D22 单元格输入公式“=D3-$C3”，按 Enter 键即可得到 2020 届与 2019 届的收入差，把光标放在 D22 单元格右下角的填充柄上，当光标变为“＋”时，按住鼠标左键拖动到 G22 单元格时松开鼠标左键，则拖动时经过的单元格均被填充了 D22 单元格中的公式格式，得到信息安全专业各届收入与 2019 届的差，如图 2-2-2-5 所示。

G22 =G3-$C3

序号	专业	2019届	2020届	2021届	2022届	2023届
2019届到2023届部分本科专业毕业生月收入表						
1	信息安全	7310	7396	7439	7579	7756
2	微电子科学与工程	5997	5974	6420	6289	7151
3	软件工程	7123	7082	7205	7056	7061
4	数据科学与大数据技术	–	–	–	7074	7014
5	电子科学与技术	6191	6202	6561	6971	7011
6	物联网工程	6671	6643	6697	6870	6967
7	光电信息科学与工程	5812	5742	6126	6583	6911
8	电子信息科学与技术	5878	5946	6316	6761	6872
9	机械电子工程	–	5521	5966	6447	6842
10	自动化	5904	5915	6375	6689	6837
11	材料成型及控制工程	–	–	5958	6493	6810
12	机械工程	5616	5706	6163	6481	6792
13	机械设计制造及其自动化	–	–	5940	6407	6768
14	工业工程	5768	5851	6114	6559	6766
15	网络工程	6857	6757	6796	6878	6765
16	测控技术与仪器	5856	5984	6323	6631	6753
17	电气工程及其自动化	5668	5827	6289	6376	6719
18	信息管理与信息系统	6068	6126	6420	6667	6714
19	信息安全专业相邻年度收入差：		86	43	140	177
20	信息安全专业各届收入与2019届的差：		86	129	269	446

图 2-2-2-5 信息安全专业各届收入与 2019 届的差

四、函数的使用

函数的使用

（1）手动输入函数。对于一些简单的函数，可以采用手动输入的方法。手动输入函数的方法同在单元格中输入公式的方法一样。可以先在编辑栏中输入一个等号"="，然后直接输入函数。

在"2019届到2023届部分本科专业毕业生月收入表"工作表的F23单元格，求2022届各专业收入最大值。选中F23单元格，在编辑栏中输入"=MAX(F3:F20)"，按Enter键，即可在F23单元格中看到运算结果，如图2-2-2-6所示。

F23		fx	=MAX(F3:F20)			
A	B	C	D	E	F	G
\multicolumn{7}{c}{2019届到2023届部分本科专业毕业生月收入表}
序号	专业	2019届	2020届	2021届	2022届	2023届
1	信息安全	7310	7396	7439	7579	7756
2	微电子科学与工程	5997	5974	6420	6289	7151
3	软件工程	7123	7082	7205	7056	7061
4	数据科学与大数据技术	-	-	-	7074	7014
5	电子科学与技术	6191	6202	6561	6971	7011
6	物联网工程	6671	6643	6697	6870	6967
7	光电信息科学与工程	5812	5742	6126	6583	6911
8	电子信息科学与技术	5878	5946	6316	6761	6872
9	机械电子工程	-	5521	5966	6447	6842
10	自动化	5904	5915	6375	6689	6837
11	材料成型及控制工程	-	-	5958	6493	6810
12	机械工程	5616	5706	6163	6481	6792
13	机械设计制造及其自动化	-	-	5940	6407	6768
14	工业工程	5768	5851	6114	6559	6766
15	网络工程	6857	6757	6796	6878	6765
16	测控技术与仪器	5856	5984	6323	6631	6753
17	电气工程及其自动化	5668	5827	6289	6376	6719
18	信息管理与信息系统	6068	6126	6420	6667	6714
19	信息安全专业相邻年度收入差		86	43	140	177
20	信息安全专业各届收入与2019届的差		86	129	269	446
					7579	

图2-2-2-6　求2022届各专业收入最大值

（2）使用函数向导输入。对于比较复杂的函数，可使用函数向导来输入。

在"2019届到2023届部分本科专业毕业生月收入表"工作表的G23单元格，求2023届各专业收入最大值。操作如下：

选中G23单元格，在"公式"选项卡下方单击"插入函数"按钮，弹出"插入函数"对话框，在"插入函数"对话框的"选择函数"区域选择"MAX"选项，单击"确定"按钮，弹出"函数参数"对话框，在"数值1"文本框输入"G3"，在"数值2"文本框输入"G20"，如图2-2-2-7所示。单击"确定"按钮，即可求得2023届各专业收入最大值，如图2-2-2-8所示。

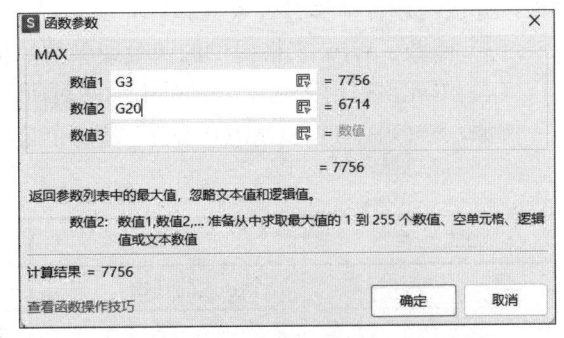

图2-2-2-7　"函数参数"对话框

序号	专业	2019届	2020届	2021届	2022届	2023届
	2019届到2023届部分本科专业毕业生月收入表					
1	信息安全	7310	7396	7439	7579	7756
2	微电子科学与工程	5997	5974	6420	6289	7151
3	软件工程	7123	7082	7205	7056	7061
4	数据科学与大数据技术	—	—	—	7074	7014
5	电子科学与技术	6191	6202	6561	6971	7011
6	物联网工程	6671	6643	6697	6870	6967
7	光电信息科学与工程	5812	5742	6126	6583	6911
8	电子信息科学与技术	5878	5946	6316	6761	6872
9	机械电子工程	—	5521	5966	6447	6842
10	自动化	5904	5915	6375	6689	6837
11	材料成型及控制工程	—	—	5958	6493	6810
12	机械工程	5616	5706	6163	6481	6792
13	机械设计制造及其自动化	—	—	5940	6407	6768
14	工业工程	5768	5851	6114	6559	6766
15	网络工程	6857	6757	6796	6878	6765
16	测控技术与仪器	5856	5984	6323	6631	6753
17	电气工程及其自动化	5668	5827	6289	6376	6719
18	信息管理与信息系统	6068	6126	6420	6667	6714
19	信息安全专业相邻年度收入差：		86	43	140	177
20	信息安全专业各届收入与2019届的差：		86	129	269	446
					7579	7756

图 2-2-2-8　2023 届各专业收入最大值

知识清单

一、公式基本概念

WPS 表格中的公式是一种对工作表的数值进行计算的等式，它可以帮助用户快速完成各种复杂的数据运算。

在输入公式前，应了解公式的组成和含义。公式的特定语法或次序如下：最前面为等号"="，然后是公式的表达式。公式的表达式由常量、运算符、函数、单元格引用 4 元素中的部分或全部组成。

（1）常量。常量数值用于输入公式中的值、文本。

（2）运算符。运算符用于对公式中的元素进行特定的运算或者用来连接需要运算的数据对象，并说明进行了哪种公式运算，如加"+"、减"-"、乘"*"、除"/"等。

（3）函数。WPS 表格提供的函数或参数，可返回相应的函数值。

（4）单元格引用。利用公式引用功能对所需的单元格中的数据进行引用。

例如，"=(30+A1)* SUM(D1:D4)"是一个公式，包含了上述元素，详细解释见表 2-2-2-1。

表 2-2-2-1　公式解释

公式元素	解释	公式元素	解释
=	一个公式的开始	+、*、()	运算符
30	常量	SUM()	函数
A1	单元格的引用	D1:D4	单元格区域的引用

运算符是用来对公式中的元素进行运算而规定的特殊字符。WPS 表格中包含 4 种类型的运算符：算术运算符、比较运算符、字符连接运算符和引用运算符。公式中有多种运算符时，优先计算括号内的数值，然后按运算符的优先级从高到低进行运算。运算符的优先级从高到低为：算术运算符、比较运算符、字符连接运算符、引用运算符。同级运算符按从左到右的顺序运算。

1. 算术运算符

算术运算符用于完成基本的算术运算，如加、减、乘、除等。算术运算符的基本含义见表 2-2-2-2。

表 2-2-2-2　算术运算符的基本含义

算术运算符	含义	示例
+	加	2+3
−	减	6–2
*	乘	3*5
/	除	12/4
%	百分比	15%
^	乘幂	3^2（3 的 2 次方）

2. 比较运算符

比较运算符用于比较两个数值的大小关系，其运算结果为逻辑值 true 或 false，即正确或错误。比较运算符的基本含义见表 2-2-2-3。

表 2-2-2-3　比较运算符的基本含义

比较运算符	含义	示例
=	等于	A1=B1
>	大于	A1>B1
<	小于	A1<B1
>=	大于等于	A1>=B1
<=	小于等于	A1<=B1
<>	不等于	A1<>B1

【搜一搜】请同学们参照算术运算符和比较运算符的形式，整理一下字符连接运算符和引用运算符的内容。

单元格引用方法

二、单元格引用方法

单元格引用的作用在于标识工作表中的单元格或单元格区域，以便告诉公式使用哪些单元格中的数值。通过单元格引用，可以在公式中使用工作表不同部分的数值，或者在多个公式中使用同一个单元格的数值，还可以引用其他工作表中的数值。

在 WPS 表格中公式对单元格的引用方式主要有 3 种不同的类型：相对引用、绝对引用和混合引用。

1. 相对引用

相对引用直接引用单元格地址。使用相对引用时，系统将记住建立公式的单元格和被引用单元格的相对位置。公式复制后，新的公式所在的单元格和被引用单元格之间仍保持这种相对位置关系。

例如，在 H3 单元格中输入"=G3-F3"，公式复制到 H4 单元格后，H4 单元格中的公式为"=G4-F4"。

2. 绝对引用

绝对引用需在单元格的列号、行号前加"$"，如"$G$3"。使用绝对引用，被引用的单元格与公式所在单元格之间的位置是绝对的。无论将公式复制到任何单元格，公式所引用的单元格均不变，因而引用的数据也不变。

例如，在 H3 单元格中输入"=$G$3-$F$3"，公式复制到 H4 单元格后，H4 单元格中的公式仍为"=$G$3-$F$3"。

3. 混合引用

混合引用是相对引用和绝对引用的混合作用，有以下两种情况：

（1）若在列号前加"$"，行号前不加"$"，则被引用的单元格的列位置是绝对的，行位置是相对的。

（2）反之，列号前不加"$"，行号前加"$"，则被引用的单元格的列位置是相对的，行位置是绝对的。

例如，在 B11 单元格中输入"=$B3-B$9"，公式复制到 C11 单元格后，C11 单元格中的公式为"=$B3-C$9"。

三、函数基本概念

函数基本概念

在 WPS 表格中，将一组特定功能的公式组合在一起，就形成了函数。利用公式可以计算一些简单的数据，而利用函数则可以很容易地完成各种复杂数据的处理工作，并简化公式的使用。

1. 函数的构成

函数由函数名和参数两部分组成，形式如下：

函数名(参数 1,参数 2,参数 3,…)

其中，函数名说明函数要执行的运算；参数是用来执行运算的数据，可以是数值、字符、逻辑值、表达式、单元格、单元格区域的引用等。

没有参数的函数称为无参函数，形式为：

函数名()

2. 常用函数

（1）数学与三角函数：可以处理简单和复杂的数学计算。

（2）日期与时间函数：用于在公式中分析和处理日期与时间值。

（3）财务函数：可以进行一般的财务计算。

（4）文本函数：用于在公式中处理字符串。

（5）逻辑函数：使用逻辑函数可以进行真假值判断，或者进行符号检验。

（6）数据库函数：主要用于分析数据清单中的数值是否符合特定的条件。

（7）查找和引用函数：可以在数据清单中查找特定数据，或查找某一单元格的引用。

（8）工程函数：用于工程分析。

（9）信息函数：用于确定存储在单元格中的数据类型。

（10）统计函数：可以对选择区域的数据进行统计分析。

表 2-2-2-4 中列出了一些常用函数。

表 2-2-2-4　常　用　函　数

函数类别	函数名	功能
数学与三角函数	SUM	求一组数的和
	AVERAGE	求一组数的平均数
	MOD	将数字按指定位数四舍五入
	INT	数值向下取整为最接近的整数
	MAX	求一组数的最大值
	MIN	求一组数的最小值
	SQRT	求一个数的平方根
	ROUND	将数字四舍五入
	ABS	求一个数的绝对值
统计函数	COUNT	计算参数中数值以及包含数值的单元格个数
	COUNTA	计算指定单元格区域中非空单元格个数
	COUNTIF	计算满足给定条件的单元格个数
逻辑函数	IF	根据条件判断并返回不同结果
日期与时间函数	TODAY	返回当前系统日期
	NOW	返回当前系统时间
	YEAR	返回日期对应的年份
	MONTH	返回日期对应的月份，以 1~12 表示
	DAY	返回日期对应的日子值，以 1~31 表示

任务实训

上节任务实训完成了"东方公司员工工资表"中数据的录入，本节任务实训继续对"东方公司员工工资表"工作簿中"2024 年 7 月"工作表中的数据进行编辑，具体要求如下：

（1）"应付工资合计"列的 J3 到 J17 单元格区域的值，要求采用公式自动计算。

（2）采用插入函数的功能在 J18 和 J19 单元格分别计算 7 月份人均工资和 7 月份工资总额。

实现效果如图 2-2-2-9 所示。

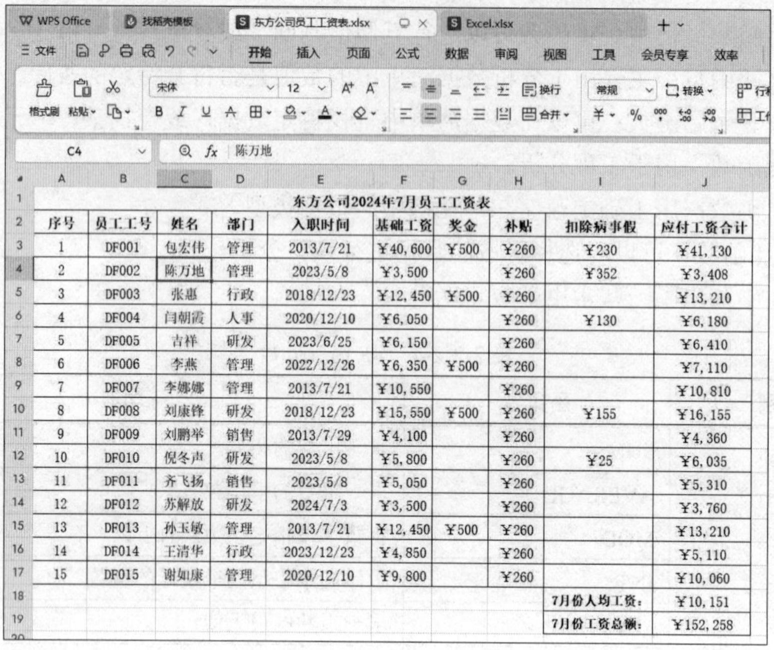

东方公司2024年7月员工工资表									
序号	员工工号	姓名	部门	入职时间	基础工资	奖金	补贴	扣除病事假	应付工资合计
1	DF001	包宏伟	管理	2013/7/21	¥40,600	¥500	¥260	¥230	¥41,130
2	DF002	陈万地	管理	2023/5/8	¥3,500		¥260	¥352	¥3,408
3	DF003	张惠	行政	2018/12/23	¥12,450	¥500	¥260		¥13,210
4	DF004	闫朝霞	人事	2020/12/10	¥6,050		¥260	¥130	¥6,180
5	DF005	吉祥	研发	2023/6/25	¥6,150		¥260		¥6,410
6	DF006	李燕	管理	2022/12/26	¥6,350	¥500	¥260		¥7,110
7	DF007	李娜娜	管理	2013/7/21	¥10,550		¥260		¥10,810
8	DF008	刘康锋	研发	2018/12/23	¥15,550	¥500	¥260	¥155	¥16,155
9	DF009	刘鹏举	销售	2013/7/29	¥4,100		¥260		¥4,360
10	DF010	倪冬声	研发	2023/5/8	¥5,800		¥260	¥25	¥6,035
11	DF011	齐飞扬	销售	2023/5/8	¥5,050		¥260		¥5,310
12	DF012	苏解放	研发	2024/7/3	¥3,500		¥260		¥3,760
13	DF013	孙玉敏	管理	2013/7/21	¥12,450	¥500	¥260		¥13,210
14	DF014	王清华	行政	2023/12/23	¥4,850		¥260		¥5,110
15	DF015	谢如康	管理	2020/12/10	¥9,800		¥260		¥10,060
								7月份人均工资：	¥10,151
								7月份工资总额：	¥152,258

图 2-2-2-9 实现效果图

知识拓展

一、单元格其他引用

单元格除相对引用、绝对引用和混合引用外，还存在相同工作簿不同工作表中单元格的引用、三维引用和不同工作簿中单元格的引用等情况。

1. 相同工作簿不同工作表中单元格的引用

需要在公式中同时加入工作表引用和单元格引用。

例如，在工作表 Sheet1 里引用工作表 Sheet3 中的单元格 E4，用“Sheet3!E4”表示。

2. 三维引用

可实现对多个工作表中相同单元格区域的引用。

例如，要对工作表 Sheet1、Sheet2、Sheet3 中的单元格区域 D5:E10 进行求和，用“=SUM(Sheet1:Sheet3! D5:E10)”表示。

3. 不同工作簿中单元格的引用

需要输入被引用工作簿的路径。

例如，“C:\我的文档\[Book1.xls]Sheet1!B3”表示要使用 C 盘“我的文档”文件夹下“Book1.xls”中 Sheet1 工作表 B3 单元格的数据。

二、函数的嵌套

一个函数表达式中包含一个或多个函数，函数与函数之间可以层层相套，括号内的函数作为括号外函数的一个参数，这样的函数就是嵌套函数。

例如，在“2019 届到 2023 届部分本科专业毕业生月收入表”的 I3 单元格，求 2023 届各专业收入平均值与 2022 届各专业收入平均值的最大值。操作如下：

选中 I3 单元格，在"公式"选项卡下单击"插入函数"按钮，弹出"插入函数"对话框，在"插入函数"对话框的"选择函数"区域选中"MAX"选项，单击"确定"按钮，弹出"函数参数"对话框，在"数值 1"文本框输入"AVERAGE(F3:F20)"，在"数值 2"文本框输入"AVERAGE(G3:G20)"，如图 2-2-2-10 所示。单击"确定"按钮，即可求得 2023 届各专业收入平均值与 2022 届各专业收入平均值的最大值。计算结果如图 2-2-2-11 所示。

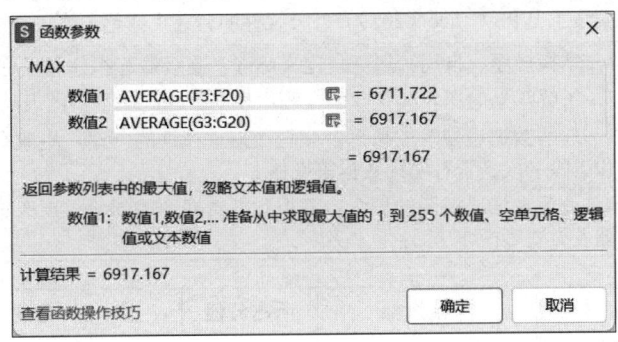

图 2-2-2-10 "函数参数"对话框

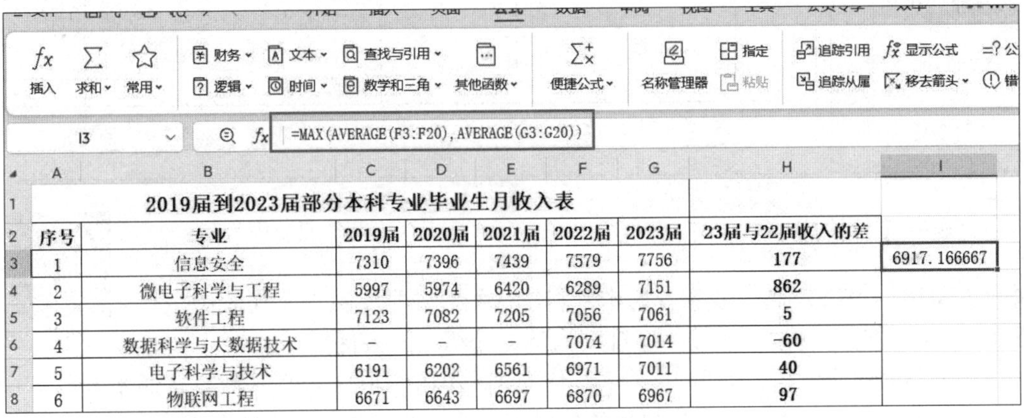

图 2-2-2-11 2023 届各专业收入平均值与 2022 届各专业收入平均值的最大值

任务三 统计、分析工作表

任务实施

仅借助 WPS 表格处理软件完成表中数据的基本计算是远远不够的，还需要对数据进行统计与分析，这样才能帮助用户从中发现规律或得出相关结论。数据的统计与分析是一个循序渐进的过程，首先要明确分析目标，清楚每个原始数据的含义；然后需要清洗数据；最后通过特定的方法对数据进行整理和分析。这与人们学习知识非常相似，学习也是一个日积月累、循序渐进的过程，不可能一蹴而就。

下面将以"2018—2022 年高等教育普通本专科毕（结）业学生数"工作表数据为例，通过排序、筛选、分类汇总、图表、数据透视表、数据透视图等功能来分析表中的数据，介绍使用 WPS 表格进行数据统计与分析的一系列操作。

任务单 2-2-3

任务编号	2-2-3	任务名称	统计、分析工作表
任务简介	以"2018—2022年高等教育普通本专科毕（结）业学生数"工作表中数据为源，练习如何借助 WPS 表格处理软件中的排序、筛选、分类汇总、图表、数据透视表、数据透视图等功能分析表中数据		
设备环境	安装了 WPS Office（2019）办公软件的台式机或笔记本		
任务要求	1. 掌握排序、自动筛选、自定义筛选、高级筛选和分类汇总等基本操作 2. 了解常见的图表类型，掌握利用表格数据制作常用图表的方法 3. 理解数据透视表的概念，掌握数据透视表的创建、更改布局、更新数据、添加和删除字段、查看明细数据等操作 4. 理解数据透视图的概念，掌握数据透视图的创建、更改布局、更新数据、更改图表类型等操作		

	序号	考核指标	所占分值	备注	得分
任务执行评价	1	任务完成情况	30	在规定时间内完成并按时上交任务单	
	2	成果质量	70	从完整性、准确性、创新性、实用性、规范性等方面进行评价	
	总分				

一、单一条件排序

在"2018—2022年高等教育普通本专科毕（结）业学生数"工作表中按近五年毕（结）业学生数合计数降序排列为例，介绍单一条件排序。

（1）打开"毕业生相关信息"工作簿，切换到"2018—2022年高等教育普通本专科毕（结）业学生数"工作表，选中"合计"列中的任意单元格，在"数据"选项卡中单击"排序"旁的下拉按钮，在菜单中选择"降序"选项，如图 2-2-3-1 所示。

图 2-2-3-1　单一条件排序

（2）此时表格将快速以降序方式重新对数据表"合计"列中的数据进行排序。

二、自定义排序

WPS 表格软件除了可针对某列按升序或降序的顺序进行排列外，还可进行自定义排序。请同学们思考一下若是要对"2018—2022 年高等教育普通本专科毕（结）业学生数"工作表中数据先按"区域"列的值升序排列，再按"合计"列的值降序排列，该如何操作？

三、自动筛选

筛选

在"2018—2022 年高等教育普通本专科毕（结）业学生数"工作表中筛选出西南地区的数据。

（1）在"2018—2022 年高等教育普通本专科毕（结）业学生数"工作表，选中数据区域的任意单元格，在"数据"选项卡中单击"筛选"按钮。此时，电子表格进入筛选模式，列标题单元格中会出现用于设置筛选条件的下拉菜单按钮，单击"区域"单元格下方的倒三角按钮，在弹出的菜单中选择"内容筛选"选项，在"名称"下仅勾选"西南"复选框，单击"确定"按钮，如图 2-2-3-2 所示。

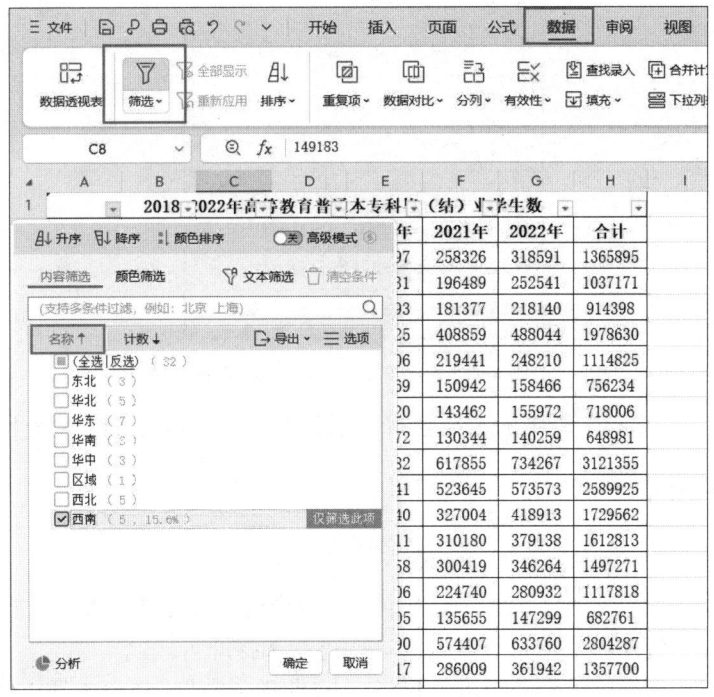

图 2-2-3-2　自动筛选

（2）返回工作簿窗口，即可显示筛选出的西南地区的毕（结）业学生数。

四、自定义筛选

WPS 表格软件除了提供自动筛选功能外，还可以进行个性化的自定义筛选。请同学们想一想如果要在"2018—2022 年高等教育普通本专科毕（结）业学生数"工作表中筛选出近五年毕（结）业学生数大于 3000000 或小于 1000000 的省份，该如何操作？

五、数据分类汇总

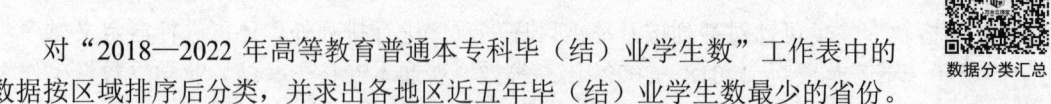

对"2018—2022 年高等教育普通本专科毕（结）业学生数"工作表中的数据按区域排序后分类，并求出各地区近五年毕（结）业学生数最少的省份。

（1）选中"区域"列，在"数据"选项卡中单击"排序"的下拉按钮，在弹出的菜单中选择"降序"命令，此时表中数据已按"区域"列值降序排列。

（2）选中任意一个单元格，在"数据"选项卡中单击"分类汇总"按钮，打开"分类汇总"对话框，在"分类字段"下拉列表框中选择"区域"选项，在"汇总方式"下拉列表框中选择"最小值"选项，在"选定汇总项"列表框中勾选"合计"复选框，最后单击"确定"按钮，如图 2-2-3-3 所示。

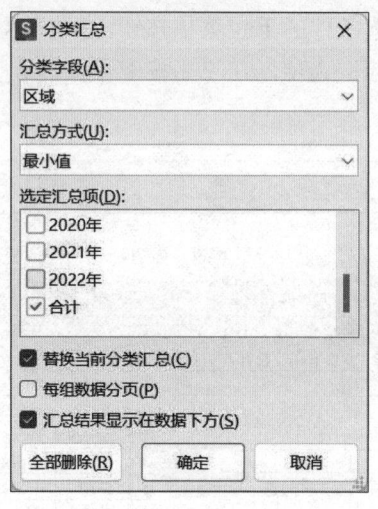

图 2-2-3-3 "分类汇总"对话框

（3）返回工作簿窗口，表中的数据会按区域分类，并汇总出各区域近五年合计最小值。

六、创建数据图表

1. 插入图表

在 WPS 表格中插入图表的方法非常简单，系统自带了很多图表类型，如柱形图、条形图、折线图等，用户只需根据需要进行选择即可。

在"2018—2022 年高等教育普通本专科毕（结）业学生数"工作表中插入图表。选中 B1:G4 单元格区域，选择"插入"选项卡，单击"图表"按钮，打开"图表"对话框。在"图表"对话框，选择一个柱形图，结果如图 2-2-3-4 所示。

2. 更改图表数据源

在对创建的图表进行修改时，会遇到更改某个数据系列数据源的问题。要更改图表数据源，首先选中图表，在"图表工具"选项卡中单击"选择数据"按钮，打开"编辑数据源"对话框，单击"图表数据区域"文本框右侧的 按钮，如图 2-2-3-5 所示。

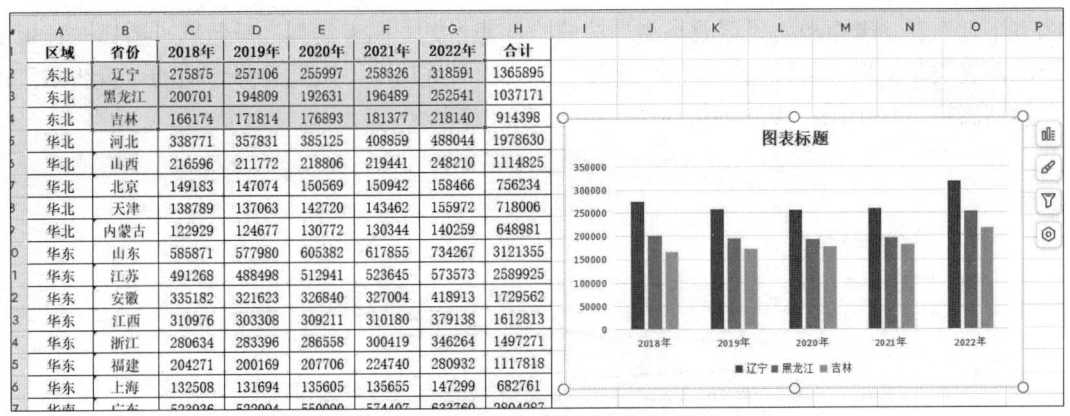

图 2-2-3-4　插入柱形图

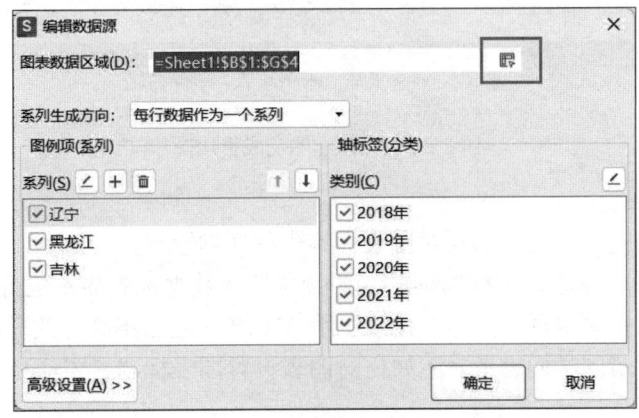

图 2-2-3-5　"编辑数据源"对话框

此时可以重新选择数据源表格范围，比如在工作表中选中 B1:G9 单元格区域，单击 按钮，如图 2-2-3-6 所示，返回"编辑数据源"对话框，单击"确定"按钮，即可完成更改图表数据源的操作。

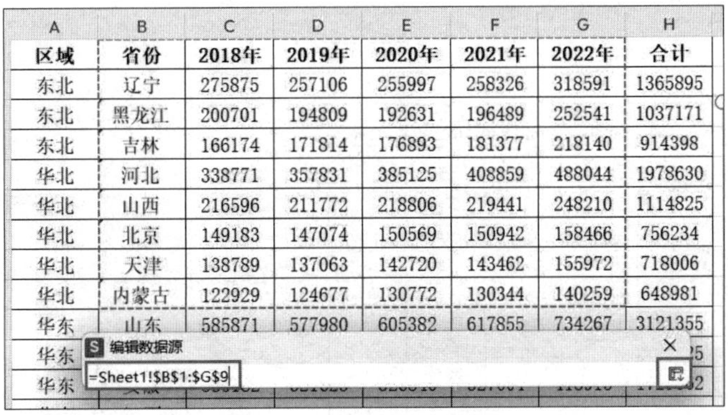

图 2-2-3-6　重新选择图表数据源范围

3. 更改图表类型

插入图表后，如果用户对当前图表类型不满意，可以更改图表类型。首先选中图表，在

"图表工具"选项卡中单击"更改类型"按钮,打开"更改图表类型"对话框,选择一种想要更换的图表类型。以"折线图"为例,选择"折线图"选项卡,然后选择合适的"折线图"图表。返回表格,柱形图已经变为折线图,如图 2-2-3-7 所示。

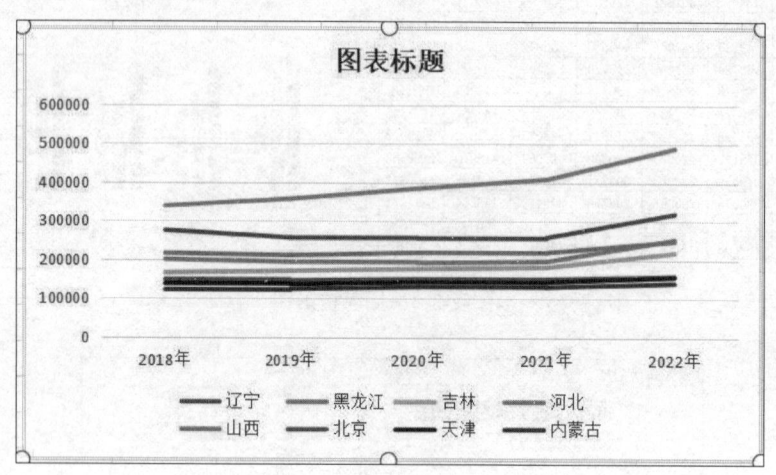

图 2-2-3-7 柱形图变成折线图

4. 设置图表标签

为了让图表更直观、美观,需要对图表标签进行详细设置。

图表标签包括图表标题、坐标轴标题、图例位置、数据标签显示位置等。设置图表中各标签的方法将在电子资源中具体介绍。继续使用"2018—2022 年高等教育普通本专科毕(结)业学生数"工作表,请同学们思考一下如何对图表设置图表标题、图例和数据标签等。

5. 切换行与列

选中图表,在"图表工具"选项卡中单击"切换行列"按钮,即可实现操作,如图 2-2-3-8 所示。

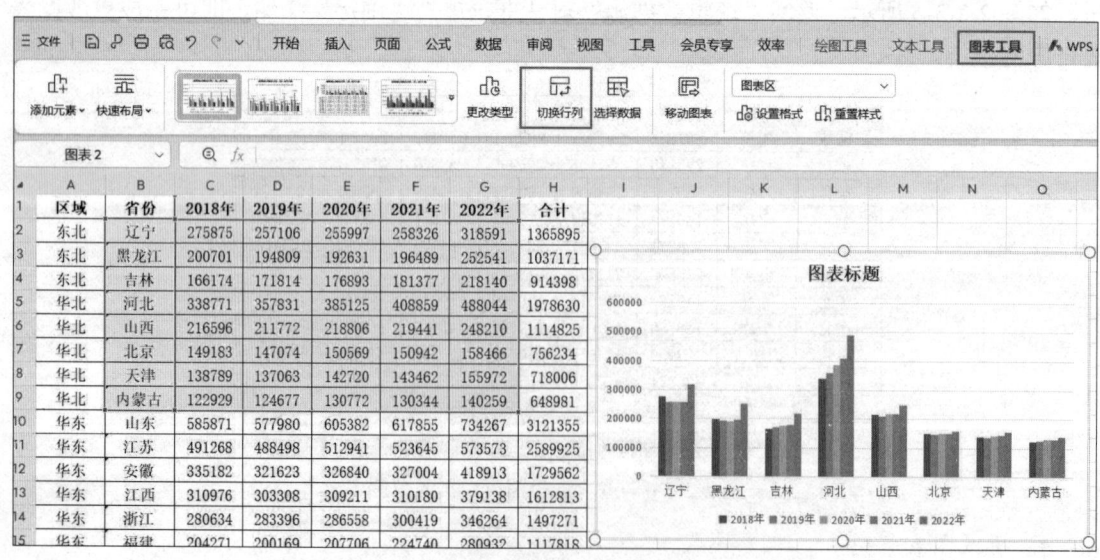

图 2-2-3-8 切换行列

知识清单

一、数据排序基本概念

在实际工作中，用户经常需要将工作簿中的数据按照一定的顺序排列，以便查阅。数据排序是指按一定规则对数据进行整理、排列，这样可以为数据的进一步分析处理做好准备。

1. 单一条件排序

在数据量相对较少（或排序要求简单）的工作簿中，用户可以设置一个条件对数据进行排序处理。表格默认的排序是根据单元格的数据进行升序或降序排序，这种排序方式就是单一条件排序。

2. 自定义排序

自定义排序是依据多列的数据规则，对工作表中的数据进行排序操作。如果使用快速排序，则只能使用一个排序条件，因此当使用快速排序后，表格中的数据可能仍然没有达到用户的排序需求。这时，用户可以设置多个排序条件进行自定义排序。

二、数据筛选基本概念

如果想在成百上千条数据记录中查询需要的数据，就要用到 WPS 表格的筛选功能，可轻松地筛选出符合条件的数据。

1. 自动筛选

自动筛选是一个易于操作且经常被使用的功能。自动筛选通常是按简单的条件进行筛选，筛选时将不满足条件的数据暂时隐藏起来，只显示符合条件的数据。

2. 自定义筛选

与数据排序类似，如果自动筛选方式不能满足需要，此时可自定义筛选条件。

三、数据分类汇总基本概念

分类汇总是指对工作表中某列的数据进行分类，并对各类数据进行快速统计计算。WPS 表格提供了 11 种汇总类型，包括求和、计数、平均值、最大值、最小值、数值计数等，默认的汇总方式为求和。

四、创建图表基本概念

在 WPS 表格中，图表不仅能够增强视觉效果、起到美化表格的作用，还能更直观、形象地显示出表格中各个数据之间的复杂关系，更易于理解和交流，图表在制作电子表格时具有极其重要的作用。

任务实训

"凡事预则立，不预则废"，小到个人，大到国家，为了更好的发展都需要提前做各类规划。以企业为例，为了优化资源配置、提高运营效率、降低风险，并为企业的长期发展奠定坚实基础，财务预算、财务管理和财务清算等是非常重要的。以龙腾公司 2024 年 1—5 月的差旅费作为数据源（"龙腾公司差旅报销管理表"工作簿），进行工作表统计与分析操作的练习，具体要求如下：

（1）按“地区”列字段升序排序。

（2）先按“报销人”列字段升序排序，报销人相同时，再按“差旅费用金额”列字段升序排序。

（3）筛选出“费用类别”列字段为“火车票”的记录。

（4）取消筛选。

（5）按“费用类别”列字段汇总出各项费用的总金额。

（6）取消分类汇总。

（7）制作数据透视表，统计各地区各报销人在不同活动地点的差旅费用总额。

（8）制作数据透视图，统计各地区各报销人不同费用类别的差旅费用总额。

实现效果如图 2-2-3-9～图 2-2-3-11 所示。

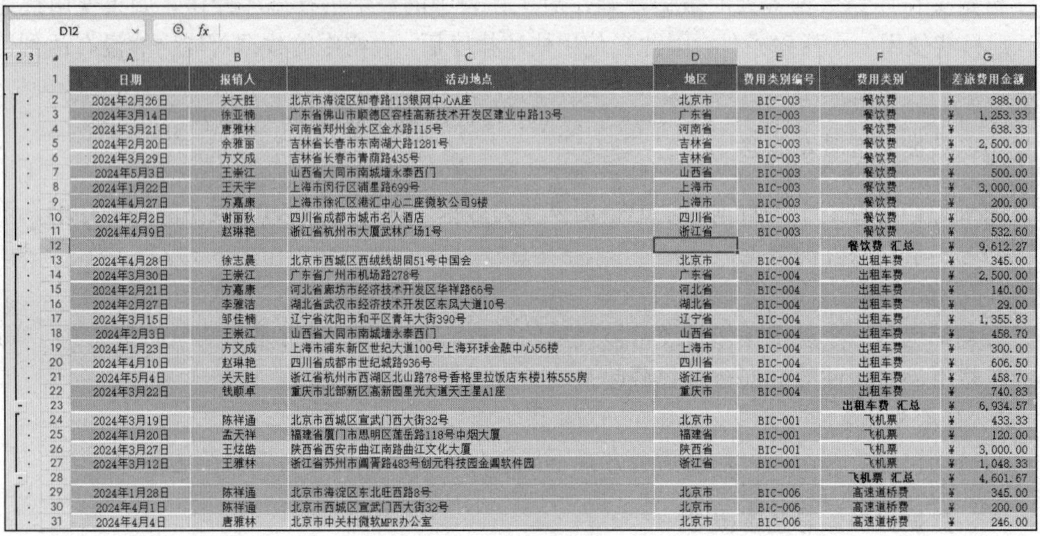

	A	B	C	D	E	F	G
1	日期	报销人	活动地点	地区	费用类别编号	费用类别	差旅费用金额
2	2024年2月26日	关天胜	北京市海淀区知春路113银网中心A座	北京市	BIC-003	餐饮费	¥ 388.00
3	2024年3月14日	徐亚楠	广东省佛山市顺德区容桂高新技术开发区建业中路13号	广东省	BIC-003	餐饮费	¥ 1,253.33
4	2024年3月21日	唐雅林	河南省郑州金水区金水路115号	河南省	BIC-003	餐饮费	¥ 638.33
5	2024年2月20日	余雅丽	吉林省长春市东南湖大路1281号	吉林省	BIC-003	餐饮费	¥ 2,500.00
6	2024年3月29日	方文成	吉林省长春市青荫路435号	吉林省	BIC-003	餐饮费	¥ 100.00
7	2024年5月3日	王崇江	山西省大同市南城墙永泰西门	山西省	BIC-003	餐饮费	¥ 500.00
8	2024年1月22日	王天宇	上海市闵行区浦星路699号	上海市	BIC-003	餐饮费	¥ 3,000.00
9	2024年4月27日	方嘉康	上海市徐汇区港汇中心二座微软公司9楼	上海市	BIC-003	餐饮费	¥ 200.00
10	2024年2月2日	谢丽秋	四川省成都市城市名人酒店	四川省	BIC-003	餐饮费	¥ 500.00
11	2024年4月9日	赵琳艳	浙江省杭州市大厦武林广场1号	浙江省	BIC-003	餐饮费	¥ 532.60
12						餐饮费 汇总	¥ 9,612.27
13	2024年4月28日	徐志晨	北京市西城区西绒线胡同51号中国会	北京市	BIC-004	出租车费	¥ 345.00
14	2024年3月30日	王崇江	广东省广州市机场路278号	广东省	BIC-004	出租车费	¥ 2,500.00
15	2024年2月21日	方嘉康	河北省廊坊市经济技术开发区华祥路66号	河北省	BIC-004	出租车费	¥ 140.00
16	2024年2月27日	李雅洁	湖北省武汉市经济技术开发区东风大道10号	湖北省	BIC-004	出租车费	¥ 29.00
17	2024年3月15日	邹佳楠	辽宁省沈阳市和平区青年大街390号	辽宁省	BIC-004	出租车费	¥ 1,355.83
18	2024年2月3日	王崇江	山西省大同市南城墙永泰西门	山西省	BIC-004	出租车费	¥ 458.70
19	2024年1月23日	方文成	上海市浦东新区世纪大道100号上海环球金融中心56楼	上海市	BIC-004	出租车费	¥ 300.00
20	2024年4月10日	赵琳艳	四川省成都市世纪城路936号	四川省	BIC-004	出租车费	¥ 606.50
21	2024年5月4日	关天胜	浙江省杭州市西湖区北山路78号香格里拉饭店东楼1栋555房	浙江省	BIC-004	出租车费	¥ 458.70
22	2024年3月22日	钱顺卓	重庆市北部新区高新园星光大道天王星A1座	重庆市	BIC-004	出租车费	¥ 740.83
23						出租车费 汇总	¥ 6,934.57
24	2024年3月19日	陈祥通	北京市西城区宣武门西大街32号	北京市	BIC-001	飞机票	¥ 433.33
25	2024年1月20日	孟天祥	福建省厦门市思明区莲岳路118号中烟大厦	福建省	BIC-001	飞机票	¥ 120.00
26	2024年3月27日	王炫皓	陕西省西安市曲江南路曲江文化大厦	陕西省	BIC-001	飞机票	¥ 3,000.00
27	2024年3月12日	王雅林	浙江省苏州市阊胥路483号创元科技园金阊软件园	浙江省	BIC-001	飞机票	¥ 1,048.33
28						飞机票 汇总	¥ 4,601.67
29	2024年1月28日	陈祥通	北京市海淀区东北旺西路8号	北京市	BIC-006	高速道桥费	¥ 345.00
30	2024年4月1日	陈祥通	北京市西城区宣武门西大街32号	北京市	BIC-006	高速道桥费	¥ 200.00
31	2024年4月4日	唐雅林	北京市中关村微软MPR办公室	北京市	BIC-006	高速道桥费	¥ 246.00

图 2-2-3-9　分类汇总效果

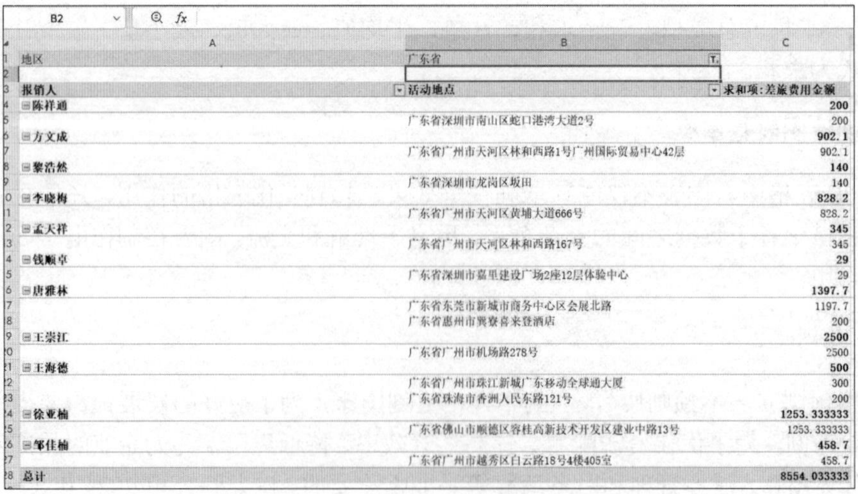

	A	B	C
1	地区	广东省	
2			
3	报销人	活动地点	求和项:差旅费用金额
4	⊟陈祥通		200
5		广东省深圳市南山区蛇口港湾大道2号	200
6	⊟方文成		902.1
7		广东省广州市天河区林和西路1号广州国际贸易中心42层	902.1
8	⊟黎浩然		140
9		广东省深圳市龙岗区坂田	140
10	⊟李晓梅		828.2
11		广东省广州市天河区黄埔大道666号	828.2
12	⊟孟天祥		345
13		广东省广州市天河区林和西路167号	345
14	⊟钱顺卓		29
15		广东省深圳市嘉里建设广场2座12层体验中心	29
16	⊟唐雅林		1397.7
17		广东省东莞市新城市商务中心区会展北路	1197.7
18		广东省惠州市巽寮喜来登酒店	200
19	⊟王崇江		2500
20		广东省广州市机场路278号	2500
21	⊟王海德		500
22		广东省广州市珠江新城广东移动全球通大厦	300
23		广东省珠海市香洲人民东路121号	200
24	⊟徐亚楠		1253.333333
25		广东省佛山市顺德区容桂高新技术开发区建业中路13号	1253.333333
26	⊟邹佳楠		458.7
27		广东省广州市越秀区白云路18号4楼405室	458.7
28	总计		8554.033333

图 2-2-3-10　数据透视表效果

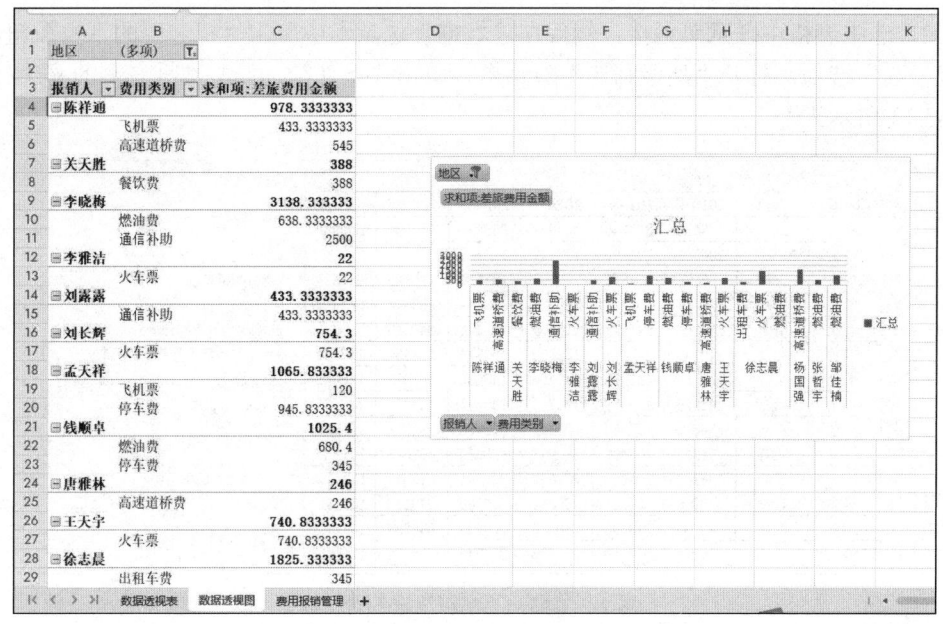

图 2-2-3-11　数据透视图效果

知识拓展

一、高级筛选

在筛选条件较多时，可以使用高级筛选功能来处理。使用高级筛选功能，必须先建立一个条件区域，用来指定筛选所需满足的条件。条件区域的第一行是所有作为筛选条件的字段名，这些字段名与数据清单中的字段名必须完全一致。条件区域的其他行则是筛选条件。需要注意的是，条件区域和数据清单不能连接，必须至少用一个空行将其隔开。

下面使用高级筛选功能筛选出"2018—2022 年高等教育普通本专科毕（结）业学生数"工作表华东地区 2022 年毕（结）业学生数大于 500000 的记录。

（1）打开"2018—2022 年高等教育普通本专科毕（结）业学生数"工作表，在 A35:B36 单元格区域中输入筛选条件，要求"区域"为华东，"2022 年"大于 500000，如图 2-2-3-12 所示。

24	西北	甘肃	122347	123314	133490	140033	165898	685082
25	西北	新疆	81285	84359	90947	99819	127647	484057
26	西北	宁夏	30799	31988	34134	34761	40486	172168
27	西北	青海	17414	18958	19632	20136	20759	96899
28	西南	四川	393689	402922	433106	451644	510447	2191808
29	西南	云南	188092	196463	235206	259313	297432	1176506
30	西南	重庆	199727	200819	211567	215783	271002	1098898
31	西南	贵州	159724	169655	194515	211215	251248	986357
32	西南	西藏	9297	9935	9846	9054	10218	48350
33								
34								
35	区域	2022年						
36	华东	500000						
37								

图 2-2-3-12　设置筛选条件

（2）选中表格中任意单元格，然后在"数据"选项卡中单击"筛选"的下拉按钮，选择"高级筛选"选项，打开"高级筛选"对话框，单击"条件筛选"文本框右侧的 按钮，如图 2-2-3-13 所示。

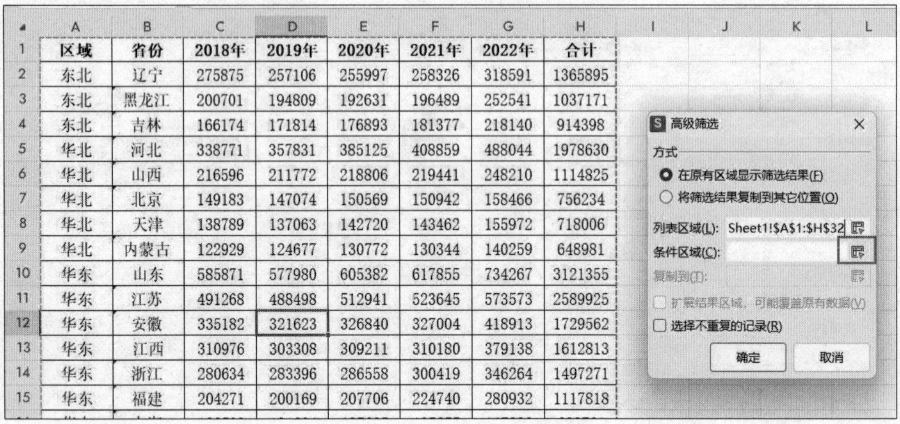

图 2-2-3-13 "高级筛选"对话框

（3）返回工作表窗口，选中输入筛选条件的 A35:B36 单元格区域，然后单击 按钮，返回"高级筛选"对话框，如图 2-2-3-14 所示。

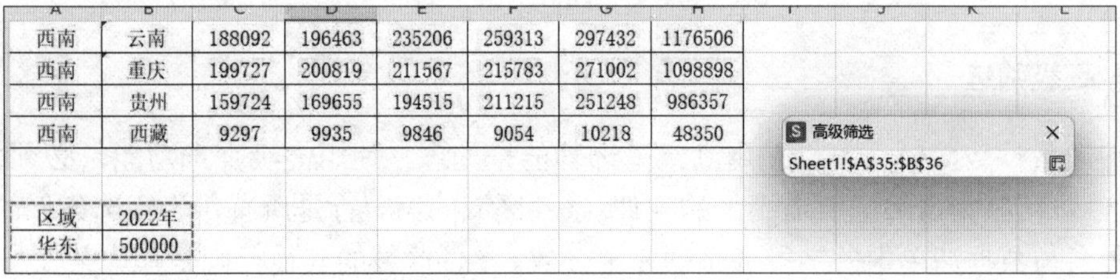

图 2-2-3-14 选中筛选条件区域

（4）在"高级筛选"对话框可以查看和设置选定的列表区域与条件区域，单击"确定"按钮。

（5）返回工作表，已经筛选出华东地区 2022 年毕（结）业学生数大于 500000 的记录，如图 2-2-3-15 所示。

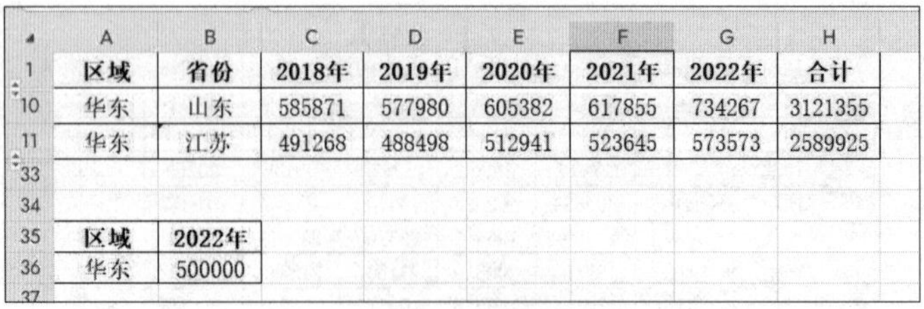

图 2-2-3-15 筛选结果

二、多重分类汇总

有时需要同时按照多个分类项来对表格数据进行汇总计算。此时的多重分类汇总需要遵循以下 3 个原则：

（1）按分类项的优先级顺序对表格中的相关字段进行排序。

（2）按分类项的优先级顺序多次执行"分类汇总"命令，并设置详细参数。

（3）从第二次执行"分类汇总"命令开始，需要取消勾选"分类汇总"对话框中的"替换当前分类汇总"复选框。

下面将在"学生成绩单"工作表中对每个班级的男女总成绩进行汇总。

（1）打开"学生成绩单"工作表，对表中数据按"班级"列和"性别"列进行自定义排序。

（2）先按"班级"列字段进行分类汇总。

（3）在上一步结果的基础之上，按"性别"列字段再次进行分类汇总。此次需取消勾选"替换当前分类汇总"复选框，如图 2-2-3-16 所示。

（4）此时表格同时根据"班级"和"性别"两个列字段进行了汇总，如图 2-2-3-17 所示。

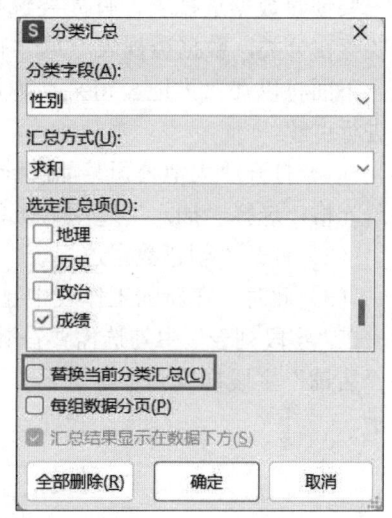

图 2-2-3-16　"分类汇总"对话框

图 2-2-3-17　第二次分类汇总结果

三、制作数据透视表

使用数据透视表功能，可以根据基础表中的字段，从成千上万条数据记录中直接生成汇总表。当数据源工作表符合创建数据透视表的要求时，即可

制作数据透视表

创建透视表,以便更好地对工作表进行数据分析和处理。

1. 创建数据透视表

要创建数据透视表,首先要选择需要创建透视表的单元格区域。需要注意的是,数据内容要存在分类,数据透视表汇总才有意义。

下面将以在"大地公司某品牌计算机设备全年销量统计表"工作簿中创建数据透视表为例进行讲解。

(1)打开"大地公司某品牌计算机设备全年销量统计表"工作簿,选中数据区域中的任意单元格,选择"插入"选项卡,单击"数据透视表"按钮。

(2)打开"创建数据透视表"对话框,保持默认选项,单击"确定"按钮。

(3)此时,在新的工作表中显示空白的数据透视表。在右侧显示的"数据透视表"窗格中,在"字段列表"中勾选需要在数据透视表中显示的字段复选框,在"数据透视表区域"中将"店铺"字段拖曳到"筛选器"下,调整字段在数据透视表中显示的位置,如图 2-2-3-18 所示。

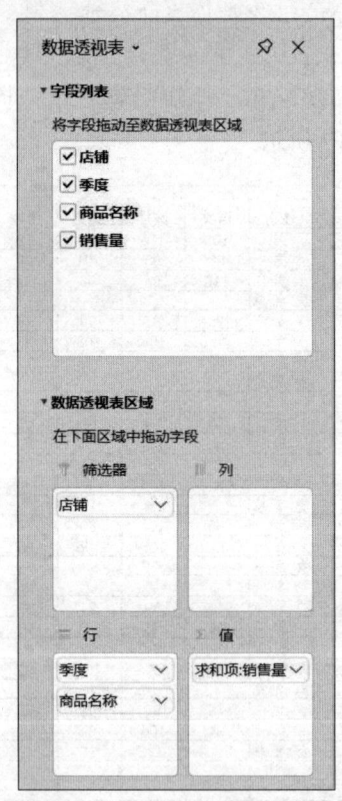

图 2-2-3-18 调整字段显示位置

(4)将新工作表重命名为"数据透视表",完成数据透视表的结构设置,效果如图 2-2-3-19 所示。

(5)单击数据透视表筛选字段"店铺"后的下拉按钮,可调整数据透视表中显示的内容,若是想同时选择多项,需勾选"选择多项"复选框,然后单击"确定"按钮,完成操作。数据透视表中的内容将随之改变。

图 2-2-3-19 数据透视表效果图

2. 布局数据透视表

成功创建数据透视表后，用户可以通过设置数据透视表的布局，使数据透视表能够满足不同角度数据分析的需求。当字段显示在数据透视表的列区域或行区域时，将显示字段中的所有项。但如果字段位于筛选区域中，其所有项都将成为数据透视表的筛选条件。用户可以控制在数据透视表中只显示满足筛选条件的项。

（1）继续使用"大地公司某品牌计算机设备全年销量统计表"工作簿，选择"数据透视表"工作表，选中任意数据单元格，打开"数据透视表"窗格，将"店铺"和"季度"字段拖动到"筛选器"区域，调整后的数据透视表如图 2-2-3-20 所示。

（2）单击数据透视表筛选字段"店铺"或"季度"后的下拉按钮，可调整数据透视表中显示的内容，以"店铺"字段选择"上地店"，"季度"字段选择"1 季度"为例，筛选效果如图 2-2-3-21 所示。

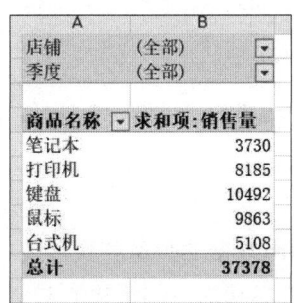

图 2-2-3-20 新的数据透视表效果图　　　　图 2-2-3-21 筛选效果图

3. 设置值字段汇总方式

数据透视表中值汇总方式有多种，包括求和、计数、平均值、最大值、最小值、乘积等。下面介绍设置值字段数据格式的操作方法。

（1）继续使用"某公司某品牌计算机设备全年销量统计表"工作簿，选择"数据透视表"工作表，选中任意数据单元格，打开"数据透视表"窗格，在"数据透视表"区域的"值"区域中，单击"求和项：销售量"右侧的下拉按钮，在弹出的快捷菜单中选择"值字段设置"选项。

（2）打开"值字段设置"对话框，在"值字段汇总方式"列表框中选择"平均值"选项，单击"确定"按钮，如图 2-2-3-22 所示。

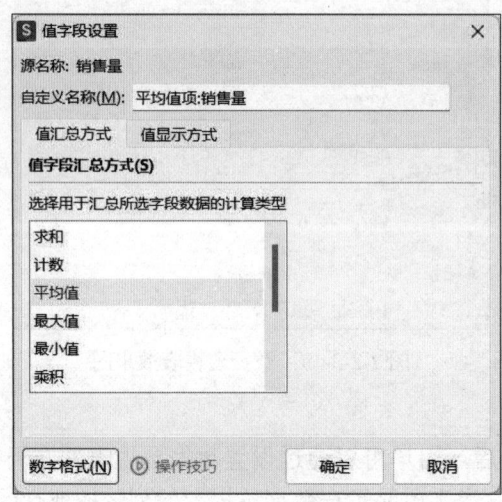

图 2-2-3-22　"值字段设置"对话框

（3）此时，值汇总方式变为"平均值项：销售量"，如图 2-2-3-23 所示。

图 2-2-3-23　改变值汇总方式

四、制作数据透视图

和数据透视表不同，数据透视图可以更直观地展示出数据的数量和变化，反映数据间的对比关系，而且具有很强的数据筛选和汇总功能，用户更容易从数据透视图中找到数据的变化规律和趋势。

制作数据透视图

下面将以在"大地公司某品牌计算机设备全年销量统计表"工作簿中创建数据透视图为例进行讲解。

1. 创建数据透视图

（1）打开"大地公司某品牌计算机设备全年销量统计表"工作簿，选中数据区域中的任意单元格，选择"插入"选项卡，单击"数据透视图"按钮，打开"创建数据透视图"对话框，保持默认选项，单击"确定"按钮，如图 2-2-3-24 所示。

（2）此时，在新的工作表中，会插入空白的数据透视图。在显示的"数据透视图"窗格中，在"字段列表"中勾选需要在数据透视图中显示的字段复选框，在"数据透视图区域"中将"店铺"和"季度"字段拖曳到"筛选器"下，调整字段在数据透视图中显示的位置，如图 2-2-3-25 所示。

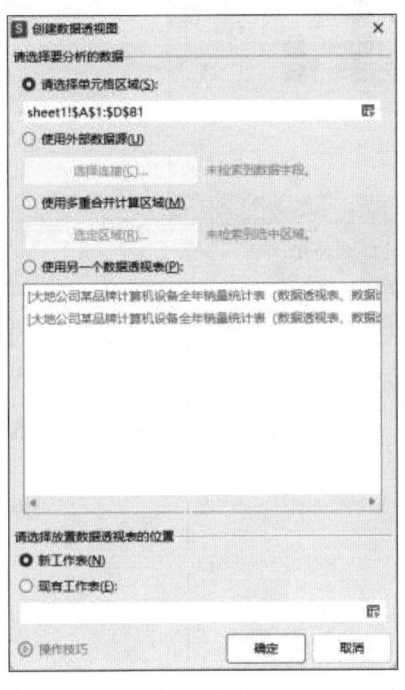
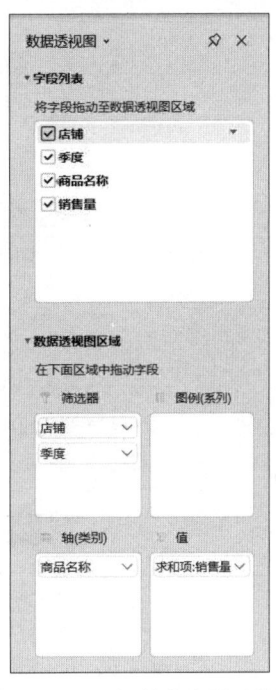

图 2-2-3-24　"创建数据透视图"对话框　　图 2-2-3-25　调整字段显示位置

（3）将新工作表重命名为"数据透视图"，完成数据透视图的结构设置，效果如图 2-2-3-26 所示。

改变数据透视图现实数据、改变数据透视图布局以及改变数据透视图值汇总方式等操作与数据透视表操作类似，这里不再赘述。

2. 更改图表类型

数据透视图创建好后，可以根据情况需要调整数据透视图的图表类型。

（1）继续使用"大地公司某品牌计算机设备全年销量统计表"工作簿，选择"数据透视图"工作表，选中图表，单击"图表工具"选项卡下的"更改类型"按钮，打开"更改图表类型"对话框，选择一种折线图。

（2）返回"数据透视图"工作表，效果如图 2-2-3-27 所示。

模块二　WPS Office 办公软件

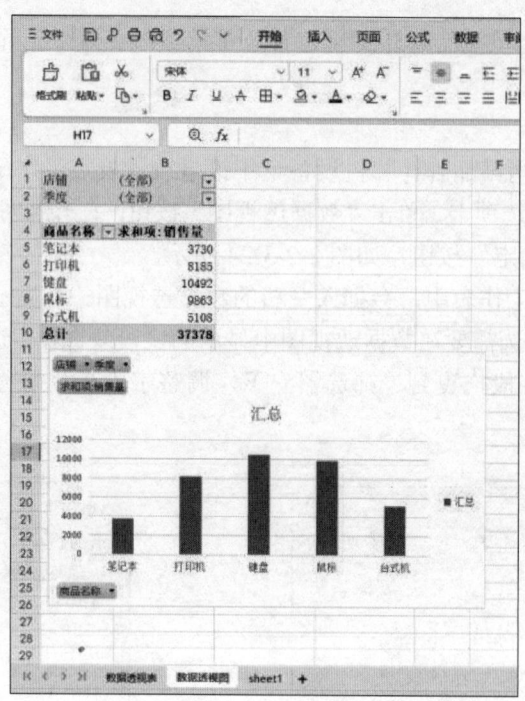

图 2-2-3-26　数据透视图效果图

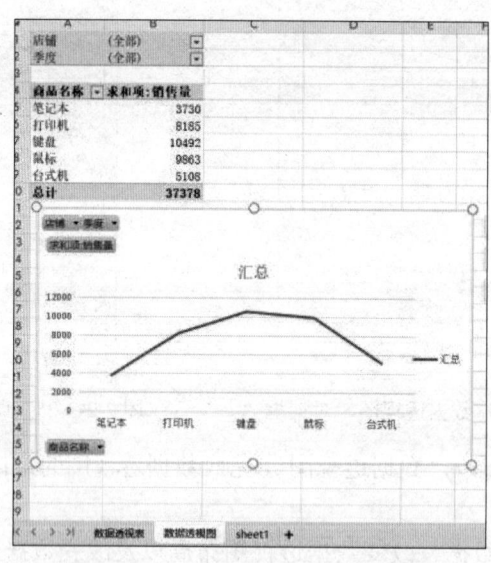

图 2-2-3-27　改变图表类型后效果图

任务四　保护、打印工作表

保护、打印工作表

任务实施

很多情况下，表格中的数据属于机密数据，除了公司领导和相关人员外，不能轻易让他人查看。为了不让他人随意查看计算机中存储着重要数据的表格文件，用户可以使用 WPS 表格提供的工作簿、工作表、单元格保护功能对其进行加密设置，以达到保护文件的目的。

下面将继续以"2018—2022年高等教育普通本专科毕（结）业学生数"工作表数据为例，学习利用 WPS 表格对数据进行加密保护的方法。同时，完成打印功能的学习。

任务单 2-2-4

任务编号	2-2-4	任务名称	保护、打印工作表
任务简介	以"2018—2022年高等教育普通本专科毕（结）业学生数"工作表中数据为源，练习如何借助 WPS 表格对数据进行加密保护。同时，完成打印功能的学习		
设备环境	安装了 WPS Office（2019）办公软件的台式机或笔记本		
任务要求	1. 掌握工作簿、工作表、单元格的保护操作 2. 掌握打印和打印预览操作的相关设置等		

任务执行评价	序号	考核指标	所占分值	备注	得分
	1	任务完成情况	30	在规定时间内完成并按时上交任务单	
	2	成果质量	70	从完整性、准确性、创新性、实用性、规范性等方面进行评价	
	总分				

一、工作簿保护操作

以"毕业生相关信息"工作簿为例进行讲解。

（1）打开"毕业生相关信息"工作簿，选择"审阅"选项卡，单击"保护工作簿"按钮，打开"保护工作簿"对话框，输入保护密码，单击"确定"按钮，如图 2-2-4-1 所示。

图 2-2-4-1　"保护工作簿"对话框

（2）打开"确认密码"对话框，再次输入密码，单击"确定"按钮，如图 2-2-4-2 所示。

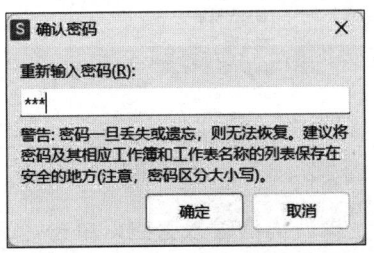

图 2-2-4-2　"确认密码"对话框

（3）返回"毕业生相关信息"工作簿，完成设置，此时工作簿已处于被保护状态，针对工作簿操作的很多命令已变为灰色不可用状态，如图 2-2-4-3 所示。

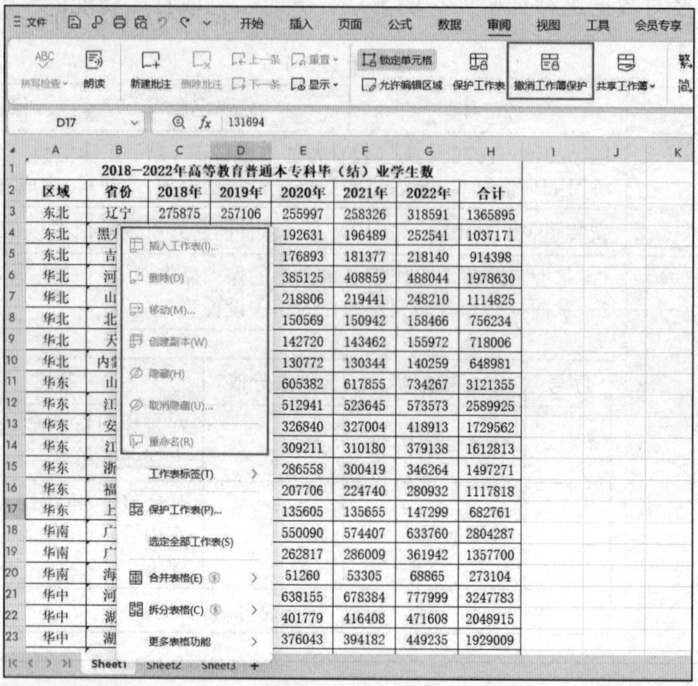

图 2-2-4-3　工作簿被保护

二、工作表保护操作

（1）以"2018—2022 年高等教育普通本专科毕（结）业学生数"工作表为例，选择"审阅"选项卡，单击"保护工作表"按钮，打开"保护工作表"对话框，输入保护密码，单击"确定"按钮，如图 2-2-4-4 所示。

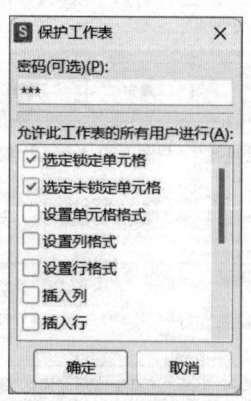

图 2-2-4-4　"保护工作表"对话框

（2）打开"确认密码"对话框，再次输入密码，单击"确定"按钮，返回"2018—2022 年高等教育普通本专科毕（结）业学生数"工作表，完成设置，此时工作表已处于被保护状态，针对工作表操作的很多命令已变为灰色不可用状态，如图 2-2-4-5 所示。

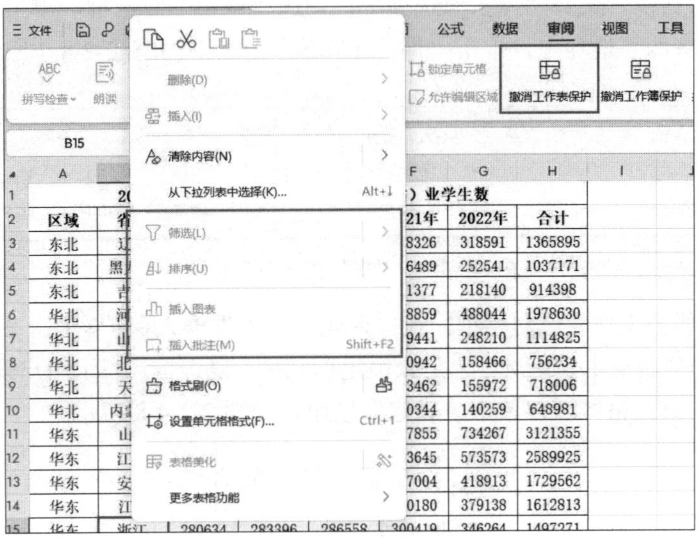

图 2-2-4-5　工作表被保护

三、单元格保护操作

（1）继续以"2018—2022 年高等教育普通本专科毕（结）业学生数"工作表为例，WPS 表格默认是锁定工作表所有单元格的，故需要打开要保护单元格的工作表，单击第 1 行行号和 A 列列标相交处的"全选"按钮 ，全选所有单元格，右击，在弹出的快捷菜单中选择在"设置单元格格式"选项，打开"单元格格式"对话框，选择"保护"选项卡，取消勾选"锁定"复选框，单击"确定"按钮，如图 2-2-4-6 所示。

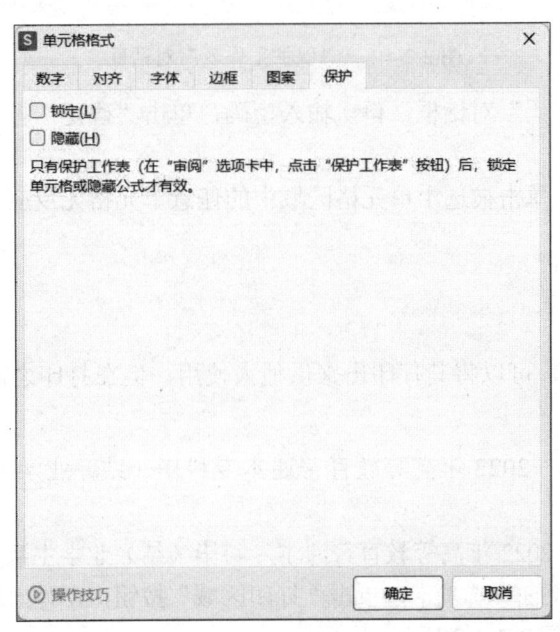

图 2-2-4-6　"单元格格式"对话框

（2）返回工作表后，选中当前工作表中需要保护的单元格或单元格区域，重新打开"设置单元格格式"对话框，选择"保护"选项卡，勾选"锁定"复选框，单击"确定"按钮。

（3）选择"审阅"选项卡，单击"保护工作表"按钮，如图2-2-4-7所示。

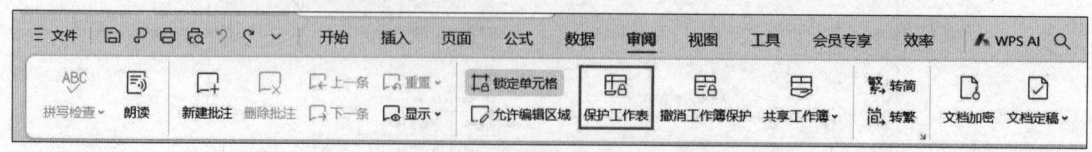

图2-2-4-7 "保护工作表"按钮

（4）打开"保护工作表"对话框，在"密码"文本框输入保护密码，在"允许此工作表的所有用户进行"列表框中仅勾选"选定未锁定单元格"复选框，表示用户只能在此工作表中选择没有被锁定的单元格区域，单击"确定"按钮，如图2-2-4-8所示。

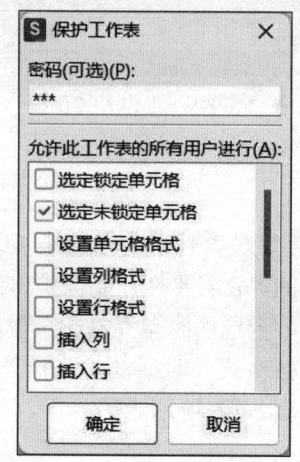

图2-2-4-8 "保护工作表"对话框

（5）打开"确认密码"对话框，再次输入密码，单击"确定"按钮，完成单元格的保护设置。

（6）返回工作表，单击被选中单元格区域中的任意单元格无反应，单击未选中区域单元格可进行编辑。

四、工作表打印

工作表制作完成后，可以将其打印出来供他人使用，但在打印之前，用户还需要设置工作表的打印区域。

下面继续以"2018—2022年高等教育普通本专科毕（结）业学生数"工作表为例进行讲解。

（1）打开"2018—2022年高等教育普通本专科毕（结）业学生数"工作表，选择要打印的单元格区域，选择"页面"选项卡，单击"打印区域"按钮，在弹出的快捷菜单中选择"设置打印区域"选项，如图2-2-4-9所示。

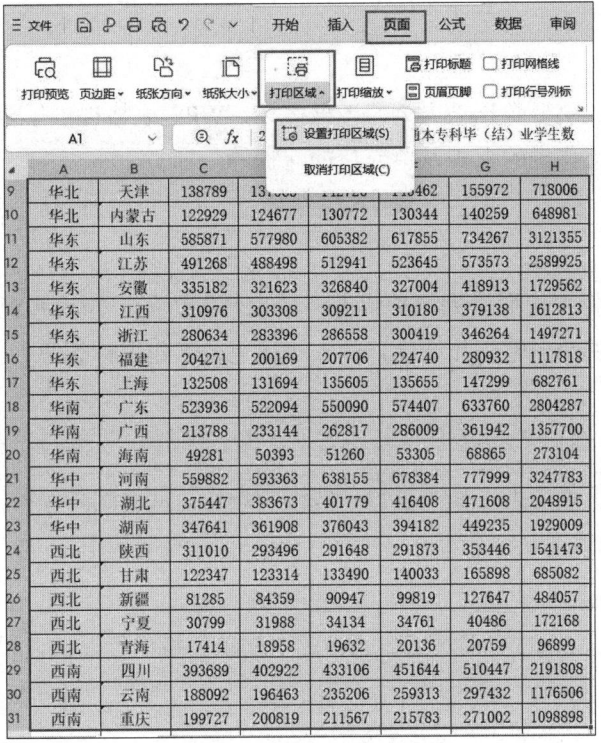

图 2-2-4-9 "设置打印区域"选项

（2）选择"文件"→"打印"选项，在出现的"打印"子菜单中选择"打印"选项，打开"打印"对话框，在"打印"对话框里可以选择打印机、设置打印份数、页码范围、打印内容等，设置完成后单击"确定"按钮，即可进行打印，如图 2-2-4-10 所示。

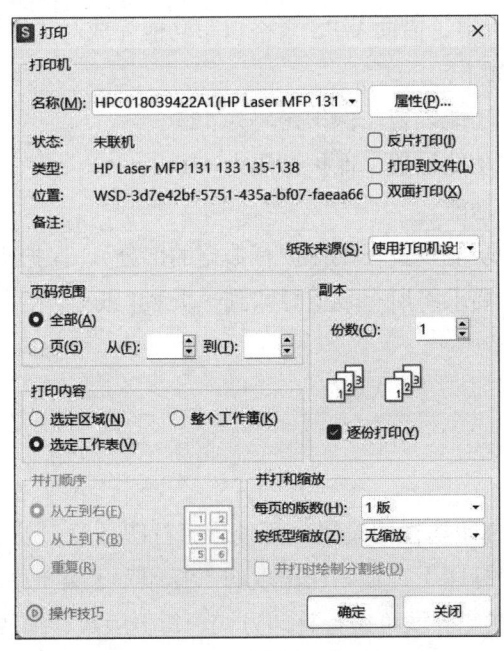

图 2-2-4-10 "打印"对话框

知识清单

为了避免表格中的重要数据被人为修改或破坏，WPS 表格提供了全面的数据保护功能，包括工作簿的保护、工作表的保护及单元格的保护等。

一、保护工作簿

保护工作簿是指将工作簿设为保护状态，禁止他人访问、修改和查看。对工作簿进行保护设置可以防止他人随意调整工作表窗口的大小或更改工作表标签等。

二、保护工作表

保护工作表实质上就是为工作表设置一些限制条件，从而起到保护工作表中信息的作用。

三、保护单元格

制作 WPS 表格时，有时需要对工作表中的个别单元格进行保护，以免误删其中的数据。

任务实训

信息化极大地推动了社会的发展和进步，它使得信息的获取、存储、处理和传输变得更加便捷和高效。然而，信息化也带来了前所未有的网络安全挑战。随着网络技术的普及，黑客攻击、网络诈骗、恶意软件等网络安全问题层出不穷，严重威胁着个人隐私、企业安全乃至国家安全。"千里之堤，毁于蚁穴"，为了保护个人、企业乃至国家信息的安全，必须从小处着手，树牢安全意识。通过本节所学，借助 WPS 表格自带功能完成对"龙腾公司差旅报销管理表"中数据的保护。具体要求如下：

（1）进行工作簿保护功能设置，保护密码为 123。
（2）进行工作表保护功能设置，保护密码为 456。
（3）取消工作表保护功能。
（4）进行单元格保护功能设置（仅保护有数据的部分），保护密码为 456。
（5）进行打印设置，要求将所有数据打印到一页 A4 纸上。

知识拓展

打印预览

若需要进行更详细的打印属性的设置，可使用"打印预览"功能。单击"文件"按钮，在 Backstage 视图中选择"打印"选项，在出现的"打印"子菜单中选择"打印预览"选项，打开"打印预览"界面，在此界面可进行打印方式、每页版数、缩放和页边距等参数的设置，如图 2-2-4-11 所示。

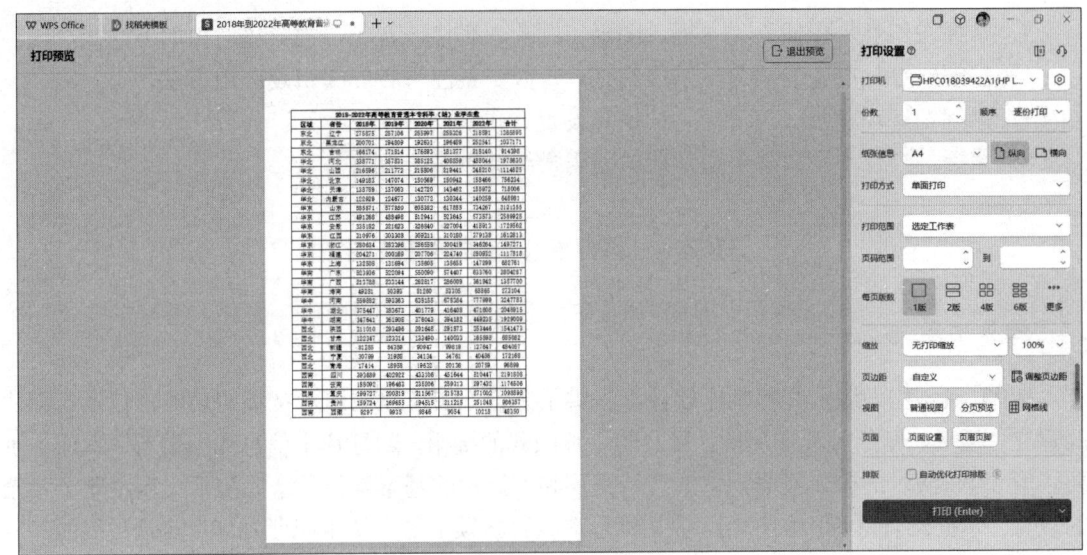

图 2-2-4-11　"打印预览"界面

项目三　WPS Office 演示文稿制作

项目描述

在当今快速发展的时代，大学生作为国家的未来和希望，其职业规划与社会责任感的培养显得尤为重要。思政教育不仅是大学生树立正确世界观、人生观和价值观的重要途径，更是引导大学生合理规划职业生涯、积极承担社会责任的关键力量。通过职业规划，大学生可以更好地了解自己的职业兴趣、能力和发展方向，从而制订出适合自己的职业目标和发展计划。在职业规划的过程中，思政教育发挥着不可替代的作用，它引导大学生树立正确的职业观念，包括职业道德、职业精神、职业责任等。这些职业观念的形成有助于大学生在未来的职业发展中坚守职业道德底线，积极履行职业责任，为社会的进步和发展作出贡献。

本项目使用办公软件 WPS Office 中 WPS 演示制作一篇名为"思政教育引领下的大学生职业规划"的演示文稿，通过演示文稿的制作和展示，提高大学生的 PPT 制作能力和技巧，并激发大学生对职业规划的重视，培养对社会的责任感和使命感。演示文稿主要包含制作、编辑、美化、放映等，能够将文字、图片、图表、音频、视频等多种元素有机结合，通过动画、链接、动作等效果手段，将复杂的信息以直观、生动的方式呈现出来，具有强大的功能和易用的界面，已成为用户进行演示、教学、会议等场合的得力助手。

学习目标

1. 了解演示文稿的基本功能、特点、操作界面。
2. 掌握演示文稿的创建、打开、保存、退出等基本操作。
3. 掌握幻灯片的创建、复制、删除、移动等基本操作。
4. 理解幻灯片的设计及布局原则。

5. 掌握在幻灯片中插入文本框、图形、图片、表格、音频、视频等对象的方法。
6. 理解幻灯片母版的概念，掌握幻灯片母版、备注母版的编辑及应用方法。
7. 掌握幻灯片动画、超链接、切换等设置方式。
8. 掌握幻灯片不同放映类型，能够使用排练计时进行放映。

任务一　WPS 演示基础操作指南

任务实施

WPS 演示作为演示文稿制作软件，提供了方便、快速建立演示文稿的功能，包括幻灯片的建立、插入、删除等基本功能，以及幻灯片版式的选用，幻灯片中信息的编辑等。本任务主要了解 WPS 演示的操作界面，掌握演示文稿和幻灯片的基本操作，掌握演示文稿主题及背景的设置，掌握幻灯片母版的使用，完成"思政教育引领下的大学生职业规划"演示文稿的基本制作，其效果图如图 2-3-1-1 所示。

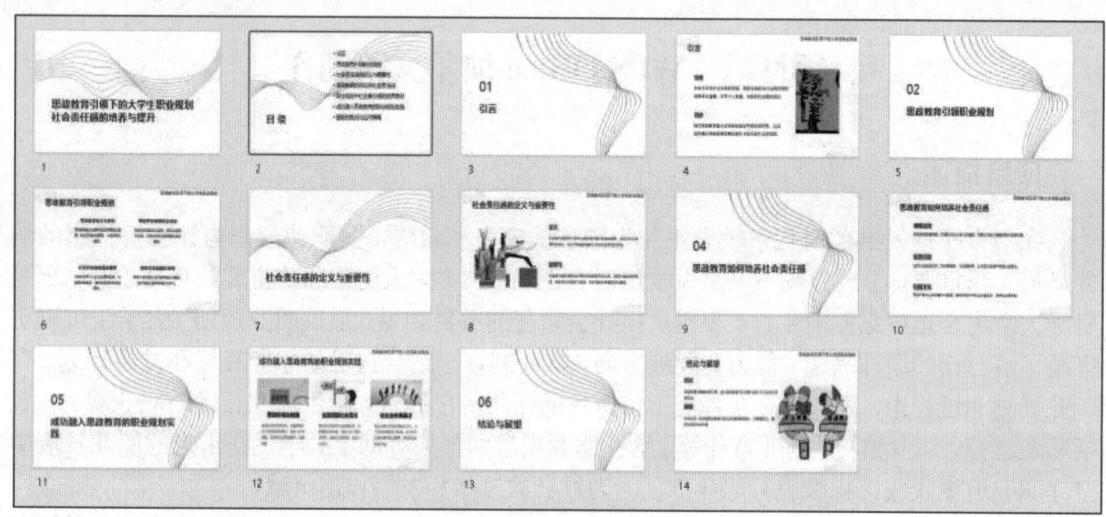

图 2-3-1-1　演示文稿效果图

任务单 2-3-1

任务编号	2-3-1	任务名称	WPS 演示基础操作指南
任务简介	掌握 WPS 演示中幻灯片的基本操作，主题设置，幻灯片母版的使用			
设备环境	安装了 WPS Office（2019）办公软件的台式机或笔记本			
任务要求	完成以下操作要求，若有问题，则填在表格的后面			
	操作	是否能完成		若不能，请描述问题
	新建演示文稿	是□　否□		
	新建幻灯片	是□　否□		

	操作	是否能完成	若不能，请描述问题
	编辑幻灯片内容	是□ 否□	
	设置主题背景	是□ 否□	
	应用幻灯片母版	是□ 否□	

	序号	考核指标	所占分值	备注	得分
任务执行评价	1	任务完成情况	30	在规定时间内完成并按时上交任务单	
	2	成果质量	70	从完整性、准确性、创新性、实用性、规范性等方面进行评价	
		总分			

一、创建演示文稿并设置主题及背景

1. 启动并新建空白演示文稿

单击"开始"→"所有程序"→"WPS Office"→"新建"→"演示"按钮，如图 2-3-1-2 所示，然后单击"空白演示文稿"按钮，创建演示文稿，如图 2-3-1-3 所示，默认命名为"演示文稿1"，用户可以在保存演示文稿时重新命名。

创建演示文稿并设置主题

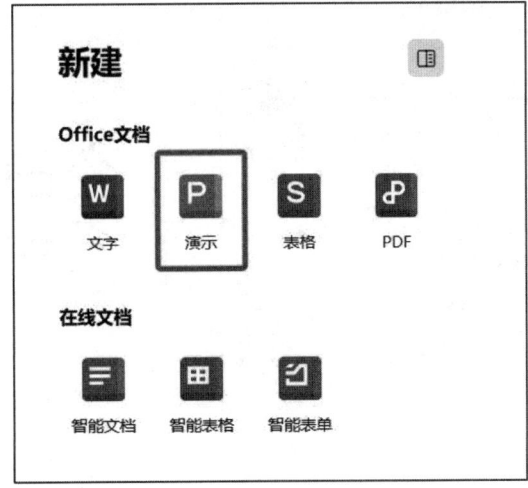

图 2-3-1-2　新建空白演示文稿

【想一想】启动并新建空白演示文稿，还可以使用哪些方法？

2. 为演示文稿设置主题

打开演示文稿，选择"设计"选项卡，在"主题"组内会显示部分主题列表，单击"主题"组主题列表右侧图标按钮,可以显示更多主题。单击其中一个主题,即可为整个演示文稿更换主题,如图 2-3-1-4 所示。

图 2-3-1-3 新建空白演示文稿

图 2-3-1-4 为演示文稿设置主题

此时,为"思政教育引领下的大学生职业规划"演示文稿设置主题,单击"设计"选项卡下"主题"组中的"更多主题"按钮,打开"主题方案"窗口,如图 2-3-1-5 所示。将"付费类型"列表框修改为"免费",然后选择"白绿色职场办公室简约主题"。

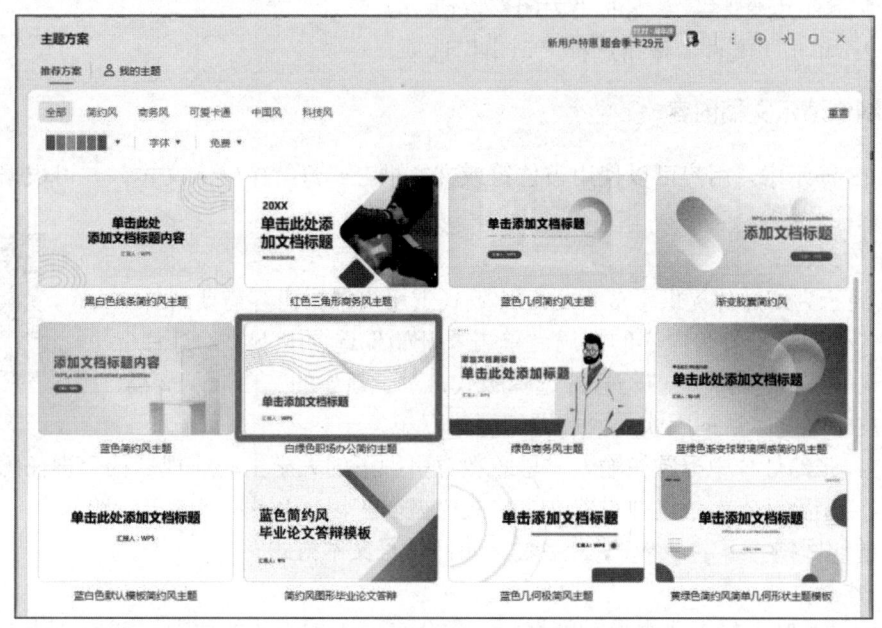

图 2-3-1-5　"主题方案"窗口

3. 保存演示文稿

单击"文件"按钮,选择 Backstage 视图中的"保存"或"另存为"选项,可以重新命名演示文稿及选择存放位置,此时将演示文稿命名为"思政教育引领下的大学生职业规划"。

【想一想】保存演示文稿时,还可以使用哪些方法?

4. 打开已有演示文稿

在 WPS Office 中,单击"打开"按钮,或者按 Ctrl+O 组合键,出现"打开文件"窗口,从中选择要打开的文件位置,选择相应文件后,单击"打开"按钮即可,如图 2-3-1-6 所示。

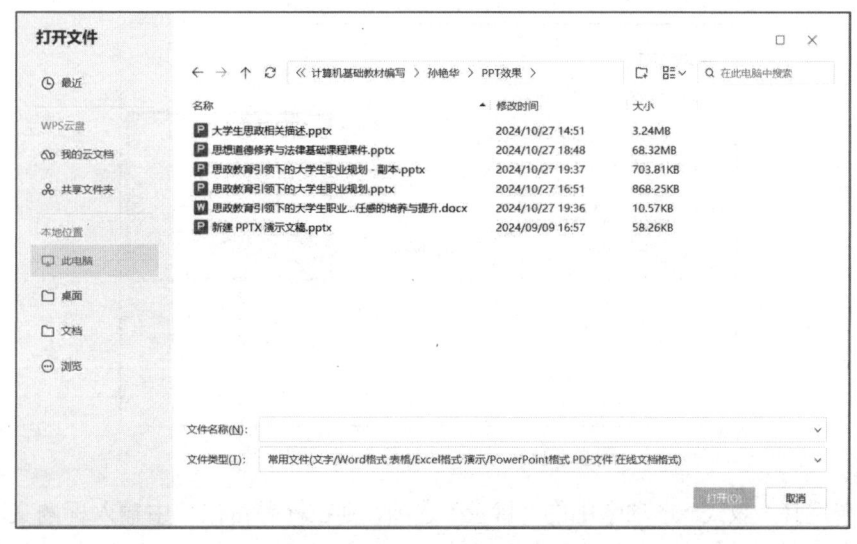

图 2-3-1-6　打开已有演示文稿

5. 退出 WPS 演示

方法1：单击标题栏最右侧的"关闭"按钮。

方法2：单击"文件"按钮选择"退出"选项。

二、制作演示文稿内容

在 WPS 演示中，用户可以使用占位符或文本框在幻灯片中输入文本，并可根据需要在幻灯片中插入图片等。

1. 制作封面页

WPS 演示为幻灯片提供了多个幻灯片版式供用户根据内容需要选择，幻灯片版式确定了幻灯片内容的布局，单击"开始"选项卡下"幻灯片"组的"版式"按钮，可为当前幻灯片选择版式，对于新建的空白演示文稿，第 1 张封皮幻灯片默认的版式是"标题幻灯片"。

制作演示文稿内容：封面及目录页

在第 1 张幻灯片中标题栏输入"思政教育引领下的大学生职业规划社会责任感的培养与提升"，适当调整文本框位置并设置文本格式"微软雅黑、48 号、1.5 倍行距"。

请同学们回顾一下学习 WPS 文字时，如何设置文本格式？

2. 制作目录页

插入幻灯片时首先要选中当前幻灯片，它代表插入幻灯片的位置，新幻灯片将插在当前幻灯片后面。在"幻灯片/大纲"浏览窗格选中某当前幻灯片缩略图（新幻灯片将插在该幻灯片之后），单击"开始"选项卡下"幻灯片"组"新建幻灯片"的下拉按钮，从出现的幻灯片版式列表中选择一种版式，将在当前选中幻灯片后出现新插入的指定版式幻灯片。

【搜一搜】请同学们搜索一下，是否有其他方法可以插入一张新幻灯片？

（1）单击"开始"选项卡下"幻灯片"组中"新建幻灯片"按钮下方的下拉按钮，选择"从模版新建"选项，在展开的列表中选择"版式"选项卡中的"目录"选项，或者在展开的列表中选择"当前主题"选项卡中的"目录"选项，在第 1 张封面幻灯片的后面插入一张"目录"版式的幻灯片，如图 2-3-1-7 所示。

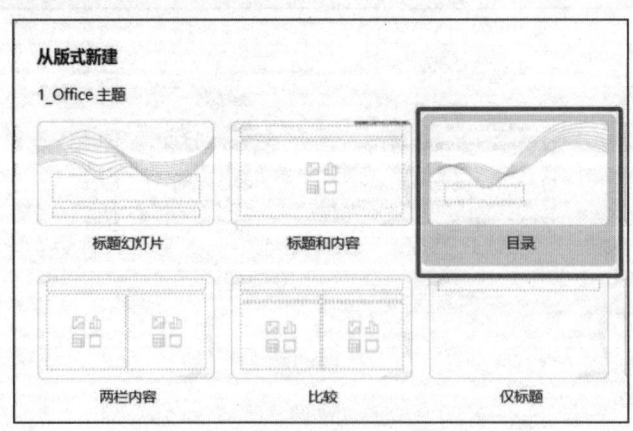

图 2-3-1-7　插入"目录"版式幻灯片

（2）若选择"版式"选项卡中的"目录"选项，则在标题占位符中输入标题文本"目录"，然后选择"插入"选项卡，单击"文本"组的"文本框"按钮，可在幻灯片中插入文本框并输入文本，按 Enter 键可输入多行文件，如图 2-3-1-8 所示。此时，在文本框中输入"引言"内容，设置文本格式"微软雅黑、24 号、1.5 倍行距"并添加项目符号"."。按照此操作输入其余目录内容，适当调整文本框位置后，效果图如图 2-3-1-9（a）所示。

图 2-3-1-8　插入文本框

（3）若选择"当前主题"选项卡中的"目录"选项，则按照提示输入目录文本内容即可。若默认文本框数量不够，则可以插入新文本框，或者复制原有文本框，适当调整文本框位置后，效果图如图 2-3-1-9（b）所示。

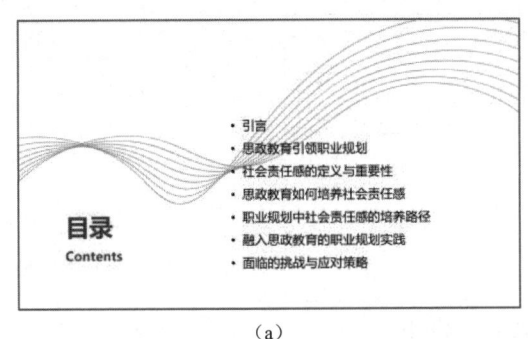
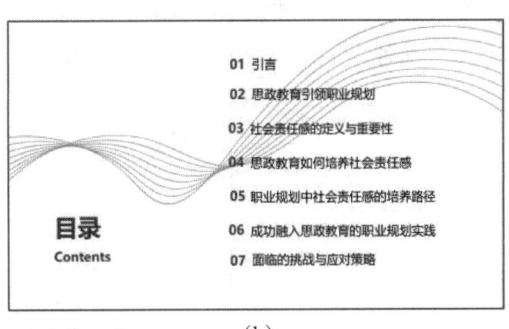

（a）　　　　　　　　　　　　　　　　（b）

图 2-3-1-9　目录页效果图

3. 制作章节页

在第 2 张幻灯片之后插入一张"节标题"版式的幻灯片（之后章节幻灯片均采用相同操作），单击"开始"选项卡"幻灯片"组中"新建幻灯片"的下拉按钮，选择"从模版新建"选项，在展开的列表中选择"版式"选项卡中的"节标题"选项，或者在展开的列表中选择"当前主题"选项卡中的"添加章节标题"选项，如图 2-3-1-10 所示。输入节标题编号"01"和文本"引言"，设置文本的字符格式为"微软雅黑、46 号"（之后章节幻灯片文本占位符中的字符格式都为该格

制作演示文稿内容-章节及内容页

式），并加粗显示相关文本，第 3 张幻灯片制作完毕，效果图如图 2-3-1-11 所示。

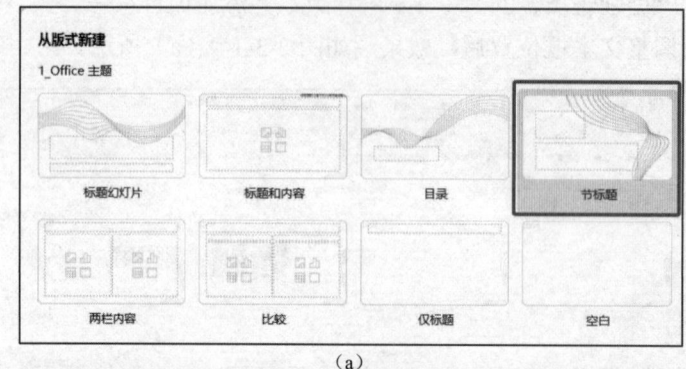

(a)

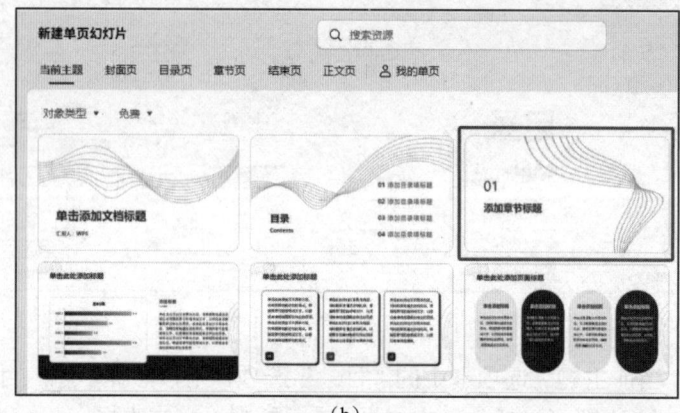

(b)

图 2-3-1-10　插入"节标题"幻灯片

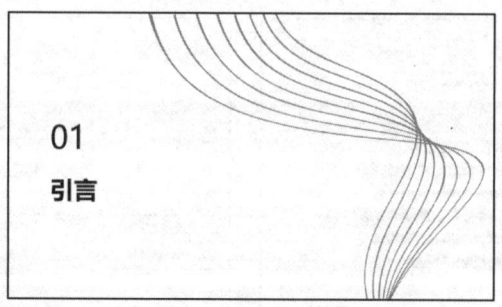

图 2-3-1-11　章节页效果图

4. 制作内容页

（1）在第 3 张幻灯片之后插入一张"标题和内容"版式的幻灯片（之后内容页幻灯片均采用相同操作），单击"开始"选项卡"幻灯片"组中"新建幻灯片"的下拉按钮，选择"从模版新建"选项，在展开的列表中选择"版式"选项卡中的"标题和内容"选项，插入一张"标题和内容"版式的幻灯片，如图 2-3-1-12 所示。输入标题文本"引言"，设置文本的字符格式为"微软雅黑、36 号"（之后所有内容页幻灯片标题文本占位符中的字符格式都为该格式），然后在正文文本占位符中输入相关文本（可复制素材文件相应内容），并删除其项目符号，"背景和目的"两部分文本设置格式为"微软雅黑、24 号、水鸭色、着色 1"，设置其他文本的字符格式为"微软雅黑、20 号、黑色、1.5 倍行距"（之后所有幻灯片文本占位符中的字符格式都为该格式），加粗显示相关文本，适当调整文本框位置。

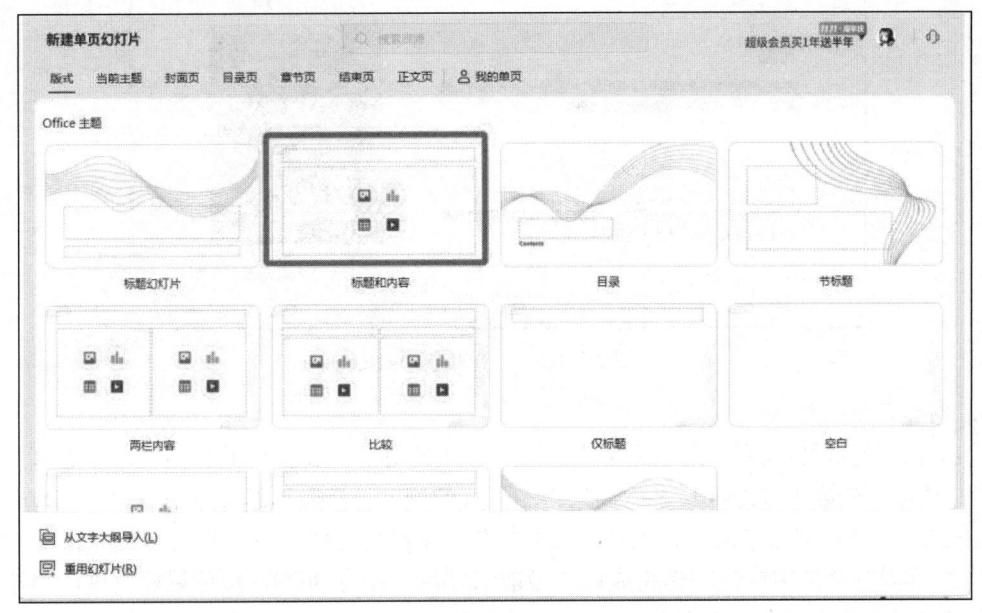

图 2-3-1-12　插入"标题和内容"版式幻灯片

（2）将素材文件夹中的"教育"图片插入到幻灯片中，想要插入图片可以单击"开始"选项卡下"绘图"组中的"图片"按钮，选择本地图片，查找素材图片，将其插入到当前幻灯片中，如图 2-3-1-13 所示。调整"教育"图片的高度为 10 厘米、宽度为 8 厘米，再调整图片与文本到合适位置。至此，第 4 张幻灯片制作完毕，效果如图 2-3-14 所示。

图 2-3-1-13　插入图片

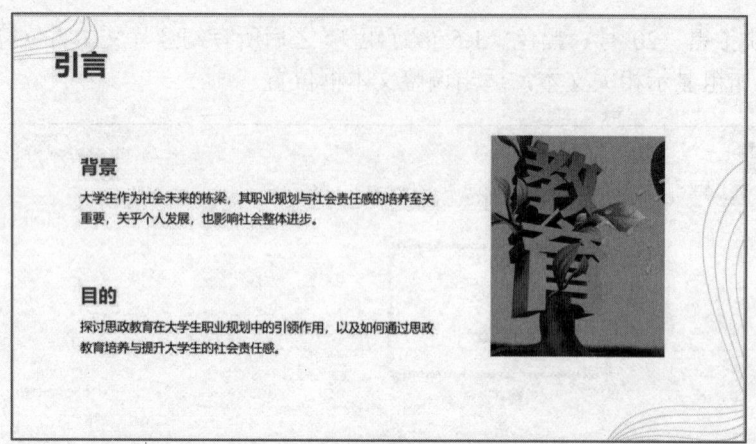

图 2-3-1-14　内容页效果图

5. 制作其他幻灯片

（1）在"幻灯片/大纲"浏览窗格中右击第 3 张幻灯片，在弹出的快捷菜单中选择"复制幻灯片"选项，在第 3 张幻灯片之后插入该幻灯片的副本，修改标题文本内容为"思政教育引领职业规划"（之后节标题幻灯片均进行相同操作，在素材文件中查找相关文本内容）。在"幻灯片/大纲"浏览窗格中单击制作完成后的当前幻灯片（编号为 4），按住鼠标左键，将该张幻灯片移动到编号为 5 的幻灯片位置。

（2）在第 5 张幻灯片之后插入一张"标题和内容"版式的幻灯片，单击"开始"选项卡下"幻灯片"组中"新建幻灯片"的下拉按钮，选择"从模版新建"选项，在展开的列表中选择"版式"选项卡中的"标题和内容"选项，插入一张"标题和内容"版式的幻灯片（之后内容页幻灯片均相同操作）。输入标题文本"思政教育引领职业规划"，设置文本的字符格式为"微软雅黑、36 号"（之后所有内容页幻灯片标题文本占位符中的字符格式都为该格式），在正文文本占位符中输入相关文本（可复制素材文件相应内容），并删除其项目符号，"思政教育定义与目标"文本设置格式为"微软雅黑、24 号、水鸭色、着色 1"，设置其他文本的字符格式为"微软雅黑、20 号、黑色、1.5 倍行距"（之后所有幻灯片正文文本占位符中的字符格式都为该格式）。

制作其余部分正文内容时，可插入文本框，单击"开始"选项卡下"文本"组中的"文本框"按钮，然后在文本框中输入"帮助学生明确职业目标"文本内容，按照"微软雅黑、24号、水鸭色、着色 1"调整文本格式，剩余内容均可插入新文本框进行制作并调整格式。加粗显示相关文本，适当调整文本框位置，至此，第 6 张幻灯片制作完成（之后内容页幻灯片均可按照第 4 张或者第 6 张幻灯片步骤进行制作）。

【想一想】制作其余部分正文内容时，除了新插入文本框之外，还可以如何快速进行操作？

6. 删除幻灯片

【想一想】删除幻灯片时，可以使用哪些方法？

7. 复制幻灯片

【想一想】复制幻灯片时，可以使用哪些方法？

8. 移动幻灯片

【想一想】移动幻灯片时，可以使用哪些方法？

9. 编辑幻灯片内容

WPS 演示为幻灯片提供了丰富的可编辑的信息，包括文本、图片、表格、图形、图表、艺术字、媒体剪辑以及各种形状等，用户可自行设计幻灯片布局，达到满意效果，这里主要介绍文本编辑及插入图片，其他内容在后文介绍。

（1）使用占位符。在普通视图模式下，占位符是指幻灯片中被虚线框起来的部分，当使用了幻灯片版式时，每张幻灯片均提供占位符。用户可在占位符内输入文字或插入图片等，一般占位符的文字字体具有固定格式，用户也可以通过选中文本内容进行更改。

（2）使用文本框。用户可以在幻灯片的任意位置绘制文本框，并设置文本格式，展现用户需要的幻灯片布局。选择"插入"选项卡，单击"文本框"按钮，可在幻灯片中插入文本框，接下来可输入文本，按 Enter 键可输入多行。

（3）在幻灯片中使用图片可以使演示效果变得更加生动直观，美化幻灯片。插入图片可以在"开始"选项卡中单击"图片"按钮，也可以在"插入"选项卡中单击"图片"按钮，或者单击幻灯片内容区占位符中图片的图标。插入的图片可以是本地图片，也可以是是网络图片，对插入的图片还可以改变其样式。

三、编辑演示文稿幻灯片母版

演示文稿通常应具有统一的外观和风格，体现用户的信息等，通过设计、制作和应用幻灯片母版可以快速实现这一要求。幻灯片母版中包含了幻灯片中共同出现的内容及构成要素，如标题、文本、日期、背景等，可以使用设计好的格式创建演示文稿。下面利用幻灯片母版在幻灯片顶端右侧绘制一个文本框，内容为"思政教育引领下的大学生职业规划"，效果显示在所有标题和内容页幻灯片上。

（1）打开演示文稿，在"设计"选项卡下单击"母版"按钮，或者在"视图"选项卡下单击"幻灯片母版"按钮，进入幻灯片母版视图，如图 2-3-1-15 所示。其中，在幻灯片母版式视图左侧缩略窗格中，第一个母版（比其他母版尺寸稍大）称为"幻灯片母版"，在该母版中设置的内容和格式影响当前演示文稿的所有幻灯片；幻灯片母版下方有很多尺寸稍小的母版称为"幻灯片版式母版"，在其设置的内容和格式仅影响使用了对应幻灯片版式的幻灯片。

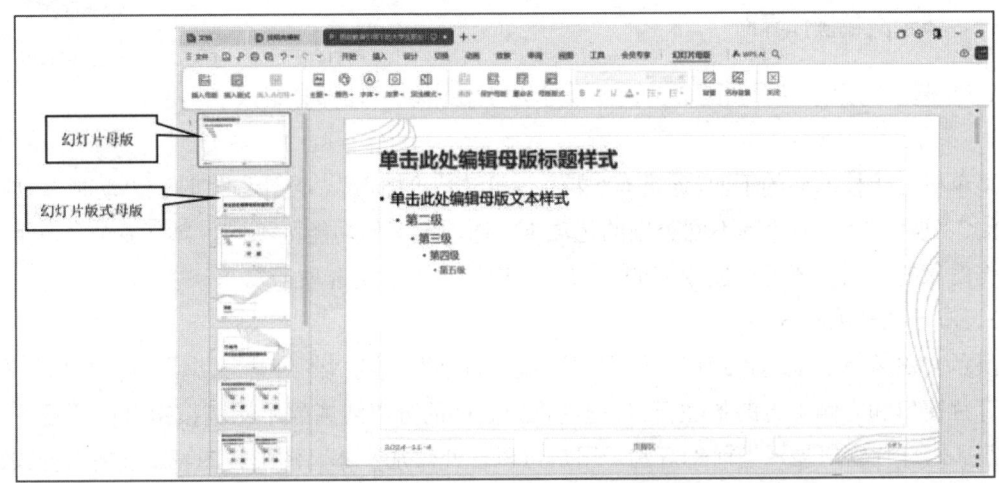

图 2-3-1-15　幻灯片母版视图

（2）选中"标题和内容"幻灯片母版，在右侧幻灯片编辑区的右上角插入文本框，内容输入"思政教育引领下的大学生职业规划"，格式设置为"微软雅黑、20 号、黑色"，如图 2-3-1-16 所示，此设置将应用到当前演示文稿的所有标题和内容页幻灯片中。

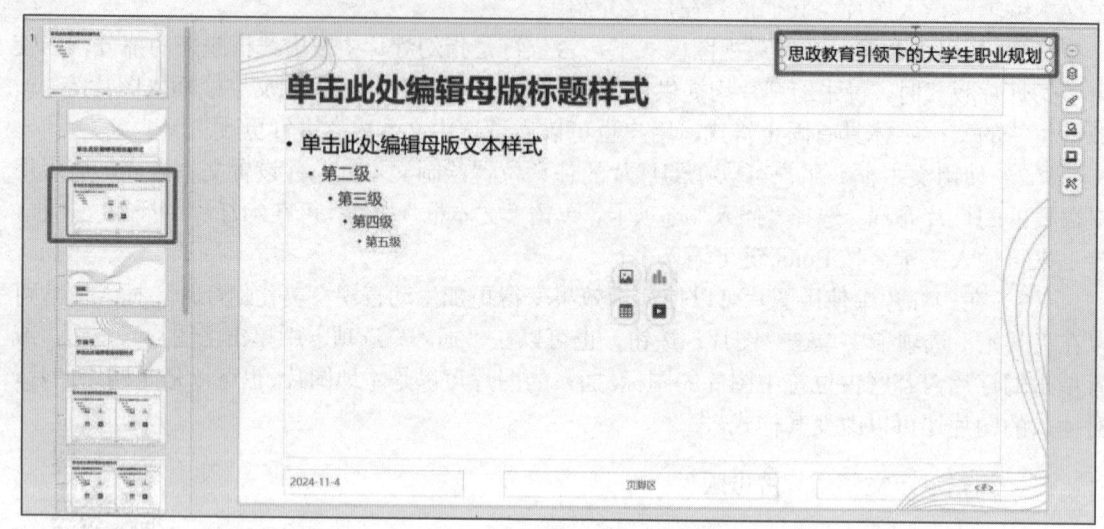

图 2-3-1-16　幻灯片版式母版设置

在幻灯片母版视图下，左侧的窗格显示不同类型的幻灯片母版缩略图，还可以进行其他操作，如填充或设置轮廓、设置页脚、添加日期、添加形状等。如，选择"标题"幻灯片母版，显示在右侧的编辑区中并可进行编辑。选择标题占位符可以修改主标题的字体和颜色，如修改为"华文中宋"；选择副标题占位符可以修改副标题的字体和颜色，单击"幻灯片母版"选项卡下"母版版式"组的"插入占位符"按钮，插入可选的占位符，并调整到幻灯片的上的适当位置。

知识清单

演示文稿操作界面、幻灯片版式、主题背景

一、演示文稿操作界面

WPS 演示的操作界面如图 2-3-1-17 所示，主要由以下几部分组成。

1. 菜单栏

菜单栏位于标题栏的下面，通常有"文件""开始""插入""设计""切换""动画""放映""审阅""视图""工具"等不同类别的选项卡。选项卡下的功能区不同，含有多个命令组，根据操作对象的不同，还会增加相应的选项卡，称为"上下文选项卡"。

2. 演示文稿编辑区

演示文稿编辑区是编辑幻灯片的主要区域。包括左侧的"幻灯片/大纲"浏览窗口、右侧的幻灯片窗口和右侧下方的备注窗口。拖动窗口之间的分界线或显示比例按钮可以调整各窗口的大小。幻灯片窗口显示当前幻灯片，用户可以在此添加文本、图形、图表、表格、音频、视频等，还可以创建动画和超链接。

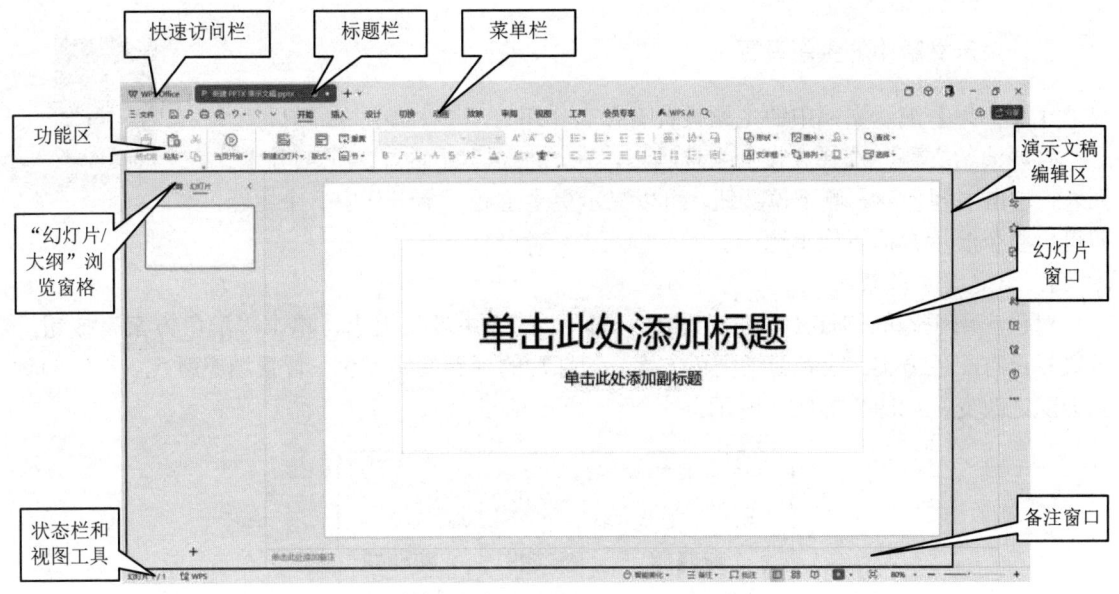

图 2-3-1-17　WPS 演示的操作界面

二、演示文稿中幻灯片版式

【搜一搜】幻灯片版式有哪些？

WPS 演示为幻灯片提供了多个幻灯片版式供用户根据内容需要选择，幻灯片版式确定了幻灯片内容的布局，单击"开始"选项卡下"幻灯片"组的"版式"按钮，可为当前幻灯片选择版式，如图 2-3-1-18 所示。对于新建的空白演示文稿，默认的版式是"标题幻灯片"。

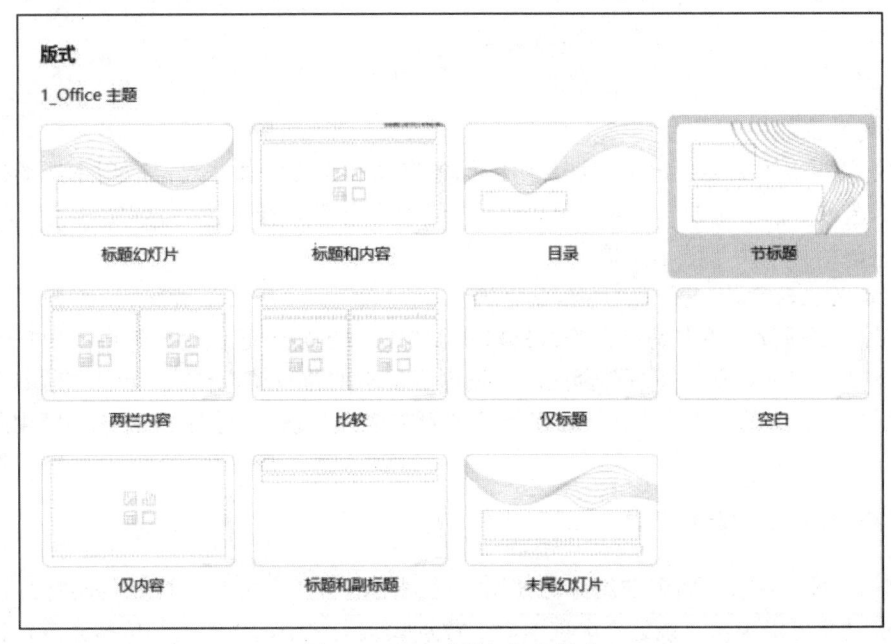

图 2-3-1-18　选择幻灯片版式

三、演示文稿中的主题设置

演示文稿操作
主题及背景

【想一想】演示文稿中的主题设置有什么作用？

打开演示文稿，选择"设计"选项卡，在"主题"组内显示了部分主题列表，单击主题列表右侧下拉按钮、可以显示更多主题。单击其中一个主题，即可为整个演示文稿更换主题。

1. 自定义主题颜色

对已应用主题的幻灯片，在"设计"选项卡的"主题"组内，单击"配色方案"按钮，可选择已有配色方案，或者新增配色方案，幻灯片的标题文字颜色、背景填充颜色、文字的颜色会随之改变，如图 2-3-1-19 所示。

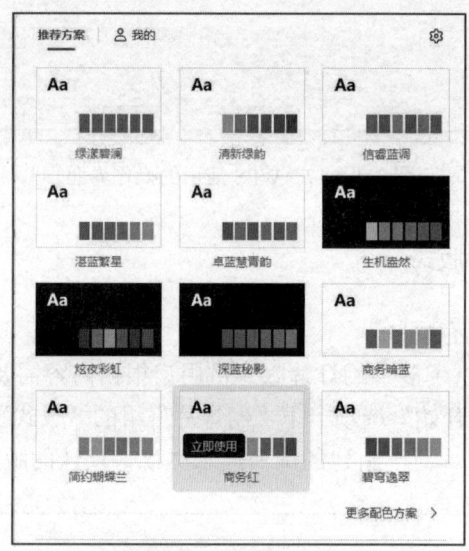

图 2-3-1-19　选择颜色方案

2. 自定义主题字体

自定义主题字体主要是定义幻灯片中的标题字体和正文字体。对已应用主题的幻灯片，在"设计"选项卡的"主题"组内，单击"统一字体"按钮，在下拉列表中选择字体，单击一种字体即将该字体应用于演示文稿中。

3. 自定义主题背景

幻灯片的主题背景通常是预设的背景格式，与内置主题一起供用户使用，用户也可以对主题的背景样式重新设置，创建符合演示文稿内容要求的背景填充样式。单击"设计"选项卡下"背景版式"组中的"背景"按钮，在下拉列表中选择一款适合的背景样式，应用到演示文稿中。

四、演示文稿中的背景设置

默认情况下，演示文稿中的幻灯片使用主题规定的背景，用户也可以为幻灯片设置其他背景。背景设置可以单击"设计"选项卡下"背景版式"组中的"背景"按钮完成，包括改变背景颜色、图案填充、纹理填充和图片填充等。

1. 背景颜色设置

在演示文稿中，单击"设计"选项卡的"背景"按钮，幻灯片窗口右侧弹出背景对象属性窗格，提供两种背景颜色填充方式："纯色填充"和"渐变填充"，如图2-3-1-20所示。

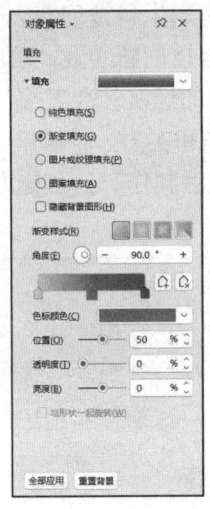

图2-3-1-20　背景属性窗格

2. 图案填充

单击"设计"选项卡下"背景版式"组中的"背景"按钮，幻灯片窗口右侧弹出"对象属性"窗格，选择"图案填充"选项，在出现的图案列表中选择所需图案，如"实心菱形"。通过"前景"和"背景"下拉列表框可以自定义图案的前景色和背景色，所选图案成为幻灯片背景。

3. 图片或纹理填充

单击"设计"选项卡下"背景版式"组中的"背景"按钮，幻灯片窗口右侧弹出"对象属性"窗格，选择"图片或纹理填充"选项，在"纹理填充"列表框中，选择所需纹理，在"图片填充"列表框中选择"本地文件""剪贴画"或"在线文件"等选项，如图2-3-1-21所示。

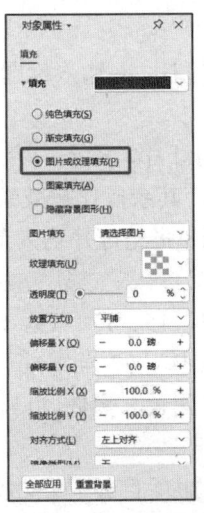

图2-3-1-21　图片或纹理填充

任务实训

制作"大学生科技创新大赛解读"演示文稿内容

当前,科技创新已成为推动经济社会发展的重要力量。为了积极响应国家创新驱动发展战略,××省举办了大学生科技创新大赛,旨在营造浓厚的科技创新氛围,鼓励大学生积极投身科技创新实践,培养创新精神和实践能力,推动科技成果转化和应用,为该省的经济社会发展注入新的活力。为了鼓励学生积极参与大赛,勇于挑战自我并展示自己的才华和实力,需制作一份关于比赛的宣讲演示文稿。请根据效果图(图2-3-1-22)及素材文件,动手制作一份名称为"大学生科技创新大赛解读"的演示文稿。具体制作要求如下:

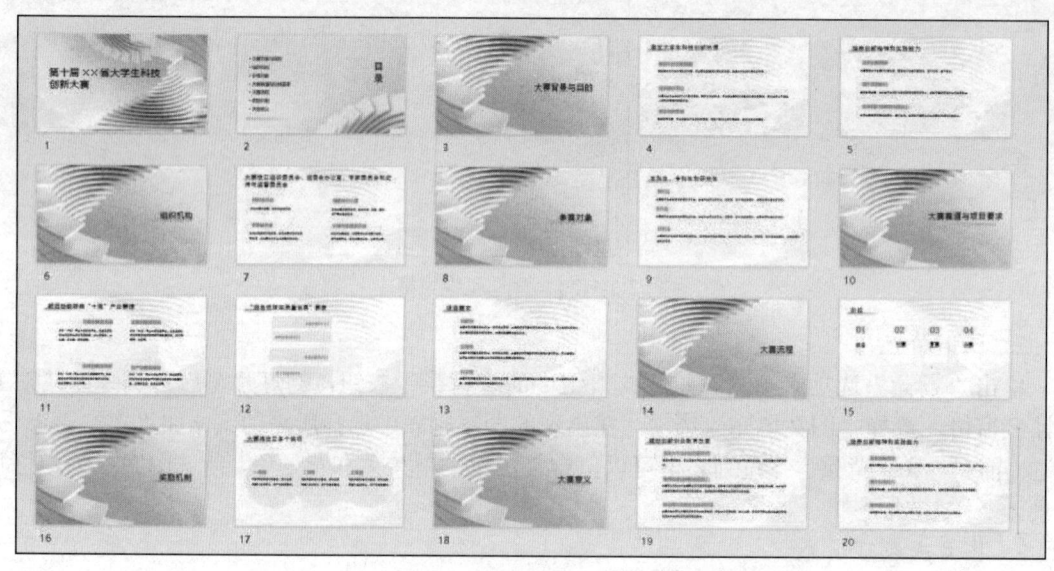

图 2-3-1-22　宣讲演示文稿整体效果图

(1)新建演示文稿,演示文稿包含 20 张幻灯片,每页幻灯片的内容与"任务实训 1—第十届××省大学生科技创新大赛方案—WPS 演示素材文件.docx"文件中的内容相对应,并为演示文稿选择内置主题。

(2)设置第 1 张幻灯片为标题幻灯片,并输入标题文字,设置格式为"微软雅黑、54 号",其余操作按效果图稍作调整。

(3)设置第 2 张幻灯片为目录幻灯片,输入内容,设置格式为"微软雅黑、24 号、1.5 倍行距",目录格式为"黑体、54 号",其余操作按效果图稍作调整。

(4)第 3、6、8、10、14、16、18 张幻灯片均为节标题幻灯片,输入相应内容,格式为"微软雅黑、44 号"。

(5)第 4、5、7、9、11、12、13、15、17、19、20 张幻灯片均为标题和内容页幻灯片,输入相应内容,标题格式为"黑色、黑体、32 号",正文中小标题格式为"微软雅黑、24 号、加粗、1.5 倍行距",其他文本格式为"黑色、黑体、15、1.5 倍行距",其他操作按照效果图稍作调整。

(6)在第 2 张幻灯片目录页添加项目编号,将演示文稿以"大学生科技创新大赛解读.pptx"命令并保存。

知识拓展

演示文稿视图方式、"大纲"浏览窗口

一、演示文稿的视图方式

【搜一搜】演示文稿的几种视图模式各有什么侧重点？

1. 普通视图模式

在普通视图模式下，演示文稿编辑区由三个窗口组成：左侧的"幻灯片/大纲"浏览窗口、右侧上方的"幻灯片"窗口和右侧下方的备注窗口，之前所进行的大部分操作是在普通视图模式下进行的。

2. 幻灯片浏览视图模式

幻灯片浏览视图模式可以以全局的方式浏览演示文稿中的幻灯片，同时显示多张幻灯片缩略图，便于编排多张幻灯片顺序，方便进行新建，复制、移动、插入和删除幻灯片等操作，还可以设置幻灯片的切换效果并预览。

3. 备注页视图模式

备注页视图模式与其他视图模式不同的是，其在显示幻灯片的同时在下方显示备注页，为幻灯片添加备注信息，用户可以输入或编辑备注页的内容。

4. 阅读视图模式

阅读视图模式可将演示文稿作为适应窗口大小的幻灯片放映查看，视图只保留幻灯片窗口、标题栏和状态栏，其他部分被屏蔽。阅读视图模式用于幻灯片制作完成后的简单放映浏览，查看内容和幻灯片设置的动画和放映效果。

二、"大纲"浏览窗口进行文字编辑

演示文稿中的文字通常具有不同的层次结构，有时通过项目符号来体现，可使用"大纲"浏览窗口进行文字编辑，如图 2-3-1-23 所示。

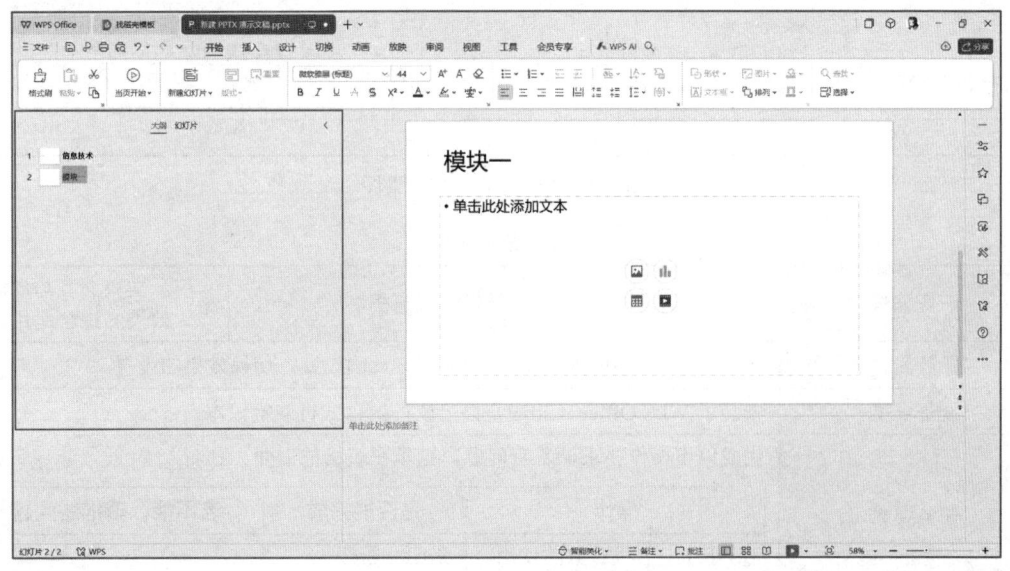

图 2-3-1-23　"大纲"浏览窗口

方法 1：在"大纲"浏览窗口内选中一张需编辑的幻灯片图标，可直接输入幻灯片标题，此时，按 Enter 键可在插入一张新幻灯片，同样可输入该幻灯片的标题。

方法 2：在"大纲"浏览窗口内新建一张幻灯片，之后按 Tab 键可将其转换为之前幻灯片的下级标题，同时输入文字，再按 Enter 键，可输入多个同级标题。

方法 3：在"大纲"浏览窗口中，按 Ctrl+Enter 组合键可插入一张新幻灯片，按 Shift+Enter 组合键可实现换行输入。使用"大纲"浏览窗口输入的文本还可进行字体编辑等操作。

任务二　演示文稿交互与动画效果的综合运用

任务实施

演示文稿中不仅包含文本，还可以插入形状与图片、表格与图表、声音与视频及艺术字等媒体对象，还可以设置交互式的动画效果，丰富演示文稿的视觉元素，提升演示文稿的吸引力和信息传递效率，使演示文稿更加具有互动性。任务一制作的"思政教育引领下的大学生职业规划"演示文稿较为单调，缺少互动对象和动画效果。本任务主要是在任务一基础上，在幻灯片中插入、编辑和使用形状、图片、表格、图表、智能图形、流程图、思维导图、音频、视频以及艺术字等；使用幻灯片动画效果制作、超链接、动作、切换效果等方法增强演示文稿的视觉效果。整体效果如图 2-3-2-1 所示。

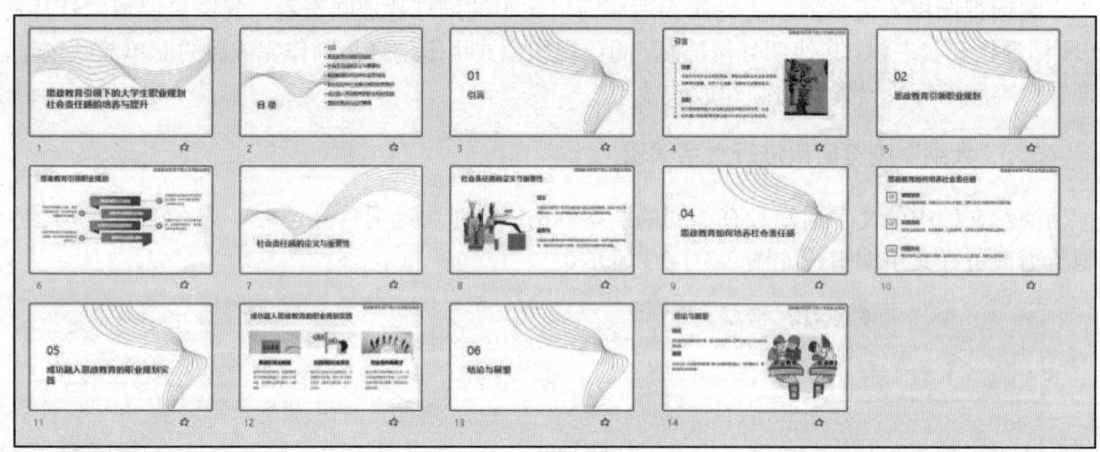

图 2-3-2-1　演示文稿效果图

任务单 2-3-2

任务编号	2-3-2	任务名称	演示文稿交互与动画效果的综合运用
任务简介	学习演示文稿中幻灯片对象的使用，动画设置，切换效果的设置		
设备环境	安装了 WPS Office（2019）办公软件的台式机或笔记本		
任务要求	完成以下操作要求，若有问题，则填在表格的后面		
	操作	是否能完成	若不能，请描述问题
	幻灯片中形状对象的使用	是□　否□	

	操作	是否能完成	若不能，请描述问题
任务要求	幻灯片中智能图形对象的使用	是□ 否□	
	幻灯片中动画设置	是□ 否□	
	幻灯片中切换效果的设置	是□ 否□	

	序号	考核指标	所占分值	备注	得分
任务执行评价	1	任务完成情况	30	在规定时间内完成并按时上交任务单	
	2	成果质量	70	从完整性、准确性、创新性、实用性、规范性等方面进行评价	
			总分		

一、修饰演示文稿内容

1. 插入形状对象

【搜一搜】在功能区中，"形状"按钮在哪里？

单击"插入"选项卡下"图形和图像"组中的"形状"命令，可以使用各种形状。通过组合多种形状，可以绘制出能更好表达思想和观点的图形。可用的形状包括线条、基本形状、箭头总汇、公式形状、流程图、星与旗帜、标注和动作按钮等。

在第 4 张幻灯片的左侧插入虚箭头线及圆形形状，制作小标题项目符号，其效果如图 2-3-2-2 所示。单击"插入"选项卡中的"形状"按钮或者"开始"选项卡中的"形状"按钮，选择"线条"区域的第 2 个实线箭头形状，如图 2-3-2-3 所示，在幻灯片左侧从上向下绘制一个实线竖型箭头，然后在"绘图工具"选项卡中设置线条为虚线，高为 10 厘米，宽为 0.1 厘米，如图 2-3-2-4 所示。接着单击"形状"按钮，选择"基本形状"区域中的第 3 个椭圆形状，在幻灯片插入的虚线上绘制 2 个椭圆形状，然后在"绘图工具"选项卡中设置宽高均为 0.7 厘米，如图 2-3-2-5 所示。适当调整虚线箭头和椭圆形状的位置，至此，第 6 张幻灯片插入形状对象完成。此设置可在第 8、10、12 张幻灯片上做同样操作。

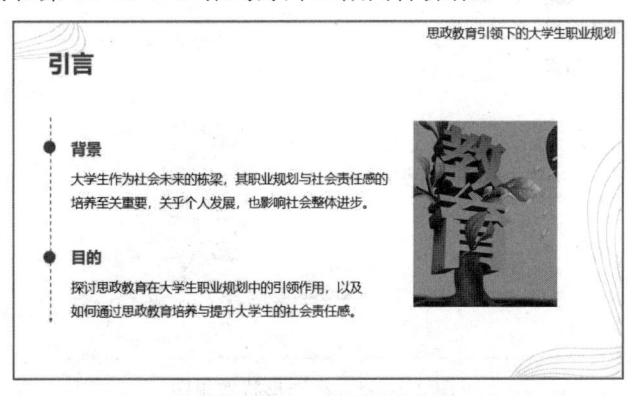

图 2-3-2-2　项目符号效果图

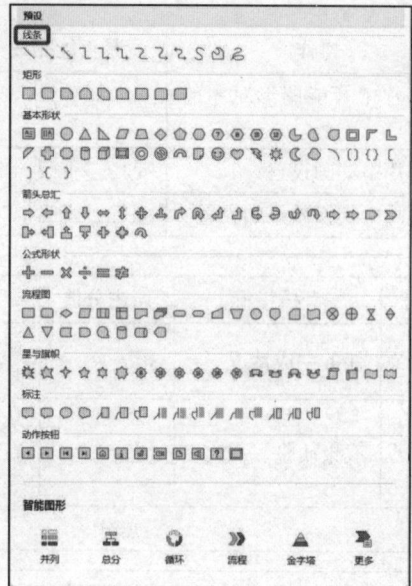

图 2-3-2-3　添加箭头

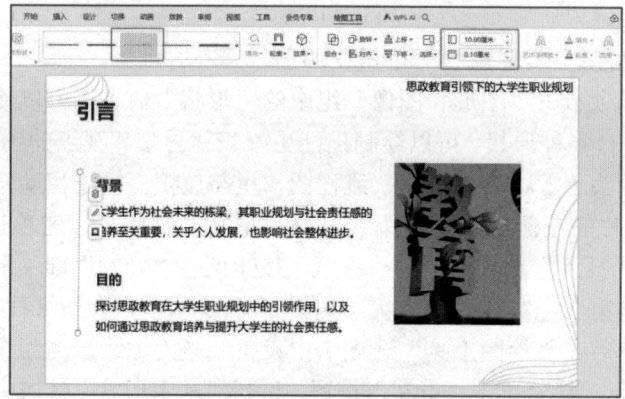

图 2-3-2-4　箭头效果图

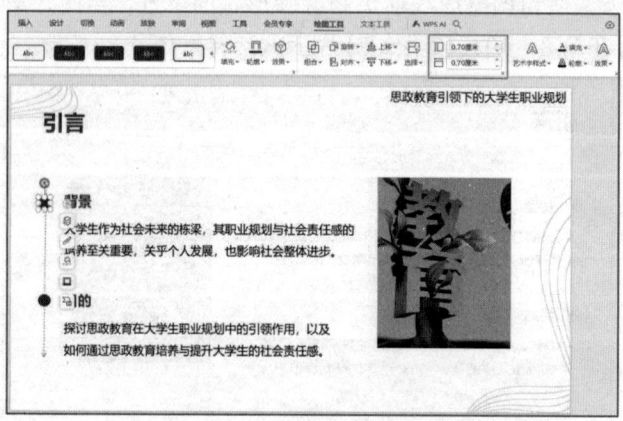

图 2-3-2-5　椭圆形状效果图

在第 10 张幻灯片中插入矩形，制作数字编号，效果如图 2-3-2-6 所示。单击"插入"选项卡中的"形状"按钮或者"开始"选项卡中的"形状"按钮，选择"矩形"区域的第一个矩形形状，如图 2-3-2-7 所示，在幻灯片左侧绘制一个矩形，然后在"绘图工具"选项卡中设置"填充"为"无颜色填充"，"轮廓"为"水鸭色、着色 1、1.5 磅、实线"，输入数字"01"，并设置格式为"微软雅黑、24 号、水鸭色、着色 1"如图 2-3-2-8 所示。用同样步骤制作另外两个数字编号。至此，第 10 张幻灯片插入矩形形状完成数字编号制作。此设置可在第 6、8、12 张幻灯片上做同样操作。

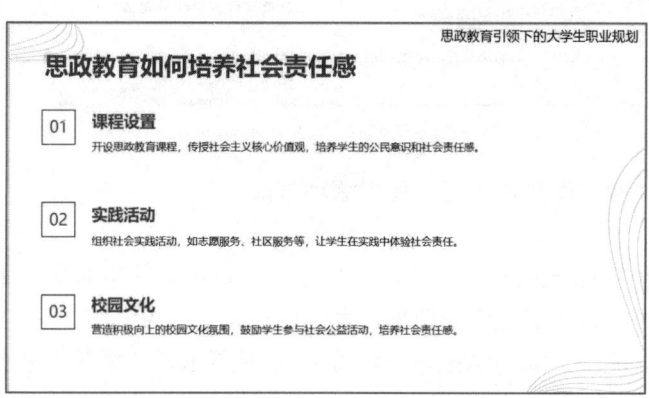

图 2-3-2-6　数字编号效果图

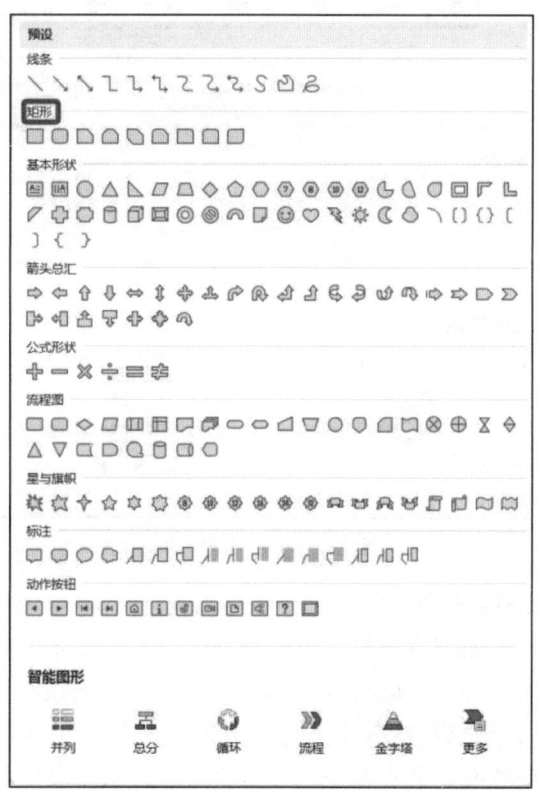

图 2-3-2-7　添加矩形

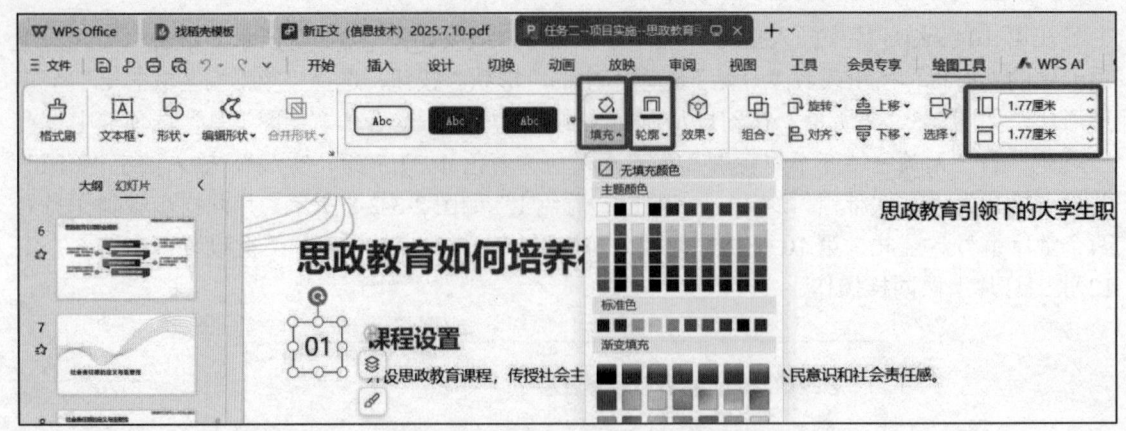

图 2-3-2-8　设置矩形格式

【想一想】制作数字编号，还可以使用哪种方式？

2. 智能图形

智能图形是一种智能化的矢量图形，已经组合好的文本框和形状、线条。利用智能图形可以快速在幻灯片中插入功能性强的图形，表达用户思想。WPS 演示提供的智能图形类型有并列、总分、循环、流程、SmartArt 等，如图 2-3-2-9 所示。选择其中某个图形，单击"立即使用"按钮即可。

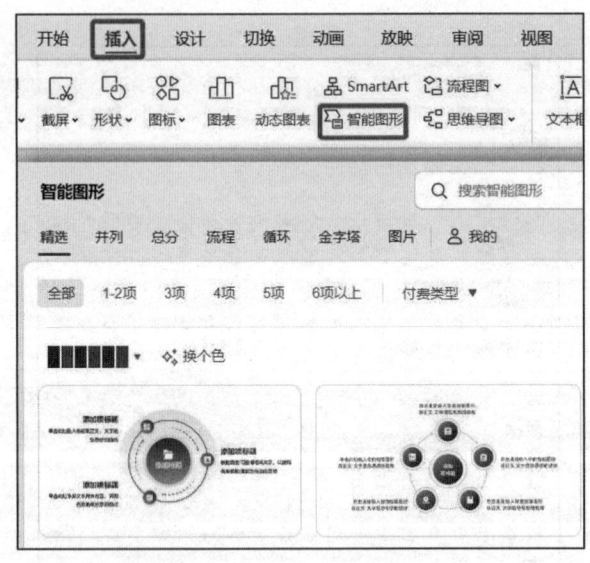

图 2-3-2-9　智能图形

【搜一搜】SmartArt 图形有哪些类型？

调整第 6 张幻灯片，添加智能图形，改变该张幻灯片的显示效果，如图 2-3-2-10 所示。选中第 6 张幻灯片，单击"插入"选项卡下的"智能图形"按钮，单击"4 项"选项卡，选择"付费类型"列表框为"免费"，选择如图 2-3-2-11 中的形状插入到幻灯片中，然后将原有文本剪切到该智能图形对应的文本框中。适当调整该智能图形位置，至此，第 6 张幻灯片调整完毕。

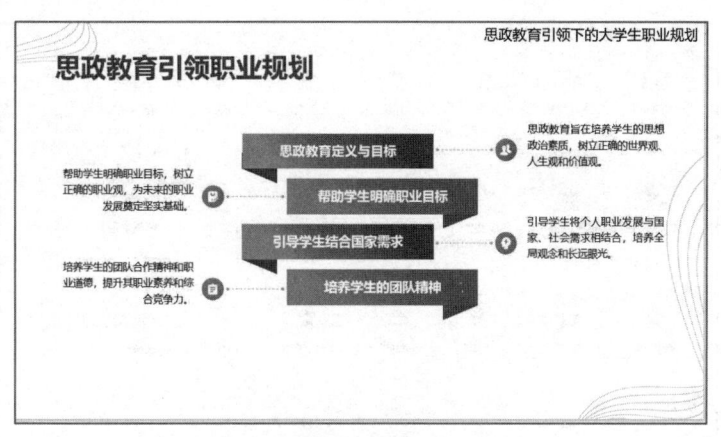

图 2-3-2-10　智能图形效果图

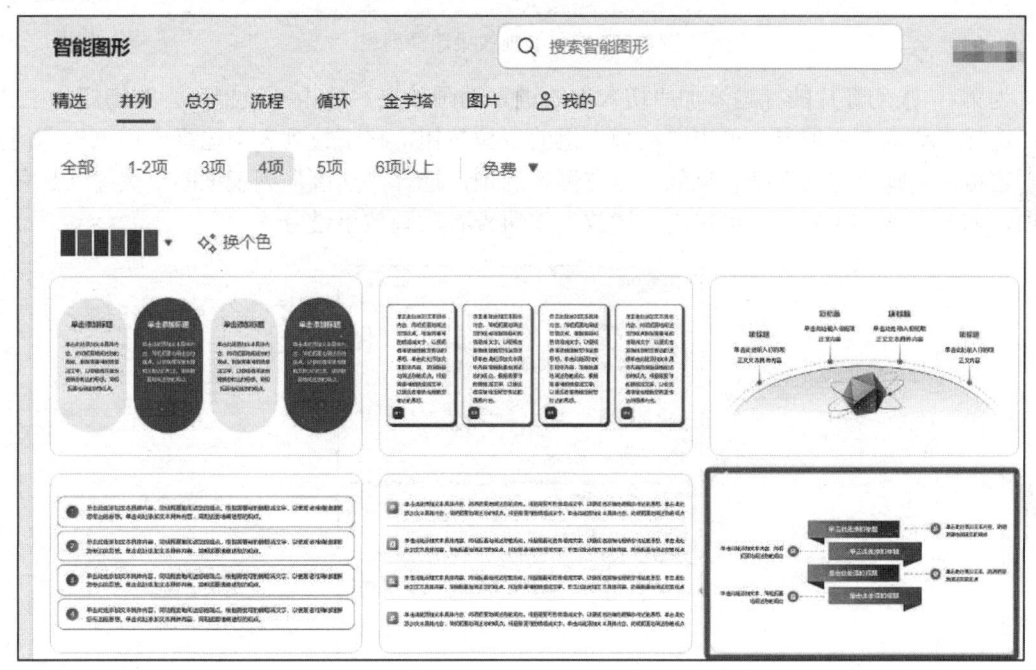

图 2-3-2-11　插入智能图形

二、设置演示文稿的交互效果

1. 设置动画效果

【搜一搜】WPS 演示提供了几类动画，各有什么作用？

设置演示文稿交互效果：
动画及切换效果

幻灯片设置动画效果可以使幻灯片中的对象按一定的规则和顺序运动起来，赋予它们进入、退出、大小或颜色变化甚至移动等视觉效果，既能突出重点，吸引观众的注意力，又使放映过程变得十分有趣。设置动画效果应遵从适当、简化和创新的原则。动画设置方法如下：选中要设置动画的幻灯片中的对象，选择"动画"选项卡，单击"动画"组的下拉按钮，出现动画效果选择列表，如图 2-3-2-12 所示。添加动画后，还可以修改动画的相关属性，如设置动画开始、方向、速度等。可以在功能区完成，也可以打开"动画窗格"进行设置。

图 2-3-2-12 动画效果选择列表

为第 1 张幻灯片的标题添加"切入"的进入动画效果。选中要设置动画的幻灯片中的对象,选择"动画"选项卡,单击"动画"组的下拉按钮,在下拉列表中选择"进入",并打开动画窗格,选择"方向"列表框的"自左侧"选项,选择"速度"列表框的"快速(1 秒)"选项,如图 2-3-2-13 所示。可单击"播放"按钮查看动画效果设置。

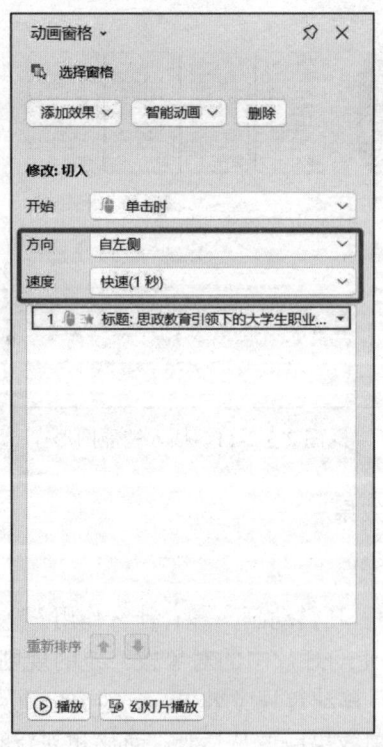

图 2-3-2-13 第 1 张幻灯片动画效果设置

设置第 2 张幻灯片的目录标题动画效果为"浮动"进入动画效果,在"动画窗格"中将"开始"设置为"与上 动画同时";设置其余文本动画效果为"飞入"进入动画效果,在"动画窗格"中将"开始"设置为"在上一个动画之后","方向"为"自底端","速度"为"快速（1秒）",如图2-3-2-14所示。第3～14张幻灯片按照如上步骤设置动画效果即可。

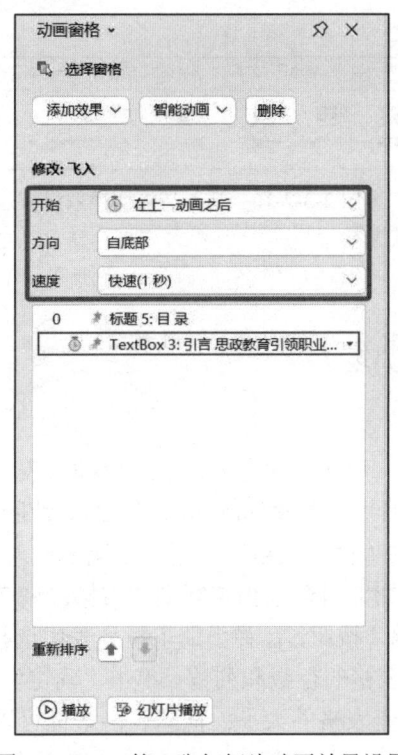

图2-3-2-14　第2张幻灯片动画效果设置

2. 设置切换效果

打开演示文稿，选择要设置幻灯片切换效果的一张或多张幻灯片，单击"切换"选项卡中"切换"下拉按钮，显示"平滑""淡出""擦除"等切换效果列表，如图2-3-2-15所示。在切换效果列表中选择一种切换样式，设置的切换效果会应用于所选幻灯片。如希望全部幻灯片均采用该切换效果，可单击"应用到全部"按钮。幻灯片切换效果属性包括效果选项、换片方式、持续时间和声音效果，如可设置效果选项为"自左侧"，换片方式为"单击鼠标时换片"，声音效果为"打字机"等。

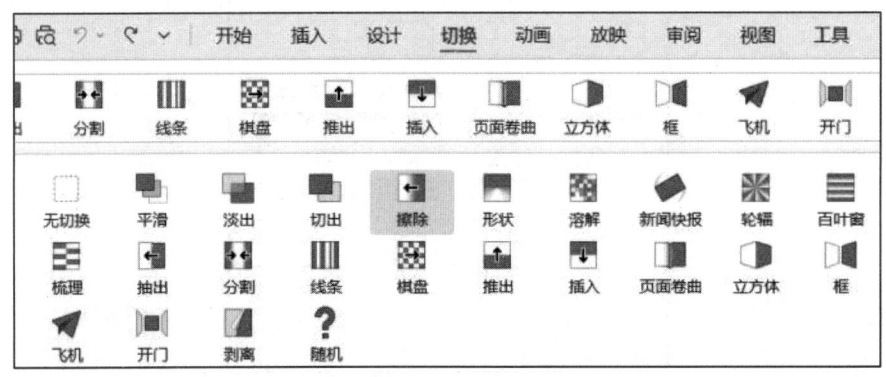

图2-3-2-15　设置幻灯片切换效果

设置"思政教育引领下的大学生职业规划"演示文稿切换效果为"擦除",应用到全部幻灯片。选择"切换"选项卡,在"切换"下拉列表中选择"擦除"切换效果,单击"应用到全部"按钮,如图 2-3-2-16 所示。

图 2-3-2-16　演示文稿切换效果

知识清单

一、幻灯片中的其他编辑对象

幻灯片中的其他编辑对象:表格、图表、音视频、艺术字

1. 表格对象

在幻灯片中除了使用文本、形状、图片外,还可以插入表格等对象,表格应用十分广泛,可直观表达数据。插入新幻灯片并选择"标题和内容"幻灯片版式(或其他具有内容区占位符的版式),单击幻灯片编辑区的"插入表格"按钮,出现"插入表格"对话框,输入表格的行数和列数后,单击"确定"按钮即可创建指定行列的表格。或者,选择要插入表格的幻灯片,单击"插入"选项卡下的"表格"按钮,在弹出的下拉列表中选择"插入表格"选项,出现"插入表格"对话框,输入要插入表格的行数和列数,单击"确定"按钮,出现一个指定行列的表格,拖动表格的控点,可以改变表格的大小;拖动表格边框可以定位表格。

对于行列较少的小型表格也可以快速生成,方法是单击"插入"选项卡"表格"按钮,在弹出的下拉列表顶部的示意表格(图 2-3-2-17)中移动光标,顶部显示当前表格的行列数,选定后单击,与此同时幻灯片中也同步出现相应行列的表格。

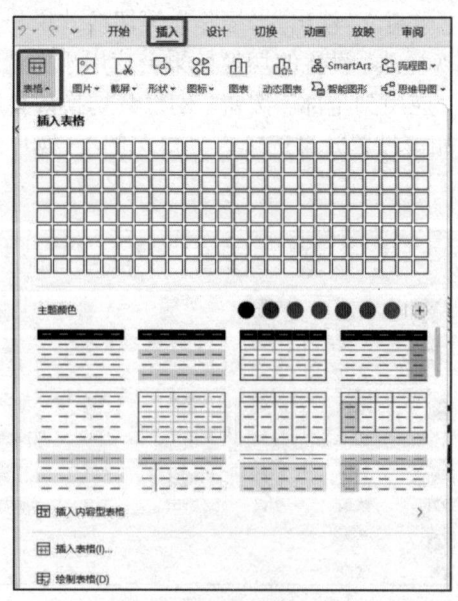

图 2-3-2-17　插入表格

2. 图表对象

在幻灯片中还可以使用插入图表功能，在幻灯片中嵌入图和相应的表格。插入新幻灯片并选择"标题和内容"幻灯片版式（或其他具有内容区占位符的版式），单击幻灯片编辑区"插入图表"按钮（图 2-3-2-18），出现"图表"对话框，即可插入图表。或者，选择要插入图表的幻灯片，单击"插入"选项卡下的"图表"按钮，弹出"图表"对话框，插入图表。

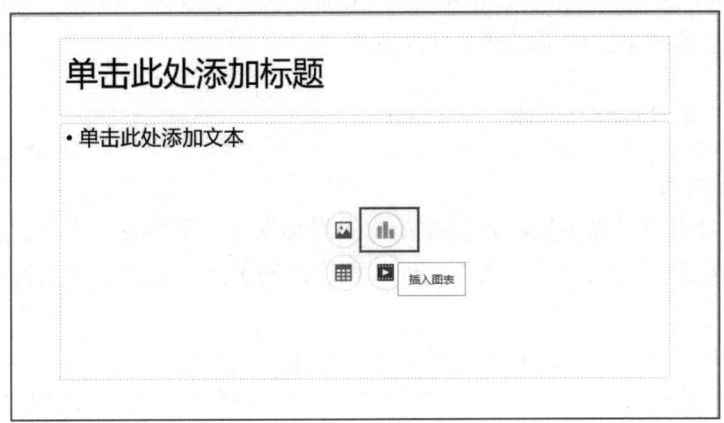

图 2-3-2-18　插入图表

3. 音频和视频对象

在幻灯片中插入声音和视频时，选中要插入声音的幻灯片，选择"插入"选项卡，单击"媒体"组的"音频"下拉按钮，可以选择"嵌入音频""链接到音频""嵌入背景音乐"等选项，还可以选择更多音频，使用本地音频。插入音频后，幻灯片中会出现小喇叭形状的按钮，如图 2-3-2-19 所示。

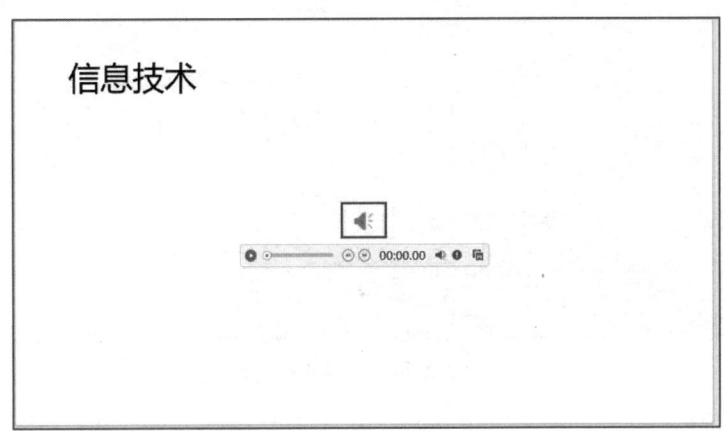

图 2-3-2-19　插入音频

选中要插入视频的幻灯片，选择"插入"选项卡，单击"媒体"组的"视频"下拉按钮，可以选择"嵌入视频""链接到视频""屏幕录制"等选项。

4. 艺术字对象

WPS 演示提供对文本进行艺术化处理的艺术字功能，使用艺术字可使文本具有特殊的艺术效果，例如，可以拉伸标题、对文本进行变形、使文本适应预设形状或应用渐变填充等。在幻灯片中既可以创建艺术字，也可以修饰艺术字。

（1）创建艺术字。选中要插入艺术字的幻灯片，单击"插入"选项卡下的"艺术字"按钮，出现艺术字样式列表，选择适合的艺术字样式创建艺术字。

（2）修饰艺术字。插入艺术字后，可以对艺术字内的填充（颜色、渐变、图片、纹理等）、轮廓（颜色、粗细、线型等）和文本外观效果（阴影、发光、映像、棱台、三维旋转和转换等）进行修饰处理，使艺术字的效果得到更好的发挥。

二、幻灯片中的其他交互效果

1. 设置链接效果

幻灯片放映时用户可以使用超链接和动作来增加演示文稿的交互效果。超链接和动作可以在幻灯片上跳转到其他幻灯片、文件、外部程序或网页上，起到演示文稿放映过程的导航作用。

在当前幻灯片中选中要建立超链接的对象，选中"信息技术"文本，单击"插入"选项卡下的"超链接"按钮，或右击，在弹出的快捷菜单中选择"超链接"选项，打开"插入超链接"对话框，如图 2-3-2-20 所示。在弹出的对话框中可以选择链接到"原有文件或网页""本文档中的位置""电子邮件地址""云文档链接"等选项。

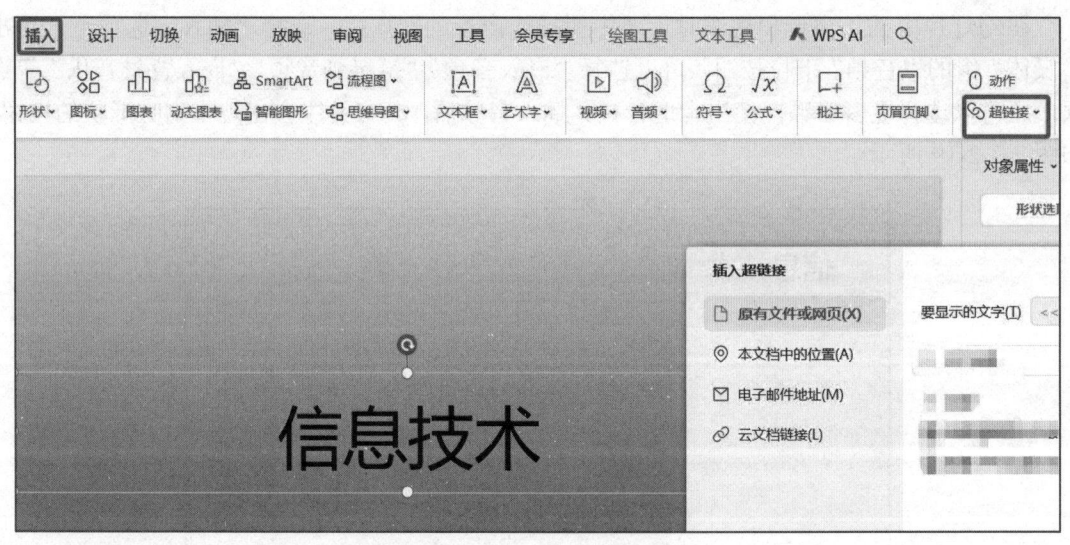

图 2-3-2-20　设置链接效果

设置超链接的幻灯片，当幻灯片放映时，单击设置超链接的对象，会转到所设置的链接位置，如欲改变超链接设置，可选择已设置超链接的对象，右击，在弹出的快捷菜单中选择"编辑超链接"选项，可对选择的超链接进行重新设置。

2. 设置动作效果

选择要建立动作的幻灯片，在幻灯片中插入或选择作为动作启动的内容，如图 2-3-2-21 所示。单击"插入"选项卡下的"动作"按钮，打开"动作设置"对话框，在对话框中可以选择"单击鼠标"或"鼠标移过"选项卡，来设置超链接或者播放声音等动作效果。

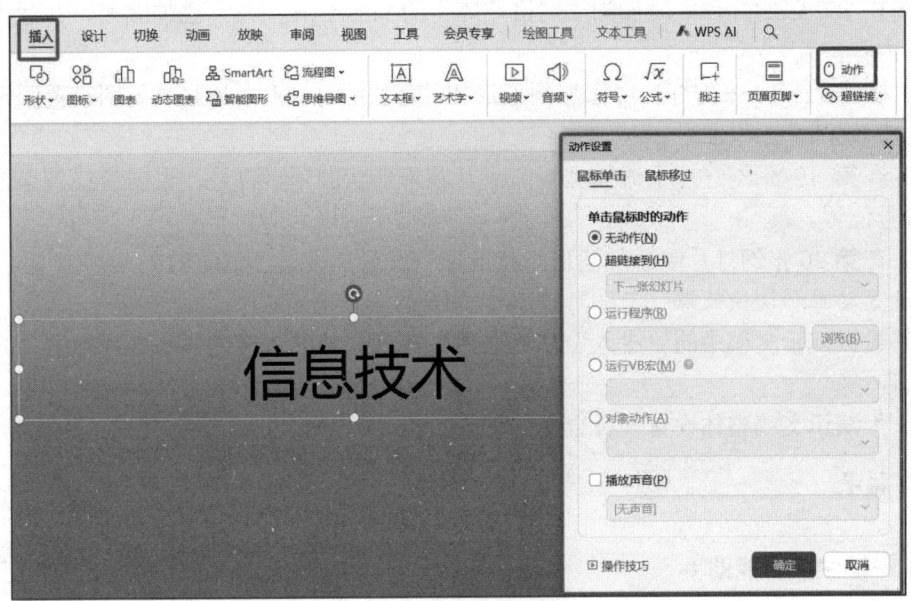

图 2-3-2-21　设置动作效果

任务实训

在前一任务实训的基础上，完善"大学生科技创新大赛解读"演示文稿，其最终效果如图 2-3-2-22 所示。按要求完成下面的操作。

完善"大学生科技创新大赛解读"演示文稿效果

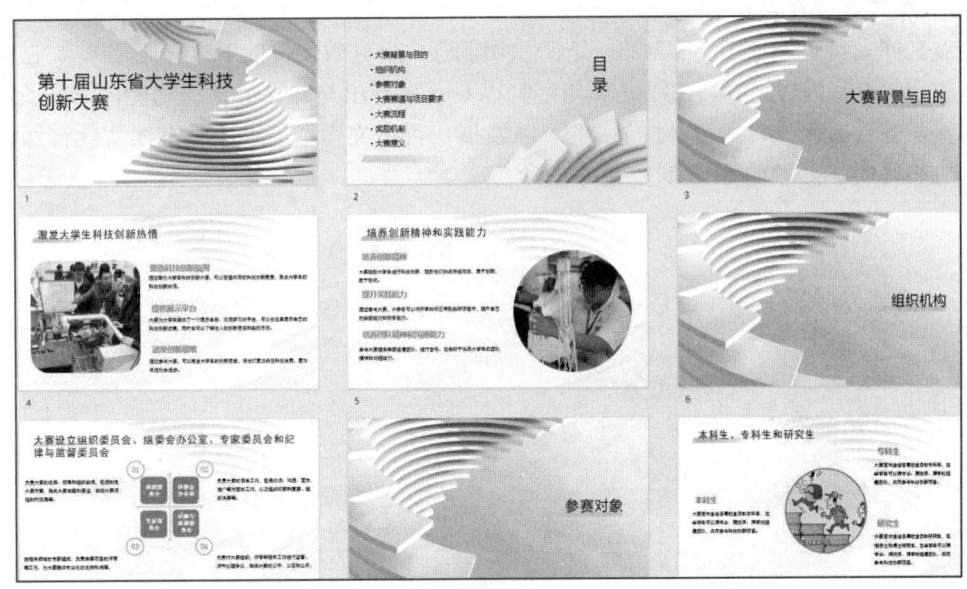

图 2-3-2-22　最终效果图

1. 插入幻灯片对象

（1）在第 4、5、9、11、13 张幻灯片中插入相应图片，并根据最终效果图适当调整图片、文本内容位置及图片效果。

（2）在第 7 张幻灯片中添加为"网格矩阵"的 SmartArt 图形，添加编号，并适当调整图片和文本内容位置。

（3）在第 11、17 张幻灯片中添加圆形形状，并加编号。根据最终效果图设置圆形形状的填充及轮廓效果。

（4）在第 19 张幻灯片中添加虚线箭头及圆形形状的项目符号，根据最终效果图适当调整项目符号位置。

（5）在第 20 张幻灯片中添加圆形形状的项目符号，并适当调整效果。

2. 设置动画和切换效果

（1）设计演示文稿中的"进入"和"退出"等动画效果，保证各幻灯片中的动画效果先后顺序合理。

（2）为演示文稿整体设置一种合适的切换效果。

知识拓展

PPT 一键生成智能助手

PPT 一键生成智能助手

【搜一搜】请同学们搜索一下，PPT 一键生成智能助手有哪些？

PPT 一键生成智能助手可以通过输入简单的文本描述或草稿来自动创建专业的演示文稿。PPT 一键生成的 AI 工具通常具有可定制的模板和编辑工具，允许用户根据自己的要求创建或定制演示文稿，同时支持导出多种文件格式，包括 PPT、PDF、JPG、SVG 等，能够提高制作效率和质量，满足用户多样化需求。

1. 百度文库智能助手

百度文库智能助手（图 2-3-2-23）是一款功能强大、高效便捷的 PPT 制作工具。它凭借智能大纲生成、丰富模板选择、在线编辑与定制以及一键导出与分享等优势功能，赢得了广大用户的信赖和好评。未来，随着 AI 技术的不断发展，百度文库智能助手将继续优化升级，为用户提供更加优质、高效的 PPT 制作服务。

(a)

图 2-3-2-23（一） 百度文库智能助手

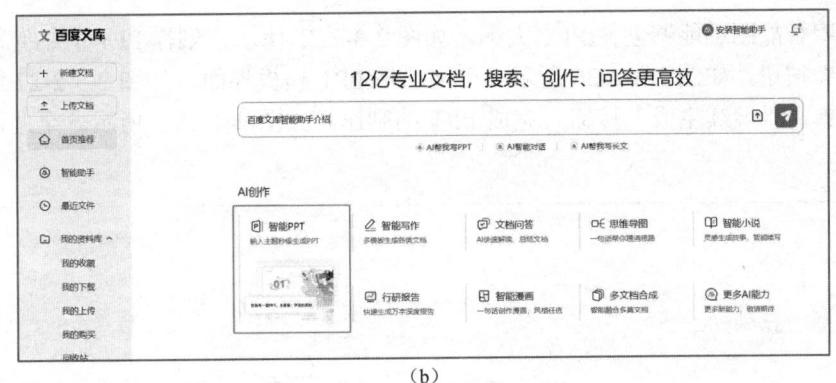

(b)

图 2-3-2-23（二） 百度文库智能助手

（1）智能大纲生成。用户只需输入 PPT 的主题或上传相关文档，百度文库智能助手就能根据丰富的文档数据库，自动分析并生成详细的大纲。大纲涵盖章节及重要信息，结构清晰，信息容纳量大，远超传统 PPT 制作中的浅显大框架。

（2）模板选择。百度文库智能助手提供丰富的 PPT 模板供用户选择，涵盖多种风格和主题。用户可以按照自己的需求挑选适合的风格，同时支持上传自定义模板，满足企业用户将公司形象融入 PPT 的需求。

（3）在线编辑与定制。用户可以在线编辑 PPT 内容，调整大纲结构，添加或删除幻灯片。支持实时在线调整，打破了传统 PPT 制作中的烦琐步骤，提高了效率。

（4）一键导出与分享。当 PPT 制作完成后，用户只需单击"一键导出"按钮，即可将 PPT 保存为本地文件或分享给他人。导出的 PPT 在字体、颜色等方面都经过精心设计，确保演示效果的专业性和美观性。

例如，使用百度文库智能助手制作一份主题为"弘扬求实创新学风"的演示文稿。打开百度文库智能助手，单击"智能 PPT"按钮，出现智能 PPT 的主页，如图 2-3-2-24 所示，输入主题内容"弘扬求实创新学风"。

图 2-3-2-24 智能 PPT 主页

百度文库智能助手能够创作 PPT 大纲，如图 2-3-2-25 所示。创作 PPT 大纲完成后，单击"生成 PPT"按钮，如图 2-3-2-26 所示。出现选择 PPT 模板界面，如图 2-3-2-27 所示。选择好模板后，单击"继续生成"按钮，完成 PPT 的制作，如图 2-3-2-28 所示。至此，PPT 制作完毕。

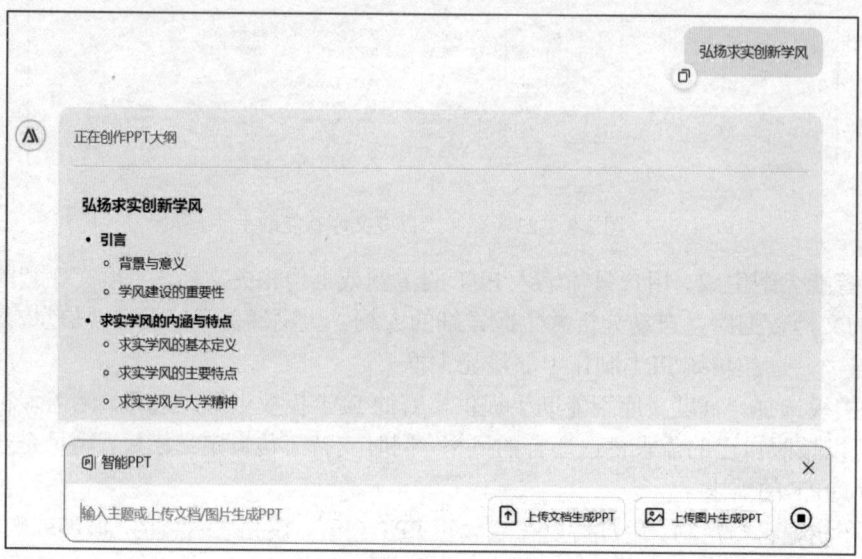

图 2-3-2-25　创作 PPT 大纲

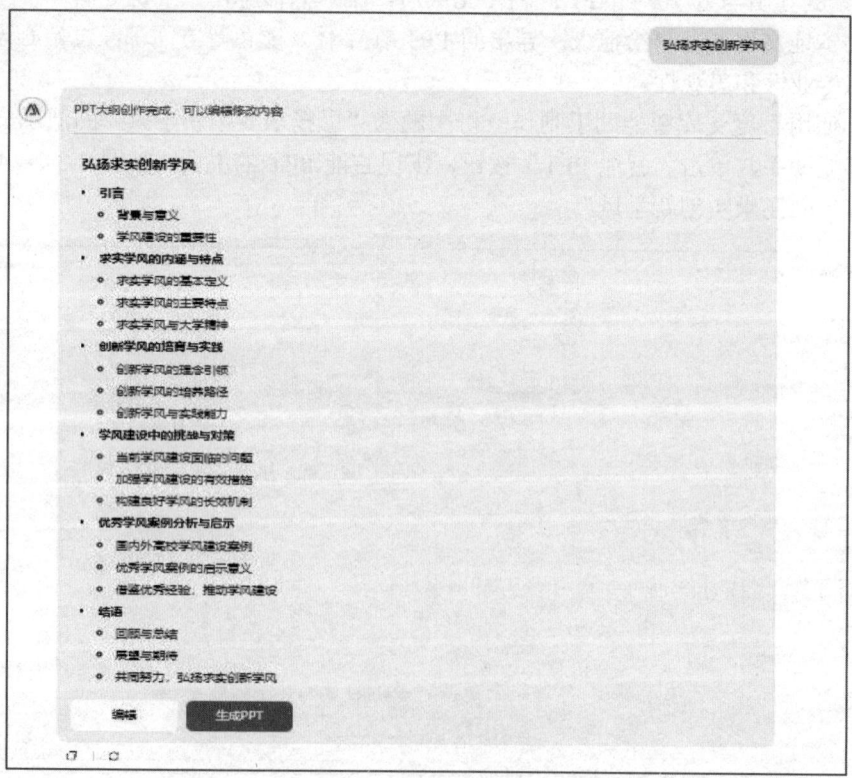

图 2-3-2-26　生成 PPT

图 2-3-2-27　选择 PPT 模板界面

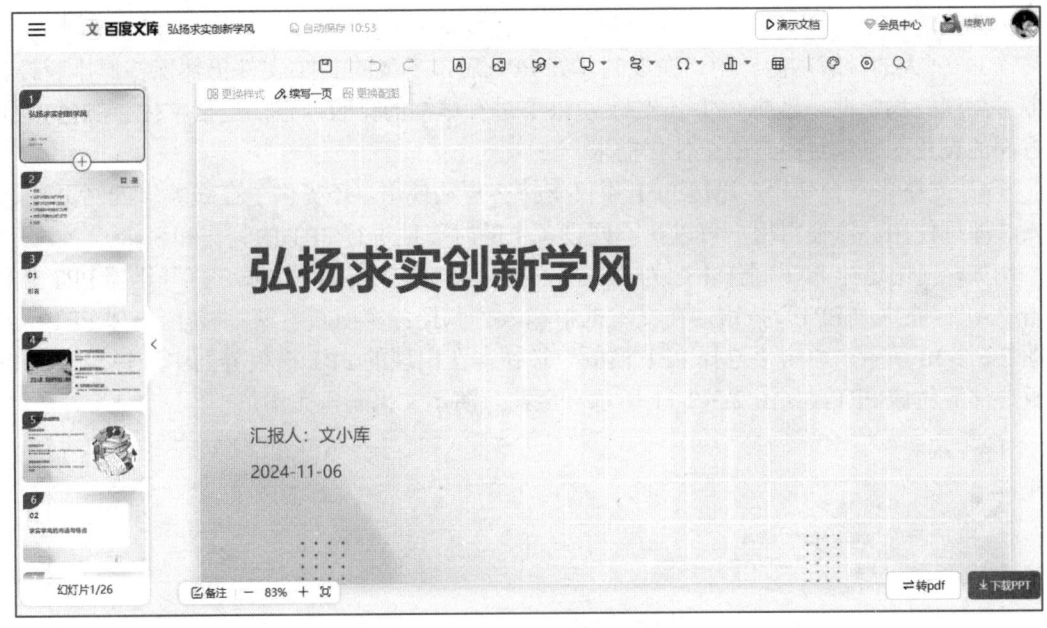

图 2-3-2-28　完成 PPT 制作

2. 迅捷 PPT

迅捷 PPT 是一款功能强大、操作简便的 PPT 制作工具，适用于各种需要制作 PPT 的场景。它凭借 AI 智能生成、海量精美模板、强大排版功能等优势特点，成为了广大用户制作 PPT 的首选工具之一，如图 2-3-2-29 所示。

（1）AI 智能生成 PPT。用户只需输入 PPT 模板标题或相关主题，迅捷 PPT 即可结合 AI 技术快速识别用户需求并输出相关 PPT 文件。迅捷 PPT 还能根据大纲和选择的模板自动填充内容，包括文本、图表、图片等，并智能排版，确保内容的布局和设计符合所选模板的风格。

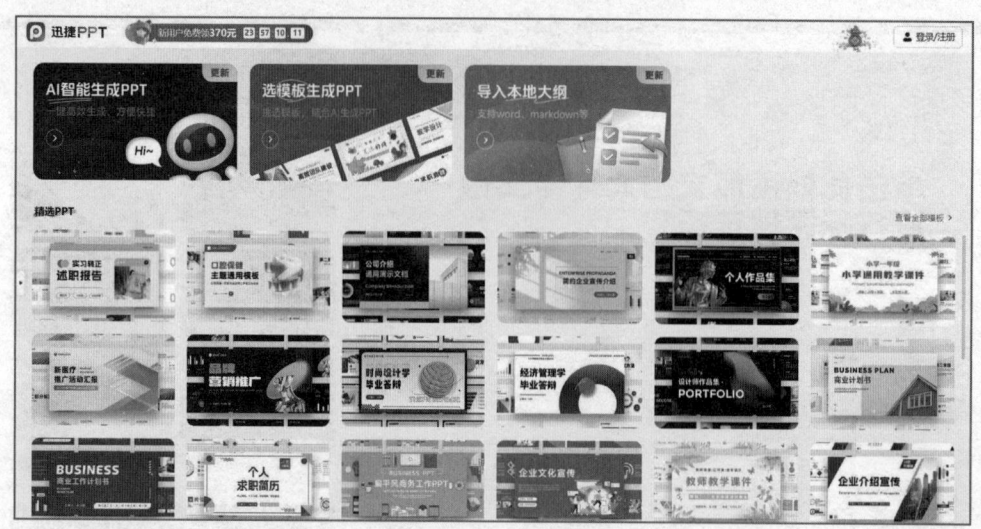

图 2-3-2-29　迅捷 PPT

（2）内置海量精美模板。迅捷 PPT 内置了多种不同类型的 PPT 模板，涵盖了商务、教育、科技等多个行业和场合。用户只需一键下载使用，即可对模板的文本、图片进行编辑，轻松制作出个性化的 PPT。

（3）强大的排版功能。用户在线制作好 PPT 后，下载的 PPT 文件仍然保持原排版设计，保证了高度的稳定性。迅捷 PPT 还支持对 PPT 进行精细的排版调整，包括字体、颜色、布局等方面的设置，以满足用户的个性化需求。

（4）支持多平台使用。迅捷 PPT 不仅支持客户端使用，还提供了在线编辑的网页端，无需安装即可使用。这使得用户可以在不同设备上随时随地进行 PPT 的制作和编辑。

例如，使用迅捷 PPT 制作主题为"弘扬务实创新学风"的演示文稿。打开迅捷 PPT 软件，单击"AI 智能生成 PPT"按钮，在文本框中输入"弘扬务实创新学风"，智能生成 PPT 大纲，如图 2-3-2-30 所示。单击"选择 PPT 模板"按钮，在出现的 PPT 模板界面中选择合适的 PPT 模板，然后生成 PPT，如图 2-3-2-31 所示。至此，演示文稿制作完毕。

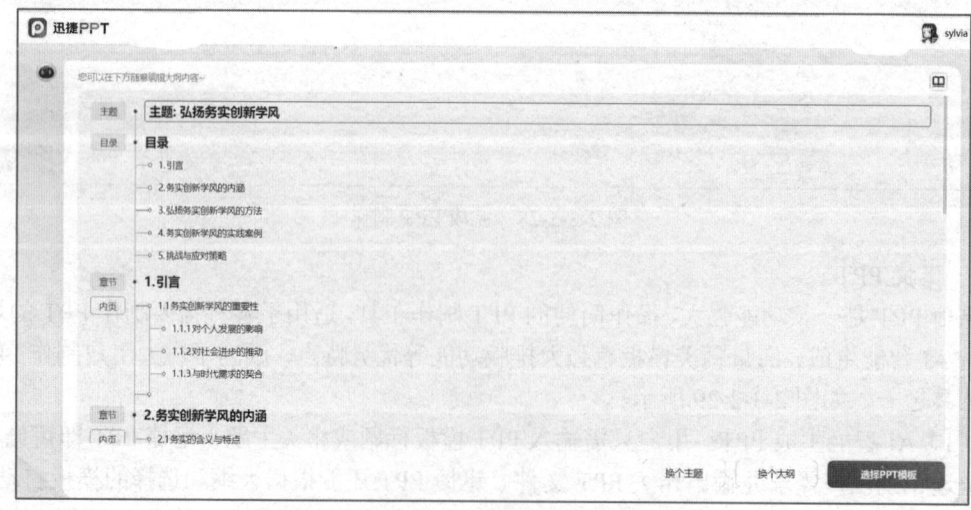

图 2-3-2-30　生成 PPT 大纲

图 2-3-2-31　生成 PPT

任务三　演示文稿流畅放映与便捷导出

设置演示文稿放映
方式及排练计时

任务实施

WPS 演示中提供了灵活的操作选项，用户能够根据自己的需求选择最适合的方式来进行 PPT 的放映和导出。本任务主要完成演示文稿"思政教育引领下的大学生职业规划"的放映设置及排练计时设置，掌握演示文稿的打印输出方法。

任务单 2-3-3

任务编号	2-3-3		任务名称		演示文稿流畅放映与便捷导出
任务简介	学习演示文稿中幻灯片放映设置，排练计时设置，演示文稿的打印设置				
设备环境	安装了 WPS Office（2019）办公软件的台式机或笔记本				
任务要求	完成以下操作要求，若有问题，则填在表格的后面				
	操作		是否能完成		若不能，请描述问题
	幻灯片放映设置		是□　否□		
	排练计时设置		是□　否□		
	演示文稿的打印设置		是□　否□		

任务执行评价	序号	考核指标	所占分值	备注	得分
		考核指标	所占分值	备注	得分
	1	任务完成情况	30	在规定时间内完成并按时上交任务单	
	2	成果质量	70	从完整性、准确性、创新性、实用性、规范性等方面进行评价	
	总分				

一、设置放映方式

【搜一搜】演示文稿中有哪几种放映方式？

WPS 演示中可以通过以下几种方法来播放或设置演示文稿的放映方式：

（1）从头开始放映。打开演示文稿，单击"开始"按钮，选择"从当前开始右边的小三角"选项，单击"从头开始"按钮，可以从头播放演示文稿。

（2）设置放映方式。如果提前预览或汇报演示文件，可以提前设置放映模式为手动放映或自动放映。单击"放映"选项卡下的"放映设置"按钮，出现"设置放映方式"对话框，可以设置放映类型（"演讲者放映"和"展台自动循环放映"）、幻灯片放映的具体设置（如放映全部幻灯片、循环放映、按 ESC 键终止等），如图 2-3-3-1 所示。

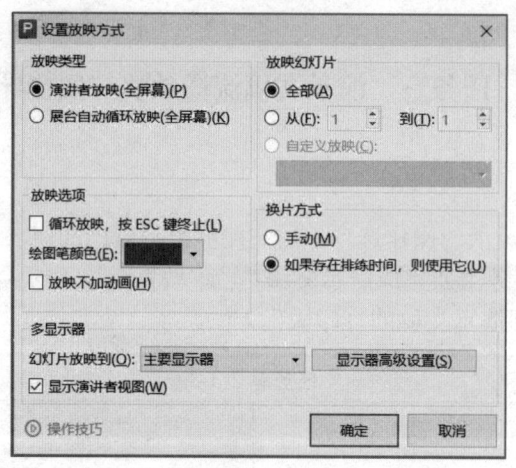

图 2-3-3-1 "设置放映方式"对话框

（3）设置自动放映。如果想让演示文稿自动放映，可以在"设置放映方式"对话框中勾选"展台自动循环放映"复选框。

打开"思政教育引领下的大学生职业规划"演示文稿，选择"放映"选项卡，单击"从头开始"按钮，无论当前幻灯片在哪里，均从第 1 张幻灯片开始放映。

二、设置排练计时

【想一想】排练计时有什么作用？

打开要放映的演示文稿，单击"放映"选项卡下"排练计时"下拉按钮，可以选择"排列全部"选项或者"排列当前页"选项。如果要为所有幻灯片设置排练计时,则选择"排列全部"选项。进入放映视图后,可以在左上方看到计时器,左侧显示当前页面的时间,右侧显示所有页面的总时间,如图 2-3-3-2 所示。放映完成后,会出现提示窗口,单击"是"按钮以保存排练时间设置。在"设置放映方式"对话框中选择"如果存在排列时间,则使用它"选项。这样,后续放映时就会根据设置的排练时间自动播放页面。如果要调整某张幻灯片的放映时间,则可以在"切换"选项卡中选中该页面后设置相应的时长。

图 2-3-3-2　排练计时器

知识清单

演示文稿的打印与输出

1. 打印

WPS 演示中的打印预览功能提供了方便快捷的方式来预览打印效果,避免直接打印后才发现问题需要重新打印的麻烦。单击"文件"按钮,在 Backstage 视图中选择"打印"选项,在右侧子菜单中选择"打印预览"选项。打开"打印预览"界面,可以在右侧的"打印设置"窗格设置演示文稿打印的幻灯片范围、打印方式、打印数量、打印方向等,如图 2-3-3-3 所示。

图 2-3-3-3　"打印设置"窗格

2. 打包演示文稿

WPS 演示提供了演示文稿打包功能,用户可以根据需要选择将演示文稿打包成压缩文件或文件夹,方便在不同设备上播放或分享。打开 WPS 演示,单击菜单栏上的"文件"按钮,在 Backstage 视图中，选择"文件打包"选项，如图 2-3-3-4 所示。在右侧子菜单中，若选择"将演示文档打包成压缩文件"选项，则弹出"演示文件打包"对话框，设置好压缩文件名，然后单击"确定"按钮。WPS 演示会自动打包文件，完成后即可看到刚刚打包好的压缩文件。若选择"将演示文档打包成文件夹"选项，则在"演示文件打包"对话框中设置好文件夹名称，选择好文件夹保存位置，最后单击"确定"按钮即可。

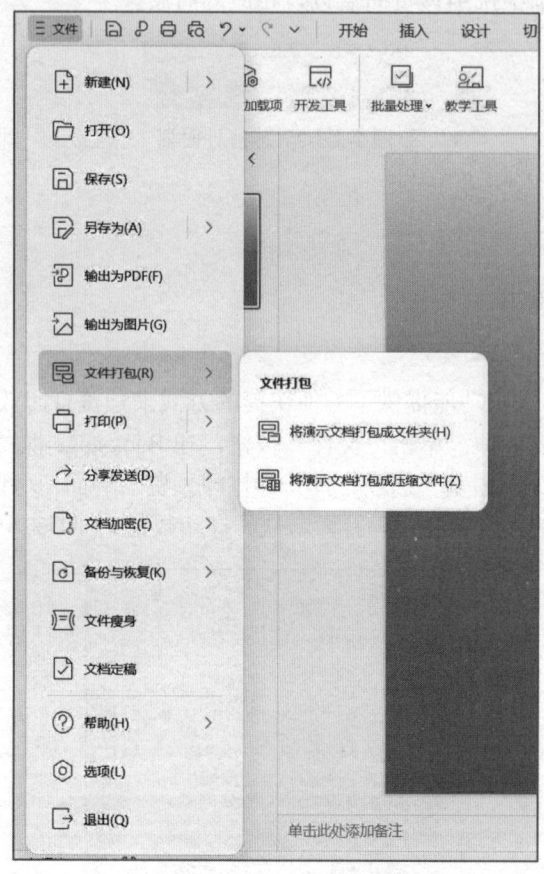

图 2-3-3-4　文件打包

任务实训

在上一任务实训的基础上，设置"大学生科技创新大赛解读"演示文稿的放映方式及排练计时。

（1）设置放映方式为"从头开始"。

（2）设置排练计时。

设置"大学生科技创新大赛解读"
演示文稿放映方式及排练计时

知识拓展

放映演示文稿时画笔的使用

放映演示文稿时可以用画笔给重要内容添加标记，全屏放映演示文稿时右击，在快捷菜单中选择"墨迹画笔"选项，然后可以在子菜单中选择画笔样式、绘制形状、选择画笔颜色等，如图 2-3-3-5 所示。如全屏放映"思政教育引领下的大学生职业规划"演示文稿，设置画笔样式为"荧光笔"，形状为"自由曲线"，画笔颜色为"黄色"。

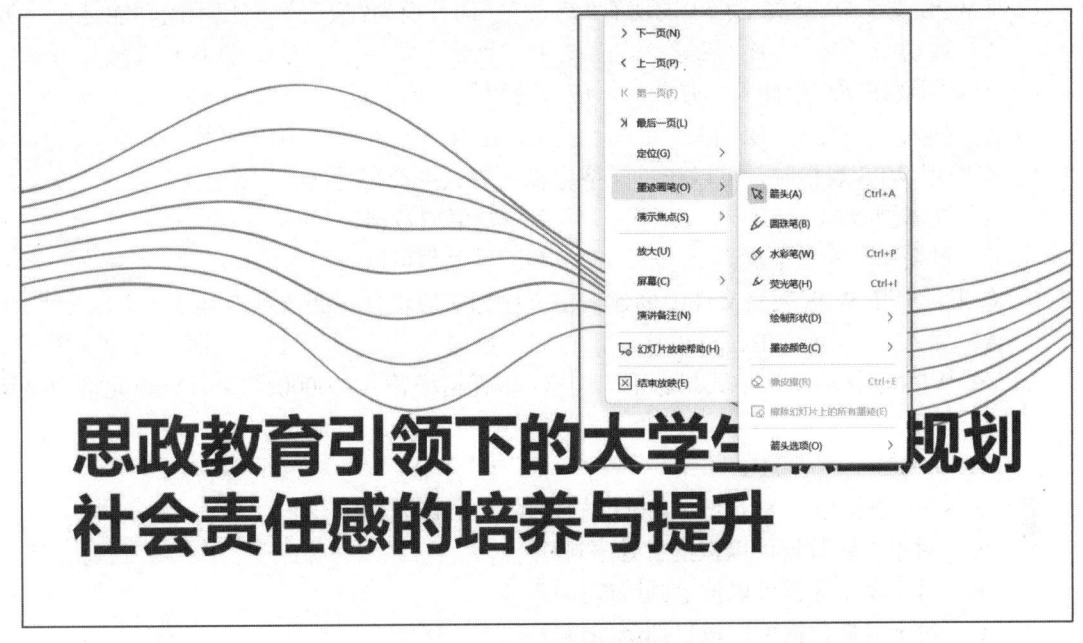

图 2-3-3-5　画笔设置

删除标记可以使用橡皮擦。退出放映模式时会提示是否保留墨迹注释，若选择保留则墨迹注释将保留到 PPT 中。

模 块 训 练

一、单选题

1. 在 WPS 文字中，可以用来绘制表格的是（　　）。
   A．插入选项卡　　　B．视图选项卡　　　C．引用选项卡　　　D．审阅选项卡
2. 如果想要在 WPS 文字中插入页码，应该使用的选项卡是（　　）。
   A．插入　　　　　　B．布局　　　　　　C．引用　　　　　　D．视图
3. 在 WPS 文字中，文档的分栏的设置（　　）。
   A．通过"插入"选项卡中的"分栏"按钮
   B．通过"页面布局"选项卡中的"分栏"按钮
   C．通过"引用"选项卡中的"分栏"按钮
   D．通过"视图"选项卡中的"分栏"按钮
4. 在 WPS 文字中，撤消最近的操作应（　　）。
   A．按下 Ctrl +Z 组合键　　　　　　　　B．按下 Ctrl +Y 组合键
   C．选择"编辑"→"撤消"　　　　　　　D．选择"文件"→"撤消"

5. 在 WPS 文字中，插入一个文本框应（　　）。
  A．选择"插入"→"文本框"　　　　B．选择"页面布局"→"文本框"
  C．选择"设计"→"文本框"　　　　D．选择"插入"→"形状"→"文本框"
6. 在 WPS 文字中，要将文档中的所有"错误"一词替换为"失误"，应使用的功能是（　　）。
  A．剪切　　　　B．粘贴　　　　C．查找　　　　D．查找和替换
7. 如果需要在文档中插入一张图片，应该使用的选项卡是（　　）。
  A．插入　　　　B．格式　　　　C．工具　　　　D．视图
8. 在使用 WPS 表格时，可以在单元格中输入的数据类型是（　　）。
  A．文本型数据　　　　　　　　B．数值型数据
  C．日期和时间型数据　　　　　D．以上都可以
9. 如果需要在 WPS 表格文件中创建自定义序列，应该使用的选项卡是（　　）。
  A．插入　　　　B．格式　　　　C．数据　　　　D．文件
10. 在 WPS 表格的默认格式状态下，向 A1 单元格中输入"00001"后，该单元格中显示（　　）。
  A．00001　　　　B．0　　　　C．1　　　　D．#NULL
11. 在 WPS 表格中，关于数据表排序的叙述不正确的是（　　）。
  A．对于汉字数据可以按拼音升序排序
  B．对于汉字数据可以按笔画降序排序
  C．对于日期数据可以按日期降序排序
  D．对于整个数据表不可以按列排序
12. 在 WPS 表格中进行分类汇总之前，必须对数据进行（　　）操作。
  A．筛选　　　　　　　　B．排序
  C．建立数据库　　　　D．定位
13. 在 WPS 表格中对单元格的引用有（　　）、绝对地址和混合地址。
  A．存储地址　　　B．活动地址　　　C．相对地址　　　D．循环地址
14. 下列求和不可行的是（　　）。
  A．同一列里的多个单元格　　　　B．同一行里的多个单元格
  C．不同工作表的多个单元格　　　D．不同行、列的多个单元格
15. 在 WPS 演示中，幻灯片母版的主要作用是（　　）。
  A．设置幻灯片的背景、字体和布局等样式
  B．添加和删除幻灯片
  C．插入图片和动画效果
  D．更改幻灯片的切换效果
16. 在 WPS 演示中，幻灯片的切换效果（　　）。
  A．在"动画"选项卡中设置　　　　B．在"切换"选项卡中设置
  C．在"审阅"选项卡中设置　　　　D．在"插入"选项卡中设置
17. 在 WPS 演示中，以下选项不是的幻灯片布局的是（　　）。
  A．标题幻灯片　　　　　　B．标题和内容
  C．仅标题　　　　　　　　D．表格幻灯片

18. 在 WPS 演示中，用于设置幻灯片中对象的动画效果的选项卡是（　　）。
    A．切换　　　　B．动画　　　　C．设计　　　　D．审阅
19. WPS 演示提供了（　　），可以方便地统一修改整套幻灯片的外观风格。
    A．母版　　　　B．模板　　　　C．样式　　　　D．主题
20. 在 WPS 演示中，不属于幻灯片母版中可以编辑的内容是（　　）。
    A．标题样式　　　　　　　　B．文本样式
    C．幻灯片背景　　　　　　　D．动画效果
21. 在 WPS 演示中，可以方便地添加和编辑演讲者备注信息的视图是（　　）。
    A．备注页视图　　　　　　　B．幻灯片浏览视图
    C．普通视图　　　　　　　　D．大纲视图

二、实训练习

1. 假设你正在为一家公司设计一份内部培训手册，内容包含公司介绍、培训目的、培训大纲、注意事项等。请使用 WPS 文字，设计并排版这份手册。

要求：

（1）字体、段落、行距、间距等排版设置规范、整齐、美观。

（2）公司介绍、培训目的、培训大纲等内容完整，符合实际需求。

（3）文档整体设计专业，在合适的地方插入相关的图片或图表（例如培训日程安排、流程图、数据图表等），使文档更加生动。图文结合时，图片与文字之间的间距要合理，避免图片与文字拥挤。

（4）在每一页底部插入统一的页脚，包含公司名称、文档编号或"内部使用"等字样。

2. 为增强企业竞争力，提高工作效率、降低成本，越来越多的企业开始进行数字化、信息化办公，为了保障相关工作人员能熟练掌握各类数字化办公软件的使用，开展相关培训是常用手段，现有某公司 WPS 2019 办公软件培训情况（某公司 WPS 2019 培训成绩统计表.xlsx），请同学们利用所学 WPS 表格使用方法，对表中数据进行统计分析，方便企业总结本次培训的效果。具体要求如下：

（1）计算每位员工的总成绩和平均成绩。

（2）按总成绩由高到低的顺序进行排名。

（3）将各模块成绩中小于 85 的分数用红色显示，所在单元格以浅红色填充。

（4）按"隶属部门"字段查看平均成绩。

（5）制作平均成绩对比柱状图。

3. 请根据提供的"Powerpoint 素材及设计要求.docx"文档设计制作演示文稿，并以文件名"学习型社会的学习理念.pptx"存盘，具体要求如下：

（1）演示文稿中需包含 6 张幻灯片，每张幻灯片的内容与"Powerpoint 素材及设计要求.docx"文档中的序号内容相对应，并为演示文稿选择一种内置主题。

（2）设置第 1 张幻灯片为标题幻灯片，标题为"学习型社会的学习理念"，副标题包含制作人员名字"×××"和制作日期（格式：××××年××月××日）内容。

（3）设置第 3、4、5 张幻灯片为不同版式，并根据文件"Powerpoint 素材及设计要求.docx"内容将其所有文字布局到各对应幻灯片中，第 4 张幻灯片需包含所指定的图片。

（4）根据"Powerpoint 素材及设计要求.docx"文件中的动画类别提示设计演示文稿中的动画效果，并保证各幻灯片中的动画效果先后顺序合理。

（5）在幻灯片中突出显示"Powerpoint 素材及设计要求.docx"文件的重点内容（素材中加粗部分），包括字体、字号、颜色等。

（6）第 2 张幻灯片作为目录页，采用垂直框列表 SmartArt 图形表示"Powerpoint 素材及设计要求.docx"文件中要介绍的 3 项内容。

（7）设置第 6 张幻灯片为空白版式，并修改该页幻灯片背景为纯色填充。

（8）在第 6 张幻灯片中插入包含文字为"结束"的艺术字，设置某种切换效果。

模块三　信息素养与信息检索

模块导学

本模块旨在培养学生良好的信息素养,承担社会责任,引导学生了解信息伦理和职业道德;培养学生利用检索工具进行信息检索,帮助学生构建起对信息检索的全面认识。首先,介绍信息素养与社会责任,信息伦理与职业道德,信息检索的基本概念,包括其定义、目的以及在整个信息管理领域中的位置。随后,深入探讨信息检索的不同分类方法和专用平台的信息检索,例如如何在特定的数据库或图书馆资源中进行有效检索,这对于学术研究和专业工作尤其重要。通过对这些实际操作技巧的学习,无论是学术研究、职业发展还是日常生活中的信息需求,学生将能够更加自信地获取所需信息。

本模块的内容设计,旨在从理论到实践,逐步引导学生建立起扎实的信息检索知识框架,并通过实际案例与操作练习,提升学生的信息素养与检索能力,使其在未来学习和工作中能够更加高效地管理和利用信息。

思维导图

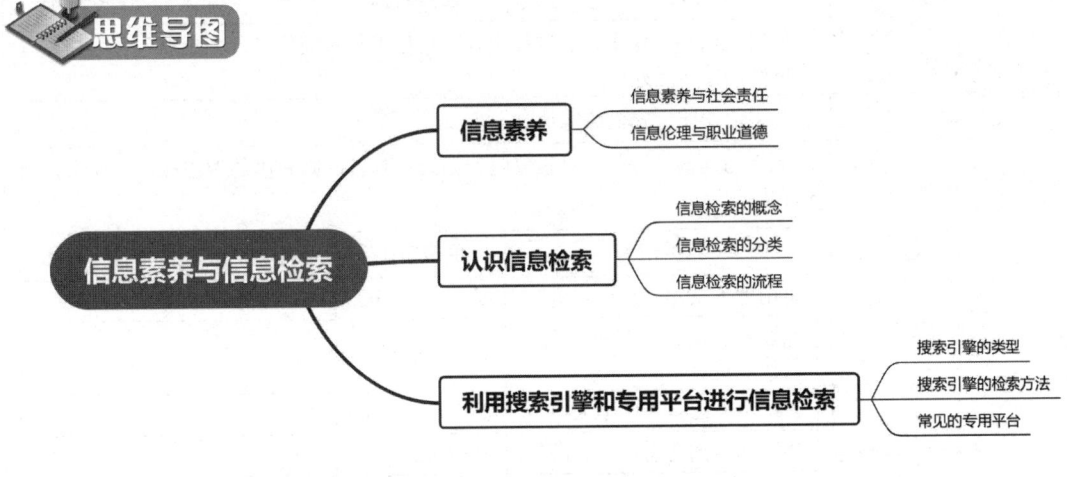

项目一　信息素养

项目描述

某地区发生了一起重大事件,由于事件的敏感性和复杂性,网络上迅速出现了大量关于此事件的报道和评论。其中不乏一些假新闻和谣言,它们往往以耸人听闻的标题和似是而非的内容吸引公众眼球。这些假新闻在社交媒体上迅速传播,许多不明真相的网友被误导,甚至引发了恐慌和不安。

随着信息化的发展,信息素养已经成为人们需要具备的一种基本素质和能力。信息技术的不断发展给人们带来了许多便利，但也出现了各种网络暴力、信息泄露等现象频发的情况。因此人们具备良好的信息素养和社会责任是非常必要的。

学习目标

1. 了解信息素养概念和要素。
2. 了解信息社会责任的内涵。
3. 了解信息伦理的定义、结构内容。
4. 了解社会主义职业道德的定义、基本规范。
5. 了解计算机从业人员职业道德的最基本要求和核心原则。

任务一　信息素养与社会责任

任务实施

随着信息技术的快速发展，信息素养已成为现代公民必备的基本素质。本任务结合网络信息技术的优势，提升学生的信息素养，包括信息获取、评估、处理、应用及信息伦理等方面的能力。

任务单 3-1-1

任务编号	3-1-1		任务名称		信息素养与社会责任
任务简介	在日常生活和工作中，经常使用各种信息工具收集信息，判断以下行为是否具备良好的信息素养				
设备环境	装有浏览器的台式机或笔记本电脑				
任务要求	以下行为具备良好的信息素养吗？如果不具备，则正确的做法应该是什么？填在表格的后面				
	相关行为		是否正确	若不对，正确的做法是什么	
	引用他人文章不标注出处		是□ 否□		
	通过不合法渠道获取数据、图像等信息		是□ 否□		
	在网络上恶意攻击他人		是□ 否□		
	盗用别人的身份证进行网贷		是□ 否□		
	在网络上散播不实信息		是□ 否□		
任务执行评价	序号	考核指标	所占分值	备注	得分
	1	任务完成情况	30	在规定时间内完成并按时上交任务单	
	2	成果质量	70	从完整性、准确性、创新性、实用性、规范性等方面进行评价	
	总分				

知识清单

一、信息素养

信息素养与社会责任

1. 信息素养的发展

信息素养概念的酝酿始于美国图书检索技能的演变。

【搜一搜】1974年，美国信息产业协会主席保罗·泽考斯基（Paul Zurkowski）率先提出了信息素养这一全新概念，并解释为：_____
_____

【填一填】1987年信息学家帕特里夏·布雷维克（Patrieia Breivik）将信息素养概括为一种_____

1989年美国图书馆协会（American Library Association，ALA）下设的信息素养总统委员会在其年度报告中对信息素养的含义进行了重新概括："要成为一个有信息素养的人，就必须能够确定何时需要信息并且能够有效地查询、评价和使用所需要的信息"。

1992年，多莱（Doyle）在《信息素养全美论坛的终结报告》中将信息素养定义为："一个具有信息素养的人，_____
_____
_____

2. 信息素养的定义

信息素养（Information Literacy）更确切的名称应该是信息文化。

（1）信息素养是一种基本能力。信息素养是一种对信息社会的适应能力。

（2）信息素养是一种综合能力。信息素养涉及各方面的知识，是一个特殊的、涵盖面很宽的能力，它包含人文的、技术的、经济的、法律的诸多因素，和许多学科有着紧密的联系。信息素养的重点是内容、传播、分析，包括信息检索以及评价。它是一种了解、搜集、评估和利用信息的知识结构，既需要通过熟练的信息技术，也需要通过完善的调查方法、通过鉴别和推理来完成。信息素养是一种信息能力，信息技术是它的一种工具。

3. 信息素养的内容

【填一填】信息素养包括关于信息和信息技术的_____，运用信息技术进行学习、合作、交流和解决问题的能力，以及信息的意识和社会伦理道德问题。

【想一想】具体而言，信息素养应包含哪些内容？请填写在下面的横线上。
_____
_____
_____
_____
_____

4. 信息素养的要素

信息素养的四个要素共同构成一个不可分割的统一整体，其中信息意识是先导，信息知识是基础,信息能力是核心,信息道德是保证。

5. 信息素养的特征

在信息社会中,物质世界正在隐退到信息世界的背后,各类信息组成人类的基本生存环境,影响着人们的日常生活方式,因而构成了人们日常生活经验的重要组成部分。虽然信息素养在不同层次的人们身上体现的侧重面不一样,但概括起来,它主要具有四大特征:①捕捉信息的敏锐性;②筛选信息的果断性;③评估信息的准确性;④交流信息的自如性和应用信息的独创性。

二、信息社会责任

(1)遵守信息相关法律,维持信息社会秩序。法律是最重要的行为规范系统,信息法凭借国家强制力,对信息行为起强制性调控作用,进而维持信息社会秩序,具体包括规范信息行为、保护信息权利、调整信息关系、稳定信息秩序。

【搜一搜】2017 年 6 月,我国开始实施的《中华人民共和国网络安全法》是如何规定使用网络的?作为当代大学生,在上网的时候应该做什么,不该做什么?请填写在下面的横线上。

_____

_____

_____

(2)尊重信息相关道德伦理,恪守信息社会行为规范。虽然法律是社会发展不可缺少的强制手段,但是能够规范的信息活动范围有限,且对于高速发展的信息社会环境而言,法律表现出明显的滞后性。在秩序形成的初始阶段,伦理原则、道德准则的澄清是立法的基础。

以个人隐私保护为例,该问题是信息伦理研究中最早出现的问题之一。在过去的很长时间内,每年都会新提出一些明确需要被保护的隐私内容,但是法律条文则无法做到如此快速地更新。如果说信息法律是信息活动中外在的强制性调控,那么信息伦理道德规范则是内在的自觉调控方式,二者目标一致,相互配合、相互补充。

(3)杜绝对国家、社会和他人的直接或间接危害。信息科技对社会的渗透无处不在,同时,互联网把全世界紧密地联系在了一起,地域的意义被削弱,全球经济一体化也因此浮出台面。因特网的普及同样引发了匿名对实名的冲击,每个网民都可以到不同的站点用匿名的方式发表自己的思想、主张——不文明用语屡见不鲜,各种无视事实的"网络喷子"层出不穷,导致网络空间"乌烟瘴气"。此外,信息可能在短短几分钟内传播至数千乃至上万人。如果信息不实,可能会导致受众认识混乱;即使信息本身是真实的,网上批评和非议也很可能形成网络暴力,造成对当事人的过度审判。

当面对未知、疑惑或者两难局面的时候,"扬善避恶"是最基本的出发点,其中的"避恶"更为重要。每个信息社会成员都要从自身做起,如同在真实世界中一样,做事前审慎思考,杜绝对国家、社会和他人的直接或间接危害。

(4)关注信息科技革命带来的环境变化与人文挑战。随着现代科学技术的发展,人们所关注的道德对象逐渐演化为人与自然、人与操作对象、人与他人、人与社会以及人与自我五个方面。急剧的社会变迁不可避免地会带来一些观念上的碰撞与文化上的冲突。例如，知识产权是指创造性智力成果的完成人或商业标志的所有人依法所享有的权利的统称。知识产权的有效保护对科学技术的发展起到了极大的促进作用，但同时也在一定程度上阻碍了新技术的推广，"开源"的理念随之产生。时至今日，信息科技类开源产品的种类、数量繁多，使用也非常广泛。软件开源运动也证明，开放源代码之后，由来自不同背景的参与者协作完成的程序，质量并不低于大型信息科技公司的产品。获得开放软件源码是免费的，但对所获取源码的使用却需要遵循该开源软件的许可协议。

任务实训

从网上搜集关于济南泉水的文字和图片资料（分别保存为文本文件和压缩文件），然后注册一个百度网盘账号，将收集的资料上传到自己的百度网盘空间并分享给朋友，再将他人分享给自己的文件保存在百度网盘中，并下载到本地计算机。

知识拓展

网盘云盘及两者区别

任务二　信息伦理与职业道德

任务实施

随着信息技术的飞速发展，人们已经进入了一个高度数字化的时代。学生们作为未来社会的主力军，在学习、工作和生活中将不可避免地频繁接触和使用各种信息技术。因此，了解并遵循信息伦理原则，掌握职业道德规范，对于他们在数字化环境中做出正确决策、保护个人隐私、尊重知识产权、维护网络安全等至关重要。

任务单 3-1-2

任务编号	3-1-2	任务名称	信息伦理与职业道德
任务简介	分析下面两个案例： 1．2018 年，一家大型社交媒体公司因未经用户同意将用户的个人信息提供给第三方公司而引发广泛争议。该公司在一次丑闻中被曝光，数据分析公司滥用了其用户的个人信息，用于制定政治广告等目的 2．某 IT 公司员工小李，在负责公司客户数据管理时，发现了一处系统漏洞，该漏洞可能被黑客利用窃取客户数据。小李面临两个选择：一是利用这个漏洞为自己谋取私利（如窃取客户信息出售），二是及时上报公司并协助修复漏洞		
设备环境	装有浏览器的台式机或笔记本电脑		

任务要求	回答下列问题 1. 隐私原则要求个人和组织在收集、存储、使用和传播个人隐私信息时要尊重他人的权利和隐私。案例1中，社交媒体公司未能遵守隐私原则，导致用户信息被滥用。在使用信息技术时，应该注意哪些问题 2. 案例2中小李面临的选择是不是职业道德的体现？如果他选择利用漏洞谋取私利，将违反什么？而如果他选择及时上报并协助修复漏洞，则体现什么精神

任务执行评价	序号	考核指标	所占分值	备注	得分
	1	任务完成情况	30	在规定时间内完成并按时上交任务单	
	2	成果质量	70	从完整性、准确性、创新性、实用性、规范性等方面进行评价	
		总分			

知识清单

一、信息伦理

1. 信息伦理的定义

信息伦理，是指涉及信息开发、信息传播、信息的管理和利用等方面的伦理要求、伦理准则、伦理规约以及在此基础上形成的新型的伦理关系。信息伦理又称信息道德，它是调整人们之间以及个人和社会之间信息关系的行为规范的总和。

2. 信息伦理的主要原则

（1）尊重个人隐私。强调尊重他人的个人信息和隐私，不非法获取、泄露或利用他人的个人信息。

（2）维护网络秩序。遵守网络道德和法律法规，不传播虚假信息、色情暴力等内容，维护网络秩序和公共利益。

（3）保障信息安全。采取必要的技术和管理措施，确保个人信息的安全，防止信息泄露、滥用或被非法获取。

（4）公正处理信息。在处理个人信息时，遵循公正、公平、公开的原则，不偏袒、不歧视任何一方。

3. 信息伦理的具体领域

（1）新闻传播伦理。涉及新闻报道的真实性、客观性、公正性等伦理要求，要求新闻传播者在信息报道和评论过程中注重事实真相，尊重个体隐私，避免虚假报道等问题。

（2）网络传播伦理。主要涉及网络信息的真实性、公正性、法律合规等问题，要求网络传播者在信息发布和传播过程中遵守法律法规，保护信息安全，提供真实有效的信息。

（3）广告传播伦理。主要涉及广告宣传的真实性、公正性、诚实宣传等问题，要求广告宣传者在广告发布和传播过程中尊重消费者知情权，避免虚假误导宣传等问题。

（4）信息利用伦理。包括知识产权伦理、隐私保护伦理、信息安全伦理等多个方面的内容。要求信息利用者尊重他人的知识产权，不侵犯他人的知识产权，保护自己的知识产权。同时，要求信息利用者保护信息安全，提高信息安全意识，防范信息安全风险。

二、职业道德

1. 职业道德定义

职业道德是指在从事某种职业活动时应遵循的具有职业特征的道德准则和规范。

2. 信息技术领域的职业道德原则

【搜一搜】信息技术领域的职业道德原则有哪些？请填写在下面的横线上。

_____

_____

3. 计算机从业人员职业道德的最基本要求、核心原则

【想一想】假如你是计算机从业人员，你认为职业道德的最基本要求有哪些？职业道德的核心原则是什么？请填写在下面的横线上。

_____

_____

_____

任务实训

某信息技术公司负责一个大型电子政务系统的开发工作。该项目涉及大量敏感信息的处理，包括个人隐私、国家安全等方面的数据。在项目开发过程中，工程师小李发现了一个严重的安全漏洞，该漏洞可能导致系统被黑客攻击，进而泄露敏感信息。请从信息伦理角度进行问题分析，应该遵守的信息伦理原则和规范是什么，作为工程师，小李应该怎么做？

项目二 信息检索

项目描述

学生们现在能够通过电子教材、在线学习平台随时随地进行学习，这些数字化资源极大地扩展了学习的边界。但在这背后，如何从海量的信息中找到所需要的那一部分？信息检索系统又是如何工作的？

本项目将带领大家认识信息检索，了解信息检索的分类，掌握信息检索的基本流程。通过一起学习信息检索的基础知识，掌握如何高效地从大量数据中检索出所需信息的方法，提高

在信息化社会中的生活和学习能力。

学习目标

1. 理解信息检索的基本概念。
2. 掌握信息检索的分类和检索工具。
3. 掌握信息检索的基本流程和方法。
4. 培养独立获取和处理信息的能力。

任务一　信息检索的概念

任务实施

本任务旨在帮助学生理解信息检索的定义、重要性以及如何在不同情境中应用。结合理论与实践，本任务将提升学生对信息检索过程的认识，并鼓励他们通过实际操作来加深对功能的理解和运用。

任务单 3-2-1

任务编号	3-2-1	任务名称		信息检索的概念	
任务简介	明确信息检索的概念				
设备环境	装有浏览器的台式机或笔记本电脑				
任务要求	理论学习：区分并解释广义信息检索与狭义信息检索的不同点 实践学习：选择一个主题，如一篇科研论文，进行信息检索，对比广义信息检索的概念与狭义信息检索的概念				
任务执行评价	序号	考核指标	所占分值	备注	得分
	1	任务完成情况	30	在规定时间内完成并按时上交任务单	
	2	成果质量	70	从完整性、准确性、创新性、实用性、规范性等方面进行评价	
	总分				

知识清单

信息检索的定义及原理

一、信息检索的定义

"信息检索"一词出现于 20 世纪 50 年代，它是指将信息按照一定的方式组织和存储起来，并根据用户的需要找出相关信息的过程。

（1）广义的信息检索。广义的信息检索包括信息存储和信息获取两个过程。信息存储是指通过对大量无序信息进行选择、收集、著录、标引后，组建成各种信息检索工具或系统，使无序信息转换为有序信息集合的过程。信息获取则是根据用户特定的需求，运用已组织好的信息检索系统将特定的信息查找出来的过程。

（2）狭义的信息检索。在互联网中，用户经常会通过搜索引擎搜索各种信息，像这种从一定的信息集合中找出所需要的信息的过程，就是狭义的信息检索，也就是人们常说的信息查询（Information Search 或 Information Seek）。

【想一想】在互联网搜索引擎中，广义和狭义的信息检索是如何结合的？请填写在下面的横线上。

_____

_____

二、信息检索的原理

信息检索的基本原理是将检索者的检索提问标识与存储在检索工具中的信息特征标识进行相符性比较。如果信息特征标识与检索提问标识相一致，或者信息特征标识包含着检索提问的标识，则从检索工具中输出该信息，作为初步命中检索所需的信息。

任务实训

杨明要在下周参加以"信息检索的发展历程"为主题的演讲，同学们可以借助人工智能大模型搜索工具帮助杨明同学查找关于该演讲主题的相关资料，任务要求如下：

1. 使用人工智能大模型搜索工具。
2. 输入与主题相关的问题描述及要求，进行信息检索。

知识拓展

信息检索的发展历程

任务二　信息检索的分类

任务实施

本任务的主要目标是让学生了解信息检索系统可以按照不同的标准进行分类，并且每种类型的系统都有其独有的特征和适用场景。本任务通过理论学习与实际操作相结合的方式，提升学生对信息检索分类的掌握。

任务单 3-2-2

任务编号	3-2-2	任务名称	信息检索的分类
任务简介	找出信息检索常见的划分方式及每一种信息检索方式的特点		
设备环境	装有浏览器的台式机或笔记本电脑		
任务要求	将下表填写完整		

任务要求	比较项	信息检索方式 1	信息检索方式 2
	划分依据		
	特点		
	优点		
	缺点		

任务执行评价	序号	考核指标	所占分值	备注	得分
	1	任务完成情况	30	在规定时间内完成并按时上交任务单	
	2	成果质量	70	从完整性、准确性、创新性、实用性、规范性等方面进行评价	
			总分		

知识清单

一、信息检索的划分方式

信息检索的划分方式及 AI 大模型背景下的信息检索分类

信息检索的划分方式有很多，通常会按照检索对象、检索手段、检索途径 3 种方式进行划分。

1. 按检索对象划分

根据检索对象的不同，信息检索可以分为以下 3 种类型。

（1）文献检索（Document Retrieval）。文献检索以特定的文献为检索对象，包括全文、文摘、题录等。文献检索是一种相关性检索，它不会直接给出用户所提出问题的答案，只会提供相关的文献以供参考。

（2）数据检索（Data Retrieval）。数据检索以特定的数据为检索对象，包括统计数字、工程数据、图表、计算公式等，数据检索是一种确定性检索，它能够返回确切的数据，直接回答用户提出的问题。

（3）事实检索（Fact Retrieval）。事实检索以特定的事实为检索对象，如有关某一事件的发生时间与地点、人物和过程等。事实检索也是一种确定性检索，一般能够直接提供给用户所需且确定的事实。

2. 按检索手段划分

根据检索手段的不同，信息检索可以分为以下 3 种类型。

（1）手动检索。手动检索是一种传统的检索方法，它是利用工具书，包括图书、期刊、目录卡片等，进行信息检索的一种工具。手动检索不需要特殊的设备，用户根据要检索的对象，利用相关的检索工具就可以进行检索。手动检索的缺点是既费时又费力，尤其是在进行专题检索时，用户要翻阅大量工具书和使用大量的检索工具进行反复查询。此外，手动检索还容易造成误检和漏检。

（2）机械检索。机械检索是指利用计算机检索数据库的过程，其优点是速度快，缺点是回溯性不好，且有时间限制。

（3）计算机检索。计算机检索是指在计算机或者计算机检索网络终端上，使用特定的检索策略、检索指令、检索词，从计算机检索系统的数据库中检索突出所需信息后，再由终端设备显示、下载和打印相应信息的过程。计算机检索具有检索方便快捷、获得信息类型多、检索范围广泛等特点。

3. 按检索途径划分

根据检索途径的不同，信息检索可以分为以下两种类型。

（1）直接检索。直接检索是指用户通过直接阅读，浏览一次或多次文献，从而获得所需资料过程。

（2）间接检索。间接检索是指用户利用二次文献或借助检索工具查找所需资料的过程。

【想一想】手动检索在当今科研中是否还有应用价值？如果有，请举例说明其适用场景，并填写在下面的横线上。

_____

_____

二、AI 大模型背景下的信息检索分类

在 AI 大模型背景下的信息检索可以分为以下几个主要分类：

（1）基于关键词的信息检索。基于关键词的信息检索是最基本的信息检索方式，用户通过输入关键词来查找相关信息。这种方法依赖于搜索引擎的爬虫和索引技术，通过爬取网页内容并建立索引数据库，用户查询时在索引中进行匹配和排序。

（2）基于自然语言处理（Natural Language Processing，NLP）的信息检索。NLP 技术使得信息检索更加智能化。通过分词、词性标注、语义分析、实体识别和依存关系解析等技术，搜索引擎能够更好地理解用户查询的意图，提供更相关的搜索结果。

（3）基于深度学习模型的信息检索。随着 AI 大模型的发展，深度学习模型被广泛应用于信息检索中。这些模型能够处理复杂的自然语言任务，如文本分类、问答、对话等，提供更加智能化的服务。

（4）基于知识图谱的信息检索。知识图谱是一种结构化的知识表示方法，通过实体、关系和属性等构建知识网络。基于知识图谱的信息检索能够提供更加丰富和准确的信息，适用于复杂查询和语义理解。

（5）基于个性化推荐的信息检索。搜索引擎会综合用户的地理位置、搜索历史等因素，提供个性化的搜索结果。这种个性化搜索能够根据用户的偏好和行为，提供更加相关的信息。

【搜一搜】什么是多模态信息处理？请填写在下面的横线上。

_____

_____

任务实训

假设你是一家市场研究公司的数据分析师,负责为一家国际化妆品品牌方提供关于其最新护肤产品在社交媒体和电商平台上的用户反馈及评论分析。你需要从多个来源(如微博、抖音、淘宝等)检索相关信息,并对其进行分类和数据分析,以生成一份详细的报告,帮助品牌方了解消费者对其新产品的看法和意见。

任务要求:

1. 使用 AI 大模型工具,构建一个多源信息检索系统,能够从指定的社交媒体和电商平台上自动获取相关数据。

2. 生成一份详细的报告,包括数据可视化图表,展示消费者反馈的主要趋势和关键点,以及具体的建议和改进措施。

知识拓展

布尔逻辑,ChatGPT、OpenAI 和 AIGC 在定义、技术架构以及应用场景等方面区别与联系

任务三 信息检索的流程

任务实施

从问题的精确分析开始,到选择合适的检索工具,再到确定关键词和构建有效的检索提问式,每一步都对学生的信息检索能力提出了挑战。本任务将学习如何根据初步的检索结果调整检索策略,以及如何有效地输出和管理检索结果。

任务单 3-2-3

任务编号	3-2-3	任务名称	信息检索的流程
任务简介	列出信息检索基本流程的关键步骤		
设备环境	装有浏览器的台式机或笔记本电脑		
任务要求	以小组为单位进行讨论总结信息检索的基本流程,并找出决定信息检索结果的关键步骤		

任务执行评价	序号	考核指标	所占分值	备注	得分
	1	任务完成情况	30	在规定时间内完成并按时上交任务单	
	2	成果质量	70	从完整性、准确性、创新性、实用性、规范性等方面进行评价	
	总分				

知识清单

信息检索的基本流程

信息检索的基本流程

信息检索的基本流程涉及分析问题、选择检索工具、确定检索词、构建检索提问式、调整检索策略、输出检索结果等几个重要环节。

（1）分析问题。分析问题是指分析要检索的内容的特点和类型以及所涉及的学科范围、主题要求等。

（2）选择检索工具。正确选择检索工具是保证检索成功的基础。根据检索要求得到信息类型、时间范围、检索经费等因素，经过综合考虑后，选择合适的检索工具。

（3）确定检索词。检索词是计算机检索系统中进行信息匹配的基本单元，检索词会直接影响最终的检索结果。常用的确定检索词的方法有选用专业术语、选用同义词与相关词等。

（4）构建检索提问式。检索提问式是在计算机信息检索中用来表达用户检索提问的逻辑表达式，由检索词和各种布尔逻辑符、截词符、位置算符组成。检索提问式将直接影响信息检索的查全率和查准率。

（5）调整检索策略。检索时，用户要及时分析检索结果。若发现检索结果与检索要求不一致，则要根据检索结果对检索提问式做出相应的修改和调整，直至得到满意的检索结果为止。

（6）输出检索结果。根据检索系统提供的检索结果输出格式，用户可以选择需要的记录及相应的字段，将检索结果存储到磁盘中或直接打印输出。至此，整个检索过程完成。

【想一想】如何评判检索结果的好与坏？请填写在下面的横线上。

_____

_____

_____

任务实训

按照以下要求，在社交媒体平台搜索"2024年巴黎奥运会"相关信息，具体要求如下：

（1）提交一份包含信息检索所有步骤的电子文档（DOCX 或 PDF 格式）或 PPT 文件。

（2）在班级展示中，准备 3~5 分钟的口头汇报，确保内容清晰、逻辑连贯。

知识拓展

截词检索，自然语言处理在信息检索中的应用

项目三　利用搜索引擎和专用平台进行信息检索

项目描述

探索利用搜索引擎进行信息检索的多种方法和策略，了解各类型搜索引擎的应用方法，如关键词的选择和搜索语句的构建，以提高搜索效率和结果的相关性。学习如何精确地定义搜索范围，运用逻辑运算符（如 AND、OR、NOT）优化搜索结果，以及如何使用过滤器和参数来细化搜索结果。

在教育、医疗、商业等多个领域，专用平台都包含了大量关键数据。只有具备在各种专用平台上进行高效信息检索的能力，才能够适应数字化时代对信息处理的需求，并在各自的学术和职业领域中发挥重要作用。

学习目标

1. 识别不同类型的搜索引擎。
2. 掌握不同搜索引擎的优势与局限。
3. 掌握基本的搜索技巧。
4. 掌握关键词的选择与提炼技巧。
5. 掌握 AI 大模型与传统搜索引擎的结合方式。
6. 掌握从专用平台进行信息检索的方法。

任务一　搜索引擎的类型

任务实施

通过分析每种搜索引擎的优势与局限来深入理解其特性。通过实际操作不同搜索引擎，从而更有效地解决信息检索问题。利用 AI 大模型进行智能问答、文本生成、情感分析等任务，以提高信息检索的效率和准确性。

任务单 3-3-1

任务编号	3-3-1	任务名称	搜索引擎的类型
任务简介	举例列出常见搜索引擎的类型		
设备环境	装有浏览器的台式机或笔记本电脑		
任务要求	以小组为单位进行讨论并列举全文搜索引擎、目录索引、元搜索引擎的代表性浏览器		
	类型	浏览器 1	浏览器 2
	全文搜索引擎		
	目录索引		
	元搜索引擎		

任务执行评价	序号	考核指标	所占分值	备注	得分
	1	任务完成情况	30	在规定时间内完成并按时上交任务单	
	2	成果质量	70	从完整性、准确性、创新性、实用性、规范性等方面进行评价	
	总分				

知识清单

搜索引擎是一种根据一定的策略、运用特定的计算机程序从互联网中采集信息，并对信息进行组织和处理，为用户提供检索服务的系统。使用搜索引擎是目前进行信息检索的常用方式。随着搜索引擎技术的不断发展，其种类也越来越多，主要包括全文搜索引擎、目录索引、元搜索引擎等。

搜索引擎的分类

1. 全文搜索引擎

全文搜索引擎（Full Text Search Engine）是目前广泛应用的搜索引擎，国外比较有代表性的全文搜索引擎是谷歌，国内则是百度和 360 搜索。这些全文搜索引擎从互联网中提取各个网站的信息（以网页文字为主），并建立起数据库，用户在使用它们进行检索时，全文搜索引擎在数据库中检索出与用户查询条件相匹配的记录，并按一定的排列顺序将结果返回给用户。

根据搜索结果来源的不同，全文搜索引擎又可以分为两类：一类是拥有自己的蜘蛛程序的搜索引擎，它能够建立自己的网页、数据库，也能够直接从其数据库中调用搜索结果，如 Bing、百度和 360 搜索；另一类则是租用其他搜索引擎的数据库，并按照自己的规则和格式来排列和显示搜索结果的搜索引擎，如 Lycos 等。

2. 目录索引

目录索引（Search Index/Directory）也称为分类检索，是互联网中最早提供的网站资源查询服务之一。目录索引主要通过搜集和整理互联网中的资源，根据搜索到的网页内容，将其网址分配到相关分类主题目录不同层次的类目之下，形成像图书馆目录一样的分类树形结构。

用户在目录索引中查找网站时，可以使用关键词进行查询，也可以按照相关目录逐级查询。但需要注意的是，使用目录索引进行检索时，只能按照网站的名称、网址、简介等内容进行查询，所以目录索引的查询接口是网站的统一资源定位符（Uniform Resource Locator，URL），而不是具体的网站页面。国内的搜狐目录、hao123，以及国外的 DMOZ 等都是目录索引。

3. 元搜索引擎

元搜索引擎（Meta Search Engine）在接收用户的查询请求后会同时在多个搜索引擎上进行搜索，并将结果返回给用户。著名的元搜索引擎有 InfoSpace、Dogpile、Vivisimo 等。在搜索结果排列方面，有的元搜索引擎直接按来源排列搜索结果，如 Dogpile；有的元搜索引擎则按自定的规则对结果重新进行排列组合，如 Vivisimo。

【想一想】假设你发现某个搜索引擎的搜索结果不够全面或相关性不高,你会如何调整检索策略?请填写在下面的横线上。

_____

_____

_____

任务实训

请帮助同学搜索或识别一张图片,找到与上传图片相关的信息、相似的图片或者更多该图片的其他内容。

知识拓展

图片搜索和大语言模型介绍

任务二　搜索引擎的检索方法

任务实施

熟练运用搜索引擎的高级功能和指令,有效提升信息检索的准确性和效率。本任务旨在让学生掌握使用搜索引擎的高级查询功能,以实现更精准的信息检索。

任务单 3-3-2

任务编号	3-3-2-1	任务名称	搜索引擎的检索方法
任务简介	请选择一个自己感兴趣的主题或问题,然后编写一个清晰、具体的指令,用于在大模型搜索中检索相关信息,指令应包含以下要素 明确的目标:说明想要检索的具体信息或答案是什么 详细的背景:提供与大模型完成任务相关的必要背景信息,如领域知识、上下文等 具体的示例:如果可能,提供一个或多个具体的示例,以明确期望的输出格式或内容 明确的限制:设定任何必要的限制条件,如时间范围、数据类型、输出格式等			
设备环境	装有浏览器的台式机或笔记本电脑			
任务要求	指令应简洁明了,避免使用模糊或容易引起歧义的词汇 指令应包含足够的信息,以指导大模型完成任务 指令应体现出你对所检索信息的具体需求和期望			

序号	考核指标	所占分值	备注	得分
1	任务完成情况	30	在规定时间内完成并按时上交任务单	
2	成果质量	70	指令是否明确、具体，能够指导大模型完成任务	
			指令是否包含了必要的背景信息和限制条件	
			指令是否易于理解，没有模糊或容易引起歧义的词汇	
总分				

任务执行评价

知识清单

提高搜索结果精确度的技巧

一、提高搜索结果精确度的技巧

用户通过搜索引擎进行信息检索时，除了可以直接输入关键字检索外，还可以使用一些技巧让搜索结果更加精准。

1. 高级查询功能

许多搜索引擎都提供了高级查询功能。以百度搜索引擎为例，在百度搜索引擎的首页中，将鼠标指针移至右上角的"设置"超链接上，将自动打开下拉列表；选择"高级搜索"选项，在打开的对话框中根据需要设置搜索参数，即可实现高级查询功能。

2. 使用搜索引擎指令

使用搜索引擎指令可以实现较多功能，如查询某个网站被搜索引擎收录的页面数量、查找URL中包含指定文本的页面数量、查找网页标题中包含指定关键词的页面数量等。

（1）site 指令。使用 site 指令可以查询某个域名（计算机在网络上的定位标识）被该搜索引擎收录的页面数量。

其格式为："site"+半角冒号":"+网站域名。

（2）inurl 指令。使用 inurl 指令可以查询 URL 中包含指定文本的页面数量。

其格式为："inurl"+半角冒号":"+指定文本，或"inurl"+半角冒号":"+指定文本+空格+关键词。

（3）intitle 指令。使用 intitle 指令可以查询页面标题中包含指定关键词的页面数量。

其格式为："intitle"+半角冒号":"+关键词。

【填一填】请扫描本节知识清单右侧二维码观看视频，回答使用什么符号可以排除含有该词的结果。请填写在下面的横线上。

模块三　信息素养与信息检索

二、在大模型中，如何编写清晰、具体的指令

1. 明确指令结构

一条好的指令通常包括四个部分：参考信息、动作、目标和要求。

（1）参考信息：包含大模型完成任务时需要知道的必要背景和材料，如报告、知识、数据库、对话上下文等。

（2）动作：明确需要大模型帮助解决的事情，如撰写、生成、总结、回答等。

（3）目标：指出需要大模型生成的目标内容，如答案、方案、文本、图片、视频、图表等。

（4）要求：列出需要大模型遵循的任务细节要求，如按特定格式输出、按特定语言风格撰写等。

2. 使用准确的语言

使用准确的语言描述指令需做到以下两点。

（1）正确使用语法、用词以及标点：确保指令中的语言准确无误，避免使用模糊或容易引起歧义的词汇和表达。

（2）简洁易懂：尽量使用简洁明了的语言，避免冗长和复杂的句子结构。同时，要注意指令的完整性，确保提供了足够的信息来指导大模型完成任务。

3. 提供具体示例

在可能的情况下，提供具体的示例内容和格式，明确大模型生成的内容在可控范围内。这有助于提升大模型生成内容的质量，并在很多通用场景下提高检索效率。

4. 设定身份视角

在一些对话场景、创作场景下，不同的身份视角往往会基于指令内容给出不同角度的生成内容。因此，在编写指令时，可以设定特定的身份视角，如"请你以专业律师的身份为视角，回答以下问题"或"请你以专业的高性能计算工程师的视角，回答以下问题"。这有助于大模型更准确地理解需求，并生成符合期望的输出。

5. 限定指令范围

在一些需要明确返回内容范围的场景，如需要通过返回内容进行检索等，给出明确的指令输入模型，能够提升返回内容的准确度，来满足场景诉求。同时，这样限定生成内容范围的指令在某种程度上也减少了泛化内容的生成，节约了网络传输与资源成本。例如，"给我推荐五个开源图形生成的开源大模型，只要名称，不要介绍"。

任务实训

假设你正在为一项关于"可持续能源发展"的研究项目收集资料，需要从大模型中检索以下信息：

1. 可持续能源（如太阳能、风能等）的最新技术进展。
2. 这些技术在全球范围内的应用案例及效果评估。
3. 未来几年内可持续能源技术的发展趋势和预测。

请基于上述需求，编写一个清晰、具体且高效的大模型搜索指令，具体要求如下：

（1）指令应简洁明了，避免冗长和复杂的句子结构。

(2) 指令应充分反映需求，同时易于大模型理解和执行。

(3) 指令应具有一定的灵活性，以适应不同大模型的特性和限制。

知识拓展

传统搜索引擎的高级查询功能

任务三　常见的专用平台

任务实施

任务单 3-3-3

任务编号	3-3-3	任务名称	常见的专用平台	
任务简介	使用专用平台进行信息检索			
设备环境	装有浏览器的台式机或笔记本电脑			
任务要求	假设你正在准备一篇关于"人工智能在教育领域的应用"的研究论文，需要查找相关的学术文献来支持论点。要求从检索结果中筛选出至少三篇与研究主题紧密相关、质量较高的学术文献，并记录下它们的标题、作者、出版年份和来源期刊			
任务执行评价	序号	考核指标	所占分值	备注	得分
	1	任务完成情况	30	在规定时间内完成并按时上交任务单	
	2	成果质量	70	从完整性、准确性、创新性、实用性、规范性等方面进行评价	
	总分				

知识清单

常见的专用平台

一、学术信息检索

互联网中有很多用于检索学术信息的网站，在其中可以检索各种学术论文。在国内，这类网站主要有百度学术、万方数据知识服务平台（以下简称"万方数据"）等，在国外有谷歌学术、CiteSeer 等。下面在百度学术中检索有关"图像识别"的学术信息，具体操作如下。

（1）打开"百度学术"网站首页，在首页的搜索框中输入要检索的关键词"图像识别"，单击"百度一下"按钮。

（2）在打开的页面中可以看到检索结果，同时，在每条结果中还可以看到论文的标题、简介、被引量、来源等信息，如图 3-3-3-1 所示。

图 3-3-3-1　查看检索结果

（3）单击要查看的某个论文的标题，在打开的页面中可以查看论文详细信息，如图 3-3-3-2 所示。

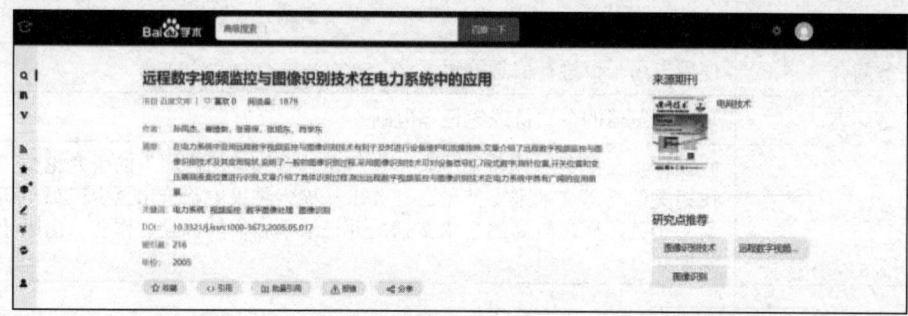

图 3-3-3-2　查看论文详细信息

（4）如果需要在自己的作品中引用该论文的内容，则可以单击页面中"引用"按钮，打开"引用"对话框查看生成的标准引用格式，根据需要复制即可，如图 3-3-3-3 所示。

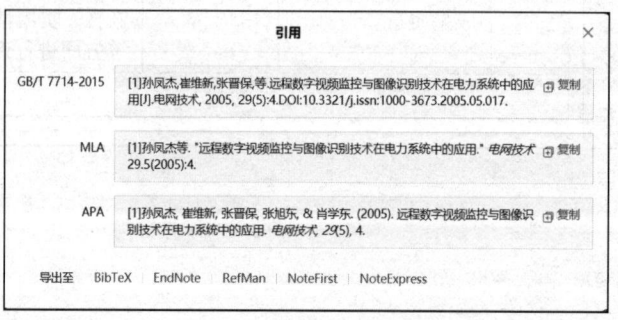

图 3-3-3-3　"引用"对话框

二、期刊信息检索

期刊是指定期出版的刊物，包括周刊、旬刊、半月刊、月刊、季刊、半年刊、年刊等。国内统一连续出版物号的英文全称为 CN Serial Numbering，它是我国新闻出版行政部门分配给连续出版物的代号；我国大部分期刊都有国际标准连续出版物号（International Standard Serial Number，ISSN）。

下面在"国家科技图书文献中心"网站中，检索有关"计算机仿真"的期刊，其具体操作如下。

（1）打开"国家科技图书文献中心"网站首页，取消勾选"会议""学位论文"两个选项，在"文献检索"搜索框中输入关键词"计算机仿真"，单击"检索"按钮，如图3-3-3-4所示。

图3-3-3-4　检索有关"计算机仿真"期刊

（2）在打开的页面中可以看到查询结果，但其中有些内容是不属于"计算机仿真"期刊的。此时，单击网页左侧"期刊"选项卡中的"计算机仿真"按钮，进行限定条件搜索，在"排序"下拉列表选择时间排序选项"↓"，稍后便可检索到最近的只包含"计算机仿真"的期刊内容，如图3-3-3-5所示。

图3-3-3-5　检索只包含"计算机仿真"的期刊

三、学位论文检索

学位论文是作者为了获得相应的学位而撰写的论文，其中硕士论文和博士论文非常有价值。因为学位论文不像图书和期刊那样会公开出版，所以学位论文信息的获取较为困难。在国内，检索学位论文的平台主要有中国高等教育文献保障系统（China Academic Library & Information System，CALIS）的学位论文数据库、万方中国学位论文全文数据库、中国知网数据库（以下简称"中国知网"）等。在国外，检索学术论文的平台主要有PQDD（ProQuest Digital Dissertation）、NDLTD（Networked DigitalLibrary of Theses and Dissertations）等。

下面在中国知网中检索有关"无人驾驶技术"的学位论文，其具体操作如图3-3-3-6所示。

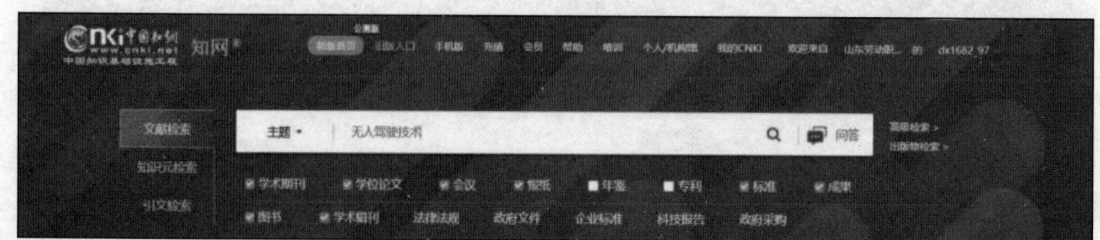

图3-3-3-6　中国知网界面

在打开的页面中可以看到查询结果，每篇学术论文均包括"题名""作者""来源""发表时间""数据库"等信息，如图3-3-3-7所示。选择"相关度"或"发表时间"选项，使查询结果根据相关度或发表时间的先后进行排列，单击论文名称便可在打开的页面中查看该论文的详细内容。

图3-3-3-7　检索结果

【想一想】在检索学位论文时，如何判断一篇论文的学术价值和研究质量？请列出你的评价标准并填写在下面的横线上。

_____

_____

_____

四、专利信息检索

专利即专有的权利和利益。为了避免侵权及对本身拥有的专利进行保护,企业需要经常对专利信息进行检索。用户可以在世界知识产权组织(World Intellectual Property Organization,WIPO)的官网、各个国家的知识产权机构的官网(如我国的国家知识产权局官网、中国专利信息网等)及各种提供专利信息的商业网站(如万方数据等)中进行专利信息检索。

下面在万方数据中搜索有关"芯片"的专利信息,其具体操作如下。

(1)进入万方数据首页,单击网页上方的"专利"按钮,在中间的搜索框中输入关键词"芯片",单击"检索"按钮,如图 3-3-3-8 所示。

图 3-3-3-8　检索"芯片"关键词

(2)在打开的页面中可以看到检索结果,包括每条专利的名称、专利人、摘要等信息,如图 3-3-3-9 所示。单击专利名称,在打开的页面中可以看到更详细的内容。如果需要查看该专利的完整内容,则可以单击"在线阅读"按钮或"下载"按钮(需要用户注册和登录)。

图 3-3-3-9　检索结果

五、商标信息检索

商标是用来区分一个经营者和其他经营者的品牌或服务的不同之处的。为了保护自己的商标,企业需要经常检索商标信息。用户可以在世界知识产权组织的官网、各个国家的商标管理机构的网站及各种提供商标信息的商业网站中进行商标信息检索。

下面在中国商标网中查询与"JbL"类似的商标,其具体操作如下。

（1）打开"中国商标网"网站首页，单击网页中间的"商标网上查询"按钮，如图 3-3-3-10 所示。

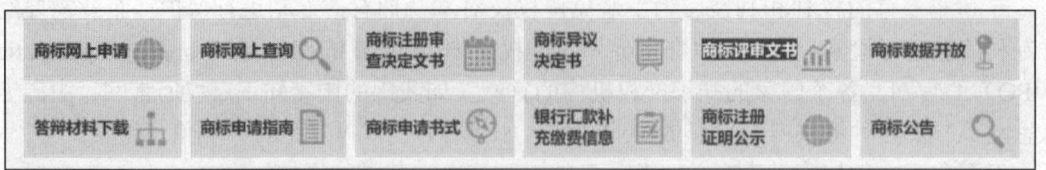

图 3-3-3-10　单击"商标网上查询"按钮

（2）注册并登录账户，单击"我接受"按钮后，打开"商标网上查询"页面，单击页面左侧的"商标近似查询"按钮，如图 3-3-3-11 所示。

图 3-3-3-11　单击"商标近似查询"按钮

（3）打开"商标近似查询"页面，在"自动查询"选项卡中设置要查询商标的"国际分类""查询方式""检索要素"等信息，单击"查询"按钮，如图 3-3-3-12 所示。

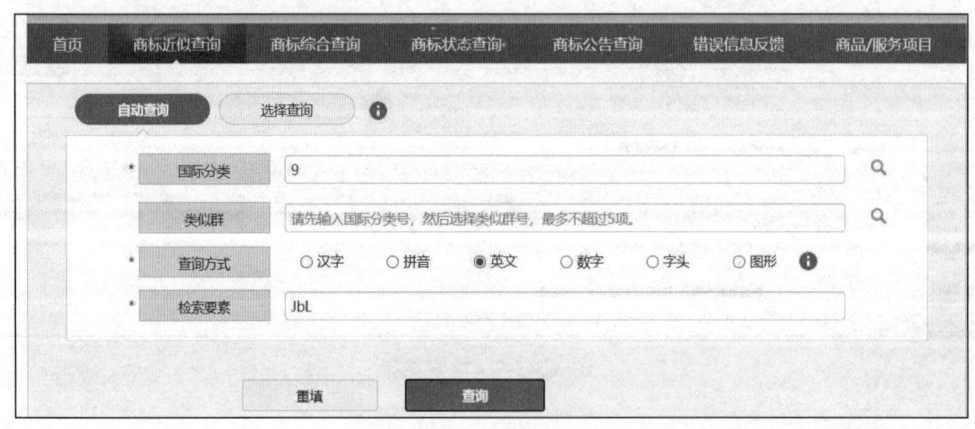

图 3-3-3-12　设置查询商标信息

（4）在打开的页面中可以看到查询结果，包括每个商标的"申请/注册号""申请日期""商标""申请人名称"等信息，如图 3-3-3-13 所示。单击"商标"按钮可在打开的页面中看到该商标的详细内容。

图 3-3-3-13　查询结果

任务实训

选择一个你感兴趣的技术领域或具体产品作为检索主题，例如"新能源汽车电池技术""人工智能图像识别算法"等。选择一个常用的专利信息检索平台，如中国国家知识产权局专利检索系统、欧洲专利局专利检索系统、美国专利商标局专利检索系统等。

撰写一份专利信息检索报告，内容包括但不限于：
（1）检索主题和目的。
（2）所选平台和检索策略。
（3）检索结果概述（如检索到的专利数量、主要申请人、技术领域分布等）。
（4）典型专利分析（至少分析一个专利的详细信息）。
（5）检索过程中的问题和解决方法。
（6）检索结论和建议。

知识拓展

专利

模 块 训 练

一、单选题

1. 以下选项最准确地描述了信息素养定义的是（　　）。
　　A. 信息素养是指熟练使用计算机和互联网的能力

B. 信息素养是指能够背诵和记忆大量信息的能力
C. 信息素养是指个体在信息社会中有效获取、评估、利用和创造信息，并具备道德和法律意识的能力
D. 信息素养是指快速打字和发送电子邮件的技巧

2. 随着信息技术的快速发展，信息素养的重要性日益凸显。以下选项最符合信息素养发展大趋势的是（　　）。
   A. 信息素养仅关注于信息技术的应用，忽视道德和法律意识的培养
   B. 信息素养逐渐从专业领域扩展到全民教育领域，成为现代社会的基本素质
   C. 信息素养的发展停滞不前，不再适应当前信息化社会的需求
   D. 信息素养仅与学术研究和专业工作相关，与日常生活无关

3. 信息素养的内容涵盖多个方面，以下选项最全面地概括了信息素养内容的是（　　）。
   A. 信息素养仅包括信息获取和利用能力
   B. 信息素养包括信息意识、信息知识、信息能力和信息道德四个方面
   C. 信息素养等同于信息技术应用能力
   D. 信息素养主要关注于信息安全和隐私保护

4. 社会责任的内涵强调个体在信息活动中的哪些方面（　　）。
   A. 仅仅关注个人技术能力的提升，无须考虑社会影响
   B. 尊重他人权益，遵守法律法规，维护信息安全和社会稳定
   C. 社会责任与信息技术课程无关，是道德教育的范畴
   D. 社会责任仅指在网络空间中不发表不良言论

5. 以下选项最准确地描述了信息伦理核心内容的是（　　）。
   A. 信息伦理仅关注于个人隐私的保护
   B. 信息伦理是信息技术应用过程中应遵循的道德准则、法律规范和社会责任的总和
   C. 信息伦理仅指在网络空间中不发表违法言论
   D. 信息伦理与信息安全是两个独立的概念，互不相关

6. 信息检索（Information Retrieval，IR）主要是指（　　）。
   A. 使用计算机程序自动翻译不同语言之间的文本内容
   B. 通过特定的方法和技术，从大量文档集合中查找出符合用户信息需求的文档或信息片段
   C. 利用算法对图像进行识别和处理，以提取图像中的有用信息
   D. 将大量的数据和信息进行组织、存储和管理，以便用户可以方便地访问和使用

7. 在信息检索系统中，用户输入的用于描述其信息需求的查询语句被称为（　　）。
   A. 索引（Index）　　　　　　　B. 文档（Document）
   C. 查询（Query）　　　　　　　D. 词库（Vocabulary）

8. 信息检索根据检索对象不同，一般分为（　　）。
   A. 二次检索、高级检索
   B. 分类检索、主题检索
   C. 数据检索、事实检索、文献检索
   D. 计算机检索、手动检索

9. 以下步骤不属于信息检索基本流程的是（　　）。
   A. 分析问题　　　　　　　　　B. 选择检索工具
   C. 查找所需信息　　　　　　　D. 制定项目计划
10. 在信息检索中，从检索工具中查找所需信息可以（　　）。
    A. 直接阅读所有文献
    B. 根据文献的外表特征（如题名、著者）进行检索
    C. 随意浏览检索工具中的信息
    D. 只根据文献的内容特征（如主题、关键词）进行检索
11. 世界上第一大联机检索系统是（　　）。
    A. DIALOG 系统　　　　　　　B. OBRIT 系统
    C. OCLC 系统　　　　　　　　D. STN 系统
12. 在信息检索中，获取原文的方法是（　　）。
    A. 直接从网络上下载
    B. 向图书馆借阅纸质版
    C. 掌握获取原文的必要信息，如著者姓名、题名、出版时间及出处
    D. 通过邮件向作者索要
13. 以下选项不是搜索引擎主要类型的是（　　）。
    A. 全文搜索引擎
    B. 目录搜索引擎
    C. 元搜索引擎
    D. 社交媒体搜索引擎（假设此选项为虚构的非主流类型）
14. 全文搜索引擎主要通过（　　）来索引和检索网页内容。
    A. 网页目录　　　　　　　　　B. 关键词匹配
    C. 爬虫程序（网络机器人）　　D. 用户行为分析
15. 目录搜索引擎（如早期的雅虎）主要依赖（　　）来组织信息。
    A. 网页内容分析　　　　　　　B. 关键词密度
    C. 人工编辑的目录结构　　　　D. 自然语言处理
16. 元搜索引擎的特点是（　　）。
    A. 它只索引和检索自己的网站内容
    B. 它通过整合多个搜索引擎的结果来提供综合查询
    C. 它完全依赖用户输入的关键词进行语义分析
    D. 它只提供图片和视频搜索功能
17. 在使用搜索引擎进行检索时，如果想找到特定文件类型（如 PDF）的文档，通常可以在搜索关键词后加上（　　）后缀。
    A. .pdf　　　　　　　　　　　B. filetype:pdf
    C. search:pdf　　　　　　　　D. find:pdf
18. 以下平台专门用于学术信息检索的是（　　）。
    A. 美团　　　B. 淘宝　　　C. 中国知网　　　D. 抖音

19. 在进行期刊检索时，通常使用（　　）来查找核心期刊和高质量学术论文。
   A．维基百科　　　B．万方数据　　　C．豆瓣读书　　　D．小红书
20. 学位论文检索中，（　　）提供了丰富的国内外学位论文资源，包括博士、硕士学位论文。
   A．知乎　　　　　　　　　　　　B．中国国家图书馆
   C．中国知网　　　　　　　　　　D．今日头条

二、简答题

1. 什么是信息检索？
2. 简述布尔模型在信息检索中的应用。
3. 什么是倒排索引，它在信息检索中的作用是什么？
4. 解释 TF-IDF 算法及其在信息检索中的应用。
5. 什么是语义搜索，它与传统关键词搜索的主要区别是什么？

模块四 新一代信息技术

通过本模块的学习，了解新一代信息技术的基本概念和特点，并结合日常生活和所学专业领域，了解新一代信息技术的典型应用，以及与其他产业的融合。

在本模块的学习中，要注意理论联系实际，在生活中观察，在学习中体验，在实践中感知，在动手中思考，以积极的态度学习和了解新一代信息技术，养成安全、正确、科学运用技术的习惯，学会运用新一代信息技术解决实际问题。

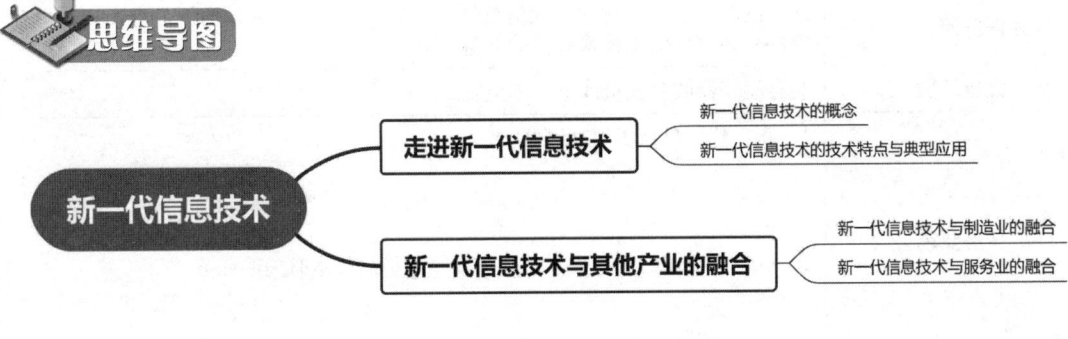

项目一 走进新一代信息技术

项目描述

习近平总书记在党的二十大报告中指出，"加快发展数字经济，促进数字经济和实体经济深度融合"。新一代信息技术与各产业结合形成数字化生产力和数字经济，是现代化经济体系发展的重要方向。大数据、云计算、人工智能等新一代信息技术是当代创新最活跃、应用最广泛、带动力最强的科技领域，给产业发展、日常生活、社会治理带来了深刻影响。本项目旨在引导学生深入了解并掌握当前最前沿的信息技术，包括人工智能、大数据、云计算、物联网、区块链等，通过理论学习与实践操作，提升学生的信息素养和技术应用能力，为未来职业发展奠定坚实基础。

学习目标

1. 掌握新一代信息技术的基本概念和发展。
2. 培养学生的新一代信息技术的应用能力。
3. 增强学生的信息意识、创新思维，理解信息技术对社会发展的推动作用。

任务一 新一代信息技术的概念

任务实施

《国务院关于加快培育和发展战略性新兴产业的决定》(国发〔2010〕32号)中列了七大国家战略性新兴产业体系,其中包括"新一代信息技术产业"。关于发展"新一代信息技术产业"的主要内容是:"加快建设宽带、泛在、融合、安全的信息网络基础设施,推动新一代移动通信、下一代互联网核心设备和智能终端的研发及产业化,加快推进三网融合,促进物联网、云计算的研发和示范应用。着力发展集成电路、新型显示、高端软件、高端服务器等核心基础产业。提升软件服务、网络增值服务等信息服务能力,加快重要基础设施智能化改造。大力发展数字虚拟等技术,促进文化创意产业发展"。

任务单 4-1-1

任务编号	4-1-1	任务名称		新一代信息技术的概念	
任务简介	通过网络搜索,了解新一代信息技术有哪些,以华为公司为例,查询该公司有哪些与新一代信息技术有关的业务					
设备环境	装有浏览器的台式机或笔记本电脑					
任务要求	1. 新一代信息技术包括哪些 2. 以华为公司为例,列举该公司新一代信息技术有关的业务					
任务执行评价	序号	考核指标	所占分值	备注	得分
	1	任务完成情况	30	在规定时间内完成并按时上交任务单	
	2	成果质量	70	从完整性、准确性、创新性、实用性、规范性等方面进行评价	
	总分					

知识清单

1. 新一代信息技术的概念

新一代信息技术是国务院确定的七个战略性新兴产业之一,它涵盖了基于云计算、大数据、物联网、人工智能等新兴技术发展而来的新一代信息技术。这些技术不仅代表了信息技术的纵向升级,也体现了信息技术的横向渗透融合,是当今世界创新最活跃、渗透性最强、影响力最广的领域之一。

认识新一代信息技术

2. 新一代信息技术的发展

（1）主要领域及发展现状。

1）物联网。

定义：物联网是指通过信息传感设备，如射频识别（Radio Frequency Identification，RFID）、红外感应器、全球定位系统、激光扫描器等装置与技术，将任何物品与互联网相连接，进行信息交换和通信，以实现智能化识别、定位、跟踪、监控和管理的一种网络。

发展现状：物联网技术已广泛应用于家庭、城市和工业等领域，如智能家居、智慧城市、工业物联网等。随着5G、低功耗广域网（Low-Power Wide-Area Network，LPWAN）等技术的成熟，物联网的连接数和应用场景将持续增长。

2）云计算。

定义：云计算是一种基于互联网的计算方式，通过虚拟化技术将计算资源、存储资源和网络资源封装成一个独立的虚拟环境，专为用户提供服务。云计算包括基础设施即服务（Infrastructure as a Service，IaaS）、平台即服务（Platform as a Service，PaaS）和软件即服务（Software as a Service，SaaS）等多种服务模式。

发展现状：云计算已成为企业数字化转型的重要基础设施，提供了灵活、高效、安全的IT服务。随着大数据、人工智能等技术的融合，云计算的应用领域不断拓展，如金融、医疗、教育等。

3）大数据。

定义：大数据是指无法在一定时间范围内用常规软件工具进行捕捉、管理和处理的数据集合，需要新处理模式才能具有更强的决策力、洞察发现力和流程优化能力。

发展现状：大数据技术在金融、医疗、电商等行业得到广泛应用，通过对海量数据的挖掘和分析，为企业提供了精准的市场洞察和决策支持。同时，数据安全和隐私保护也成为大数据发展的重要议题。

4）人工智能。

定义：人工智能是研究、开发用于模拟、延伸和扩展人的智能的理论、方法、技术及应用系统的一门新的技术科学。包括机器学习、深度学习、自然语言处理等多个子领域。

发展现状：人工智能在图像识别、语音识别、自然语言处理等领域取得了突破性进展，推动了智能化服务的发展，如智能客服、智能推荐、自动驾驶等应用场景不断涌现。

5）区块链。

定义：区块链是一种块链式存储、不可篡改、安全可信的去中心化分布式账本。它结合了分布式存储、点对点传输、共识机制、密码学等多种计算机技术，通过不断增长的数据块链（Blocks）记录交易和信息，确保数据的安全和透明性。

发展现状：区块链起源于比特币（Bitcoin），最初由中本聪（Satoshi Nakamoto）在2008年提出，作为比特币的底层技术。从诞生初期的比特币网络开始，区块链逐渐演化为一项全球性技术，吸引了全球的关注和投资。随着以太坊（Ethereum）等新一代区块链平台的出现，区块链的应用领域逐渐扩展。以太坊引入了智能合约技术，使区块链可编程，支持更广泛的应用场景。区块链在金融、供应链管理、医疗、公共服务、物联网等多个领域得到广泛应用，成为改变传统商业和社会模式的强大工具。

6）元宇宙。

定义：元宇宙也称为后设宇宙、形上宇宙、元界、超感空间、虚空间。钱学森将其命名为灵境。元宇宙是一个在线可与现实世界交互的虚拟空间，其中所有事件都是实时发生的，且具有永久的影响力。对于元宇宙的概念至今没有准确的定论，一种较权威的描述是"元宇宙是通过虚拟增强的物理现实，是呈现收敛性和物理持久性特征的、基于未来互联网的具有连接感知和共享特征的 3D 虚拟空间"。

发展现状：第一阶段为古典形态的元宇宙。人们通过畅想来创造一个闭环式的至善宇宙，如但丁的《神曲》等艺术作品。第二阶段为新古典的元宇宙，以科幻和电子游戏形态为载体的新古典元宇宙。第三阶段为高度智能化形态的元宇宙，即以非中心化游戏为载体的高度智能化形态元宇宙。元宇宙源于游戏，超越游戏，正在进入第三阶段中后期。一方面，以游戏为主题的元宇宙的基础设施和框架趋于成熟；另一方面，游戏与真实边界正在走向消融。

（2）发展趋势。

【搜一搜】新一代信息技术的发展趋势有哪些？请填写在下面的横线上。

_____

_____

任务实训

手机智能语音助手是一种集成在智能手机中的软件，通过语音识别、语音合成等技术，为用户提供便捷的语音交互体验。苹果手机可以下载 Siri，小米手机可以下载小爱同学，华为手机可以下载小艺，OPPO 手机可以下载小布助手，vivo 手机可以下载 Jovi 语音等，同学们可以在自己的手机上体验一下人机交互。

知识拓展

工业互联网和高性能集成电路

任务二　新一代信息技术的技术特点与典型应用

任务实施

新一代信息技术创新异常活跃，技术融合步伐不断加快，催生出一系列新产品、新应用和新模式，如大数据、物联网、人工智能、云计算、区块链等。而新一代信息技术的应用场景也变得多种多样。例如，大数据征信、智能交通、VR 科普体验馆等。

任务单 4-1-2

任务编号	4-1-2	任务名称	新一代信息技术的技术特点与典型应用
任务简介	目前人工智能的应用如火如荼，你知道哪些人工智能应用的场景，请结合一下描述一下		
设备环境	装有浏览器的台式机或笔记本电脑		
任务要求	选择一个人工智能应用场景，填写到下面		

任务执行评价	序号	考核指标	所占分值	备注	得分
	1	任务完成情况	30	在规定时间内完成并按时上交任务单	
	2	成果质量	70	从完整性、准确性、创新性、实用性、规范性等方面进行评价	
		总分			

实施步骤（参考）：

门禁人工智能应用场景的详细描述（学校）。

（1）出入控制。在学校安装门禁系统，可以通过刷卡、人脸识别等认证方式，控制黑名单人员进出，阻止不法分子进入校园。

（2）师生安全。门禁系统能够实现对师生的出入控制及人数统计并记录，保障学生和老师的安全，提高学校的安全防范能力。

知识清单

大数据、物联网、人工智能
技术特点及典型应用

一、大数据

1. 大数据的技术特点

（1）数据量大（Volume）。大数据指的是以 TB、PB 甚至 EB 为单位的海量数据。其量级远超传统数据，因此在存储和处理方面都提出了更高的挑战。数据体量巨大，如全球数据总量年复合增长率高达 50%，预计到特定年份全球数据总量将达到 200ZB（2000 亿 TB）。

（2）类型多（Variety）。大数据包含多种类型的数据，如结构化数据（如数据库记录）、半结构化数据（如 XML 文件）和非结构化数据（如文本、图片、视频、音频、地理位置信息等）。现在的数据类型更多样化，个性化数据占绝对多数。

（3）处理速度快（Velocity）。大数据的生成和传输速度非常快，需要实时地进行收集、处理和分析。数据处理速度要求高,需要从各种类型的数据中快速提取高价值的信息。

(4)价值密度低(Value)。大数据中包含了大量的无用信息,因此从大数据中提取有用的信息和知识需要进行数据清洗和挖掘。例如,在长时间的视频监控中,可能有用的视频数据只有几秒。

(5)真实性(Veracity)。大数据是从真实世界中获取的,反映了真实的事件和行为。相比于小样本数据,大数据更加可信和准确。

2. 大数据的典型应用

(1)电子商务。通过大数据分析用户的购物行为和喜好,向用户推送个性化商品,提高销售效率。例如,淘宝利用大数据进行智能推荐,分析用户的购物历史和浏览行为,推送可能感兴趣的商品。

(2)零售与营销。零售商通过大数据分析市场动态和消费者需求,制定精准的营销策略。例如,沃尔玛通过大数据分析发现季节性飓风来临前特定商品的销量增加,从而调整商品摆放位置以增加销量。

(3)物流运输。利用大数据优化物流路线和运输效率,减少成本和时间。例如,美国联合包裹运送服务公司(United Parcel Service,UPS)利用地理定位数据定制最佳行车路径,减少行驶距离和碳排放。

(4)医疗健康。通过大数据分析患者的病历和医疗记录,提高诊断准确性和药物有效性。医疗保健专业人员可以使用大数据来确定最佳治疗方案,并推进药物开发。

(5)公共交通。利用大数据进行交通流量分析和预测,优化公共交通路线和调度。导航应用程序依赖大数据分析来提供实时路况信息和最佳行驶路线。

(6)金融领域。通过大数据分析客户的交易行为和信用记录,评估风险并提供个性化金融服务。银行和金融机构利用大数据进行欺诈检测和风险管理。

(7)智慧城市。利用大数据进行城市管理和公共服务优化,提高城市运行效率和居民生活质量。例如,通过大数据分析交通流量、环境监测等数据,为城市规划提供决策支持。

3. 国内外知名的大数据公司

国内外知名的大数据公司见表4-1-2-1。

表4-1-2-1 国内外知名的大数据公司

地区	公司名称	专长	应用/产品
国内	阿里巴巴	拥有交易数据和信用数据,擅长搭建数据的流通、收集和分享的底层架构	在电商、金融、零售等领域有广泛应用
	华为	整合了高性能的计算和存储能力,为大数据的挖掘和分析提供专业稳定的IT基础设施平台	如华为云服务等,支持大规模数据处理和分析
	百度	拥有海量的数据、沉淀十多年的用户行为数据,以及自然语言处理能力和深度学习领域的前沿研究	在政府、医疗、金融、零售、教育等领域有对外合作项目
	腾讯	拥有用户关系数据和基于此产生的社交数据	注重QQ、微信、电商等产品的后端数据打通,优化产品体验

续表

地区	公司名称	专长	应用/产品
国内	浪潮	在大数据采集、存储和处理方面有丰富经验	如 AS130000 海量存储系统等，为大数据应用提供支撑
	神州融	整合国内权威的第三方征信机构和电商平台等信贷应用场景的征信大数据，提供大数据驱动的信贷风控决策服务	为微金融机构提供风控支持
国外	微软（Microsoft）	提供全面的工具和服务，包括 Azure 云计算平台，支持大数据分析、存储和处理	如 Azure Data Lake Storage、Azure Databricks、Azure HDInsight 等，为大数据工作负载提供可扩展和灵活的环境
	国际商业（IBM）	在大数据领域占全球领导地位，提供全方位解决方案，涵盖数据存储、处理、分析、人工智能等多个方面	如 Cloud Pak for Data、Db2 BigSQL、Watson Studio 等，为企业提供多样化、高效的大数据工具
	谷歌（Google）	在大数据、云服务和数据分析方面占据主导地位，提供谷歌云计算平台（Google Cloud Platform，GCP）等强大且可扩展的环境	如 BigQuery、Google Cloud Storage 等，支持大规模数据的存储、处理和分析

二、物联网

1. 物联网的技术特点

【搜一搜】物联网有哪些技术特点？请填写在下面的横线上。

_____

_____

2. 物联网的典型应用

【想一想】生活中，你是否用过智能家居，比如通过手机或应用程序控制灯光、恒温器和洗衣机等家电设备，以及通过传感器检测运动、开门和破窗等安防情况。除了这些，你还了解哪些物联网的应用呢？请填写到下面的横线上。

_____

_____

3. 国内外知名的物联网公司

【搜一搜】查找国内外知名的物联网公司，填到表 4-1-2-2 里。

表 4-1-2-2　国内外知名的物联网公司

地区	公司名称	成就
国内		

模块四　新一代信息技术

续表

地区	公司名称	成就
国内		
国外		

三、人工智能

1. 人工智能的技术特点

（1）自主学习和适应能力。人工智能可以根据不断增加的数据进行自主分析，进而自主学习并调整自身的算法模型，使其具备更强的适应能力。例如，机器学习技术的广泛应用就是人工智能学习与掌握新知识的重要方式。

（2）高效的数据处理能力。人工智能能够处理大量的数据，进行快速、准确地信息抽取、分类、挖掘和分析，从而帮助用户进行各种决策。在金融领域，人工智能可以对大量的股票、期货、外汇等金融数据进行分析和预测，为用户制定更有效的投资策略。

（3）决策能力和自主规划能力。人工智能可以基于先前获得的知识和信息，自主进行推理和决策，提供更高效的解决方案。在游戏领域，人工智能可以通过自主规划和决策，智能地进行攻击、防御或逃跑。

（4）多领域的应用能力。人工智能被广泛应用于医疗、金融、游戏、物流、教育、智能家居等多个领域。例如，在医疗领域，人工智能从影像诊断到药物研发，为医生提供了更准确的信息，帮助患者获得更好的治疗效果。

（5）人机交互与自然语言处理能力。人工智能通过人机交互方式（如语音识别、音频识别、视觉交互等）来与人类进行沟通和交互。同时，人工智能还具备自然语言处理能力，可以根据人类的自然语言输入，完成自然语言分析、语义理解等工作。

（6）自动化和智能化。人工智能可以实现机器的自动化和智能化。例如，机器人可以通过人工智能控制完成物品搬运、监控、巡检等工作，从而减轻人类劳动强度。

（7）保密性和安全性。在人工智能中，保密性和安全性是非常重要的。人工智能需要在保证数据完整性和隐私性的前提下，进行数据交互和应用。在银行和医疗领域，人工智能必须保障数据的安全性，防止数据泄露、篡改等。

（8）处理速度和准确性。人工智能能够快速处理大量数据，并从中提取有用信息。在某些任务中，如数据分析或复杂计算，人工智能可以比人类更加准确。

(9) 可用性和自我学习。人工智能可以 24 小时不间断工作,不需要休息或睡眠。通过机器学习和深度学习,人工智能可以不断改进其性能,无须显式编程。

2. 人工智能的典型应用

(1) 智能助手。如 Siri、小度等,已成为日常生活中的得力帮手,提供日常提醒、天气预报、语音搜索等功能。

(2) 推荐系统。Netflix、Spotify 等平台利用人工智能推荐系统,为用户提供个性化的娱乐体验。

(3) 医疗领域。人工智能在医疗领域的应用日益广泛,包括影像诊断、药物研发等,为医生提供更准确的信息,帮助患者获得更好的治疗效果。

(4) 自动驾驶汽车。自动驾驶汽车利用先进传感器技术和人工智能算法,以快速而准确的方式解决复杂的交通场景,提高交通安全性和便捷性。

(5) 金融领域。人工智能在金融市场上能够快速分析海量数据,预测市场趋势,为投资者提供决策参考。

(6) 智能教育。智能教育平台能够根据学生的学习风格和节奏,提供量身定制的学习材料和练习题。

(7) 工业机器人。工业机器人在制造业中广泛应用,提高生产效率,降低工作中的危险性。

(8) 自然语言处理。人工智能在自然语言处理领域的突破,使得机器能够更准确地理解和生成人类语言,为翻译、写作等提供支持。

(9) 艺术创作。人工智能生成艺术作品的能力推动了创意领域的拓展,艺术家们可以与人工智能共同创作出前所未有的作品。

(10) 智能家居。智能家居是人工智能的一个重要应用场景,家居设备可以通过人工智能自动连接和管理,如智能音响、智能灯具等。

3. 国内外知名的人工智能公司

【搜一搜】搜索国内外知名的人工智能公司,填到表 4-1-2-3 中。

表 4-1-2-3 国内外知名的人工智能公司

地区	公司名称	产品	影响力
国内			
国外			

模块四 新一代信息技术

【想一想】国内人工智能正在蓬勃发展，DeepSeek 作为一家专注于深度学习与人工智能技术研究的企业，特别是大模型 Deepseek-V3 的推出，在全球科技界引起了轰动。它的创始人梁文锋在访谈中表示："中国 AI 不可能永远处在跟随的位置"，这句话让国人感到振奋和自豪。作为新时代的大学生，如何应对就业市场的技能需求变化和行业变革？请填写在下面的横线上。

_____

_____

_____

_____

四、云计算

1. 云计算的技术特点

【填一填】云计算有哪些特点？请填写到下面的横线上。

_____

_____

2. 云计算的典型应用

（1）资源管理。通过虚拟化技术将计算机、存储设备等资源组合起来形成虚拟化环境，提高 IT 系统利用率，降低成本。

云计算、区块链、元宇宙技术特点及典型应用

（2）数据备份与恢复。提供灵活的数据存储方案，实现异地数据备份，并具备强大的数据恢复功能。

（3）应用程序开发测试环境。提供高效、可定制的开发测试环境，为开发人员提供独立的测试区域，简化开发和测试流程。

（4）游戏平台。提供高性能、高并发的游戏平台，支持快速部署和扩展，提升用户体验。

（5）网络媒体。提供高效、稳定的网络媒体平台，支持视频流式传输、实时转码等功能，满足用户随时随地的媒体内容需求。

（6）企业应用程序。提供安全、可靠的企业应用程序平台，降低 IT 成本，提高工作效率，满足企业多样化的业务需求。

（7）数据分析。提供高性能、强大的数据分析工具，支持大规模数据集的处理和分析，提升数据处理效率。

（8）物联网。与物联网技术结合，实现智能家居、智能城市等大规模物联网应用，提供高效、安全、可扩展的物联网平台。

3. 国内外知名的云计算公司

【搜一搜】搜索国内外知名的云计算公司，填到表 4-1-2-4 中。

表 4-1-2-4　国内外知名的云计算公司

地区	公司名称	简介	优势
国内			
国外			

五、区块链

1. 区块链的技术特点

（1）去中心化。区块链技术没有中心化的控制机构，而是由网络中的多个节点共同管理和验证交易，降低了单点故障的风险。这种去中心化的特性使得区块链系统更加健壮和可靠。

（2）不可篡改性。一旦数据被记录在区块链上，就很难被篡改或删除。每个区块都包含了前一个区块的哈希值，通过这种链接方式形成了不可篡改的数据链。这种特性保证了区块链上数据的真实性和完整性。

（3）透明性。区块链上的交易信息对所有参与者都是可见的，任何人都可以验证交易的合法性，提高了交易的透明性和可信度。

（4）高安全性。区块链使用密码学算法和分布式共识机制来保护数据的安全性，使得数据更难受到攻击或篡改。

（5）分布式数据库。区块链是一个共享数据库，存储于其中的数据或信息具有不可伪造、全程留痕、可以追溯等特征。每一方都可以访问整个数据库及其完整的历史记录，没有单一方控制数据或信息。

（6）对等传输。通信直接在对等体之间发生，而不是通过中心节点。每个节点存储并转发信息到其他所有节点，实现了数据的快速传输和共享。

2. 区块链的典型应用

【搜一搜】借助手机或者计算机，搜索一下区块链的典型应用有哪些？请填写在下面的横线上。

_____

_____

_____

3. 国内外知名的区块链公司

国内外知名的区块链公司见表 4-1-2-5。

表 4-1-2-5　国内外知名的区块链公司

地区	公司名称	简介	应用领域
国内	蚂蚁区块链	蚂蚁区块链是蚂蚁金服旗下专注于区块链技术的子公司，全力推动区块链技术创新与应用。其区块链平台已经成为国内最大的金融级别联盟链平台	金融、供应链金融、跨境支付等
	星球矿业	星球矿业成立于 2017 年，主要经营数字货币和区块链技术服务。该公司的创始人徐翔曾是 OKCoin（现为 OKEx）的首席执行官	数字货币挖掘、区块链技术服务等
	数字货币集团（Digital Currency Group）	一家规模最大的加密货币投资公司，旗下投资了多家中国的区块链公司。该公司也是全球范围内唯一一个专门投资加密货币的风险投资公司	区块链技术、加密货币等
国外	币安（Binance）	国际领先的区块链数字资产国际站，向全球提供广泛的数字货币交易、区块链教育、区块链项目孵化、区块链资产发行平台、区块链研究院以及区块链公益慈善等服务	高速交易、丰富服务、全球化覆盖。覆盖全球 180 多个国家和地区
	Coinbase	总部位于美国的知名加密货币交易平台，为用户提供安全的平台，方便用户进行各种数字资产投资	加密货币交易、资产管理等。拥有大量全球用户
	Ripple	一家专注于区块链支付解决方案的公司，其 RippleNet 网络允许银行和其他金融机构以低成本、高速度进行跨境支付	跨境支付解决方案、区块链技术应用

六、元宇宙

1. 元宇宙的技术特点

（1）存在感。

定义：存在感是指用户在虚拟空间中所感受到的"在场感"，即仿佛置身于真实世界中的感觉。

实现方式：通过头戴式显示器（如 VR 头盔）、动作捕捉技术等虚拟现实技术，用户可以与科技手段生成的环境和其他人进行交流和互动，从而获得强烈的存在感。

（2）互操作性。

定义：互操作性是指元宇宙中的数据和资产能够在不同的虚拟空间或平台间无缝转移和使用。

实现基础：元宇宙使用开源代码和加密协议，确保了数据、数字物品和资产、内容在不同体验中的互操作性。例如，用户创建的虚拟化身可以在多个虚拟世界中使用，非同质化代币（Non Fungible Token，NFT）的出现也促进了数字商品在虚拟世界的转移。

（3）持久性。

特点：元宇宙是一个无限期永存的空间，不会暂停或停止。

意义：这意味着用户在元宇宙中的行为和创造将长期存在，为构建稳定的虚拟社区和经济体系提供了基础。

（4）沉浸式体验。

表现：元宇宙通过高度仿真的虚拟环境，给用户带来身临其境的感官体验。

技术支撑：包括高清渲染、物理模拟、声音处理等技术，使得用户在虚拟世界中的体验更加真实和丰富。

（5）标准化性。

重要性：标准化是使整个元宇宙的平台和服务具有互操作性的关键。

实现途径：制定统一的技术标准和协议，确保不同虚拟空间或平台间的数据交换和互操作顺利进行。

2. 元宇宙的典型应用

【填一填】你知道哪些元宇宙的典型应用，请填写到下面的横线上。

_____

_____

_____

3. 国内外知名的元宇宙公司

【搜一搜】国内外知名的元宇宙公司有哪些？填到表 4-1-2-6 中。

表 4-1-2-6　国内外知名的元宇宙公司

地区	公司名称	应用领域
国内		
国外		

任务实训

结合自己的专业，给出新一代信息技术的应用场景。

知识拓展

AI 大模型与 AIGC 的定义与关系，应用场景

项目二　新一代信息技术与其他产业的融合

项目描述

随着科技的飞速发展，新一代信息技术如物联网、人工智能、区块链、量子信息、移动通信等逐渐成为推动社会进步和产业升级的重要力量。这些技术不仅自身具有强大的创新能力，还能够与制造业、农业、医疗、教育等多个产业深度融合，促进传统产业转型升级，提升社会整体运行效率。

学习目标

1. 了解新一代信息技术与制造业的融合。
2. 了解新一代信息技术与服务业的融合。

任务一　新一代信息技术与制造业的融合

任务实施

制造业作为国民经济的支柱产业，其转型升级和高质量发展对于国家经济竞争力的提升具有重要意义。因此，推动新一代信息技术与制造业的深度融合将成为促进制造业转型升级、提升产业链现代化水平的关键路径。

任务单 4-2-1

任务编号	4-2-1	任务名称	新一代信息技术与制造业的融合
任务简介	利用 AI 大模型，搜索新一代信息技术与制造业融合的案例		
设备环境	装有浏览器的台式机或笔记本电脑		
任务要求	描述新一代信息技术与制造业融合的案例		

	序号	考核指标	所占分值	备注	得分
任务执行评价	1	任务完成情况	30	在规定时间内完成并按时上交任务单	
	2	成果质量	70	从完整性、准确性、创新性、实用性、规范性等方面进行评价	
	总分				

实施步骤（参考）：

新一代信息技术与制造业的融合案例众多，例如全自动包装流水线，如图 4-2-1-1 所示。通过【搜一搜】了解信息技术如何推动制造业向智能化、高效化、绿色化方向发展。

图 4-2-1-1　全自动包装流水线

【搜一搜】新凤鸣集团股份有限公司采取了哪些措施高效高质量建成了差别化聚酯长丝高效规模化智能制造工厂？请填写在下面的横线上。

_____

_____

知识清单

新一代信息技术与制造业的融合方式及案例分析

一、融合的方式

新一代信息技术与制造业的融合推动了制造业的转型升级，促进了数字经济与实体经济的深度融合。通过工业互联网平台建设、标杆企业示范引领、应用场景创新、标识解析体系建设、工业 App 优秀解决方案推广以及政策支持与引导等多种方式，推动制造业向数字化、网络化、智能化方向发展，实现制造业的高质量发展。

模块四　新一代信息技术

二、融合的案例分析

1. 海尔卡奥斯工业互联网平台

海尔卡奥斯以"大连接、大数据、大模型"为主线，构建了海尔卡奥斯COSMOPlat工业互联网平台，深度赋能工业场景。该平台通过"卡奥斯BaaS工业大脑"和"天智工业大模型"，实现了对工业领域的群体智能决策，广泛应用于工业设计与研发、机理仿真及数字孪生等领域，提高了生产效率和产品质量，降低了生产成本，实现了智能制造的转型升级，如图4-2-1-2所示。

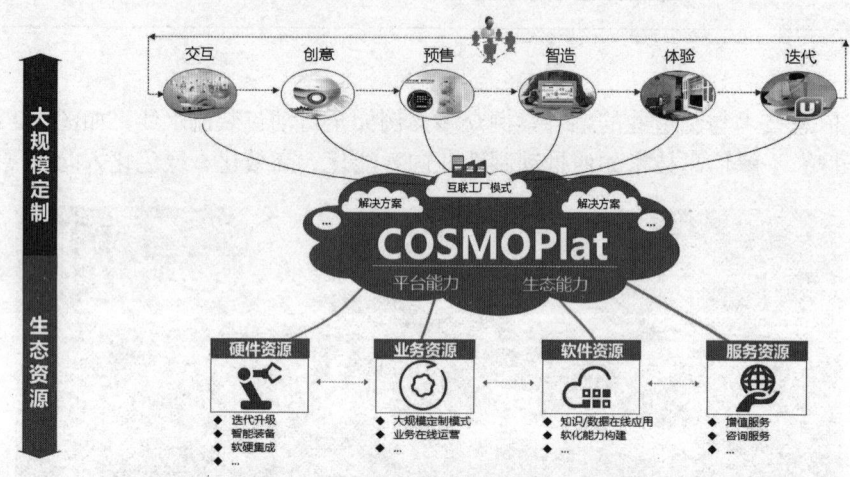

图 4-2-1-2　海尔卡奥斯COSMOPlat工业互联网平台

2. 华为工业AI质检平台

针对传统工业质检场景下准确率低、开发难、运维难等问题，华为基于AI、大数据、云计算等能力，结合自身200多条产线AI质检实践经验，打造工业AI质检平台。平台提炼了800多个工业级图像处理算子，为汽车、烟草、电子等制造行业客户提供高度自动化的生产质量管控解决方案。实现了生产质量管控的智能化，助力企业持续提质降本增效，如图4-2-1-3所示。

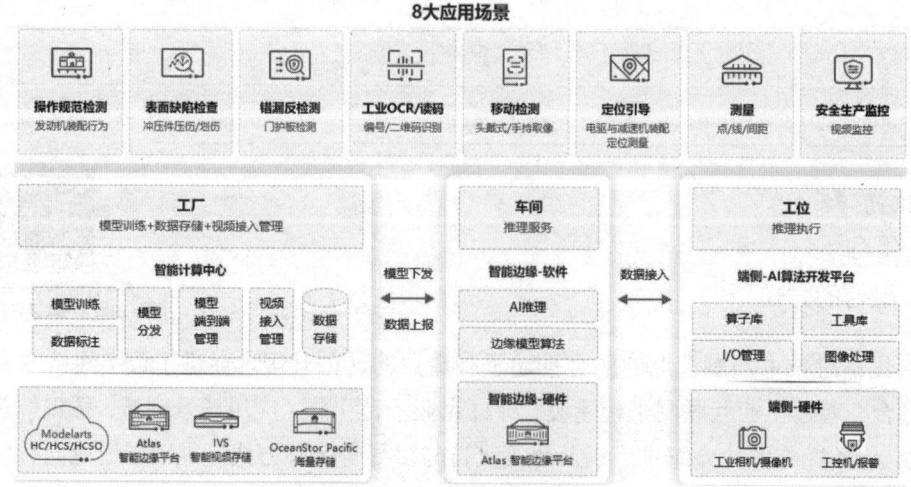

图 4-2-1-3　工业AI质检平台的应用场景

3. 红豆集团

通过连接红豆旗舰店的智能穿衣镜为顾客"量体",并将数据传输到红豆智能车间,实现个性化"裁衣"。这一模式打破了传统服装生产模式,通过大数据进行"反向定制",高效锁定用户需求,推动了企业产品和服务的跨界创新,如图 4-2-1-4 所示。

图 4-2-1-4　红豆旗舰店内顾客接受智能"量体"

任务实训

在网上搜索其他新一代信息技术与制造业的融合案例。

知识拓展

新一代信息技术与汽车产业的融合

任务二　新一代信息技术与服务业的融合

任务实施

新一代信息技术与服务业的融合是当前经济发展的重要趋势,这种融合不仅推动了服务业的转型升级,还催生了新的服务模式和经济增长点。以"互联网+"、大数据、区块链、人工智能等为代表的新一代信息技术快速发展,为服务业的数字化转型提供了技术支撑。

任务单 4-2-2

任务编号	4-2-2	任务名称	新一代信息技术与服务业的融合
任务简介	利用 AI 大模型,搜索新一代信息技术与服务业融合的案例		
设备环境	装有浏览器的台式机或笔记本电脑		

任务要求	描述新一代信息技术与服务业融合的案例				
任务执行评价	序号	考核指标	所占分值	备注	得分
	1	任务完成情况	30	在规定时间内完成并按时上交任务单	
	2	成果质量	70	从完整性、准确性、创新性、实用性、规范性等方面进行评价	
	总分				

知识清单

新一代信息技术与服务业的融合方式及案例分析

一、融合的方式

（1）数字化平台建设：通过建设数字化平台，将服务业的各个环节进行数字化改造，实现信息共享和流程优化。例如，电子商务平台、在线教育平台、远程医疗平台等。

（2）智能化技术应用：引入人工智能、物联网等技术，提高服务业的智能化水平。例如，智能客服、智能推荐系统、智能家居服务等。

（3）数据分析与挖掘：利用大数据技术进行数据分析和挖掘，深入了解用户需求和市场趋势，为服务业提供精准营销和个性化服务。

二、融合的案例分析

1. 淘宝

【想一想】淘宝是中国最大的在线购物平台之一，你了解淘宝利用了哪些新一代信息技术实现了传统零售业与电子商务的深度融合吗？请填写到下面的横线上。

_____

_____

2. 烟台文旅云平台

烟台文旅云平台如图 4-2-2-1 所示，其构成如下：

(1) 数字文物展厅：利用 5G 技术进行文物数字化展示和保护，提高藏品管理效率和利用水平，加强文化内涵的解析与展示。

(2) VR 云导览：为游客提供地理信息系统（Geographic Information System，GIS）服务，展示景区全貌和景点分布，推荐最佳游览路线，实现边走边看边听的全方位文旅体验。

(3) 云推广中心：构建线上引流、线下转化的良性发展态势，提升推广效率，降低企业营销推广成本。

(4) 分时预约系统：推出省内首个多码合一的分时预约系统，优化游客体验。

图 4-2-2-1　烟台文旅云平台

(5) 掌安文旅系统：构建市局、区市局、企业主体三级安全监管体系，实现数字化监管，提升文旅行业安全生产智慧化管理水平。

3. 病例自动生成

浪潮海若大模型能够自动识别医患对话，并在极短时间内（如 15 秒）完成病历的自动生成。这一过程不仅大大提高了医生的工作效率，还显著降低了医生的工作量（降低超过 70%）。同时，生成的病历准确率也能达到较高水平（90% 左右），确保了病历的准确性和完整性。这一应用案例在某三甲医院得到了实践验证，并获得了良好的反馈。

任务实训

在网上搜索其他新一代信息技术与服务业的融合案例。

知识拓展

新一代信息技术与农业的融合

模块训练

一、单选题

1. 物联网的核心技术之一是（　　）。
   A. 射频识别　　B. 语音识别　　C. 图像处理　　D. 光纤通信
2. 物联网主要负责数据的采集和感知的层是（　　）。
   A. 感知层　　B. 网络层　　C. 平台层　　D. 应用层
3. 大数据处理技术的核心优势是（　　）。
   A. 精度高　　B. 处理速度快　　C. 成本低廉　　D. 易于理解

4. 下列选项是大数据的主要来源之一的是（　　）。
   A．社交媒体　　　B．纸质文档　　　C．传统数据库　　　D．单一设备
5. 人工智能领域的核心技术不包括（　　）。
   A．机器学习　　　B．深度学习　　　C．语音识别　　　D．光纤通信
6. 下列应用属于人工智能在医疗领域典型应用的是（　　）。
   A．自动驾驶　　　　　　　　　　B．智能家居
   C．智能诊断系统　　　　　　　　D．虚拟现实游戏
7. 云计算的主要特点不包括（　　）。
   A．按需服务　　　B．资源共享　　　C．成本高昂　　　D．弹性扩展
8. 下列服务属于云计算提供的典型服务的是（　　）。
   A．本地存储　　　　　　　　　　B．虚拟化桌面
   C．实体服务器　　　　　　　　　D．专用网络
9. 区块链技术的核心特征是（　　）。
   A．中心化　　　B．去中心化　　　C．易于篡改　　　D．安全性低
10. 下列应用属于区块链在金融领域的典型应用的是（　　）。
    A．社交媒体　　　B．虚拟货币　　　C．在线购物　　　D．视频会议
11. 元宇宙的核心概念是（　　）。
    A．虚拟现实　　　B．实体世界　　　C．互联网　　　D．人工智能
12. 下列平台被认为是元宇宙的雏形或代表的是（　　）。
    A．淘宝　　　B．抖音　　　C．腾讯游戏　　　D．Roblox
13. 新一代信息技术与传统制造业融合的典型应用是（　　）。
    A．自动驾驶汽车　　B．虚拟旅游　　　C．智能制造　　　D．在线教育
14. 人工智能大模型的主要特点是（　　）。
    A．参数量小，训练数据少　　　　B．参数量巨大，训练数据多
    C．仅限于自然语言处理任务　　　D．无法进行迁移学习
15. 人工智能大模型在（　　）领域的应用最为广泛。
    A．图像处理　　　　　　　　　　B．自然语言处理
    C．机器人控制　　　　　　　　　D．语音识别

二、分析思考

随着信息技术的迅猛发展，尤其是大数据、人工智能、云计算、物联网等新一代技术的广泛应用，教育领域正经历着深刻的变革。智慧课堂作为教育信息化的重要产物，通过新一代信息技术的融入，实现了教学资源的优化配置和教学模式的创新，为学生提供了更加个性化、高效、互动的学习环境。请思考一下你所使用的智慧学习平台，与新一代信息技术是如何融合的？

模块五 计算思维

随着信息化的全面深入,计算思维已经成为人们认识和解决问题的重要基本能力之一。通过本模块的学习,掌握计算思维的基本概念、计算思维的建立及应用。

在本模块的学习中,能综合利用各种信息资源、科学方法和信息技术工具解决问题,能将这种解决问题的思维方式迁移运用到职业岗位与生活情境的问题解决过程中。

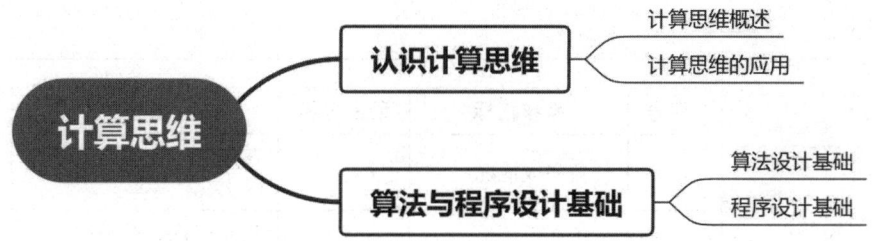

项目一 认识计算思维

项目描述

现实社会中,我们遇到的问题往往繁多且复杂。如何才能高效地解决问题,给生活赋能,是当今社会普遍关注的一个重要话题。计算思维的提出,给人们解决问题带来了新的希望。它提出的面向问题解决的系列方法和观点,将有助于人们更加深刻的理解、分析、解决问题。本项目旨在培养学生问题解决能力、逻辑思维能力、创新能力,使学生能适应信息化社会的发展需求,并促进跨学科融合。

学习目标

1. 理解计算思维的概念、解决问题的步骤。
2. 培养科学的问题求解的思维。

任务一 计算思维概述

任务实施

该任务旨在通过一系列活动或练习,帮助学生或学习者掌握计算思维的核心概念和技能。

任务单 5-1-1

任务编号	5-1-1	任务名称	计算思维概述
任务简介	在生活中,人们时时刻刻都可以用计算思维解决问题。假设在聚会时你需要为大家做顿饭,要求有素有荤有汤,你应该怎么做		
设备环境	装有浏览器的台式机或笔记本电脑		
任务要求	按照计算思维解决问题的基本步骤写出该任务的流程:		

任务执行评价	序号	考核指标	所占分值	备注	得分
	1	任务完成情况	30	在规定时间内完成并按时上交任务单	
	2	成果质量	70	从完整性、准确性、创新性、实用性、规范性等方面进行评价	
			总分		

实施步骤(参考):

(1)分解。可以把做一顿饭分解为要做什么菜,什么饭,什么汤。比如可以做香菇炒菜心、蒸鱼、西红柿蛋汤等,然后再分析每道菜都需要什么食材,将原料备齐。

(2)模式识别。明确几道菜的做法(模式)。比如炒菜一般的做法是将处理好的食材混合快炒;蒸菜是将食材放进蒸锅里用高温蒸汽烹饪;而炖菜则是用食材加水,用小火进行慢煮。

(3)抽象。为了避免菜凉,几道菜都要差不多时间出锅,所以需要将菜品制作按时间排序,抽象为排序问题。

(4)算法设计。明确制作菜品的细节和过程,按步骤进行。比如西红柿蛋汤的制作步骤应该是清洗西红柿并切块→打鸡蛋并调匀→用锅将水煮开→放入西红柿和鸡蛋→放入调料→出锅。

知识清单

一、计算思维的定义

1. 计算思维的提出

【搜一搜】计算思维是由_____首次提出的。她在美国计算机权威期刊《Communications of the ACM》上给出了计算思维的定义：计算思维是运用计算机科学的基础概念进行问题求解、系统设计以及人类行为理解等涵盖计算机科学广度的一系列思维活动。

计算思维的定义及解决问题的步骤

2. 计算思维的特征

【搜一搜】美国计算机科学家周以真教授以计算思维是什么和不是什么的描述形式对计算思维的特征进行了总结，搜索计算思维的特征，填到表 5-1-1-1 中。

表 5-1-1-1 计算思维的特征

计算思维是什么	计算思维不是什么

二、计算思维解决问题的主要步骤

1. 分解

分解就是将复杂的、庞大的问题分解成几个小问题分别解决的思维路径，把一个复杂的大任务拆分成多个简单的小任务，小任务都完成了，大任务也就完成了。

2. 模式识别

分解完问题后，第二个步骤就是模式识别，找到事物的特征，寻找事物之间的共性，也可以寻找不同之处，然后分析总结这个特征模式来得出逻辑答案。

3. 抽象

抽象是确定对象或系统的哪个元素是必要的特征的过程，隐去问题的细节，找到问题的本质属性，用相似的方法去解决相似的问题，将在上一步模式识别中发现的差异剔除，过滤掉所有不必要的信息。

4. 算法设计

经过上面三个步骤之后，最终还是要用一系列行动来解决问题。

算法在概念上是解决问题、完成一项任务的程序步骤列表；算法设计是针对相似的问题，提供解决的办法。

在这个过程中会创建一系列步骤来解决所面对的问题，清晰地设计算法，这样任何人都可以按照所设计的算法来指导完成任务或解决问题。

两个延伸方面：

（1）调试优化。调试优化是思维过程的自我评判，指的是在解决方案无法正常工作或效率不高时检测、识别并修复错误或对方案进行优化。具体地说，调试优化可以帮助检查项目解决方案的质量如何，程序的算法是否高效，如果是软件，则评判用户界面是否合适；如果是创客项目，还要关注产品外观是否够人性化。调试优化，能帮助检测项目是否已经完成，完成的质量如何，并可以通过优化考虑如何改进。

（2）泛化迁移。泛化迁移是思维过程的延伸，通过思维碰撞，可以建立起从特殊到一般、从具体到广泛的普适性联系。通过反思、总结，某一具体问题的解决过程可以迁移到其他情境或领域，希望以后在处理问题时可以根据之前已有经验更有效地解决问题。

任务实训

请以医疗影像诊断辅助系统为例按照计算思维的四个基本步骤进行描述。

1. 分解

在医疗影像诊断领域，医生面临的主要问题是如何从大量的医疗影像（如 X 光片、CT 扫描、MRI 图像等）中准确识别出病变区域，并作出正确的诊断。这个问题可以分解为以下几个子问题：

（1）影像数据的获取与预处理：如何高效地获取患者的医疗影像数据，并进行必要的预处理（如去噪、增强对比度等）。

（2）特征提取：如何从处理后的影像数据中提取出对诊断有用的特征信息。

（3）模式识别：如何识别出影像中的病变模式，如肿瘤、炎症、骨折等。

（4）诊断决策：基于提取的特征和识别的模式，如何作出准确的诊断决策。

2. 模式识别

在医疗影像诊断辅助系统中，模式识别是关键步骤。系统通过训练大量的医疗影像数据，学习并识别出不同病变模式的特征。这通常涉及机器学习或深度学习算法的应用，如卷积神经网络（Convolutional Neural Network，CNN）等。系统能够自动从大量影像数据中学习并提取出病变区域的特征表示，进而实现对新影像中病变模式的准确识别。

3. 抽象

在抽象阶段，系统将对提取的特征和识别的模式进行进一步的抽象处理。这包括将复杂的医疗影像数据简化为一系列易于处理和分析的特征向量或特征图。同时，将识别出的病变模式抽象为一系列标准化的诊断标签或分类结果。通过抽象处理，系统能够更高效地处理和存储影像数据，并便于后续的算法设计和应用。

4. 算法设计

在算法设计阶段，系统需要根据具体的应用场景和需求设计出合适的算法来实现上述步骤。这包括影像数据的预处理算法、特征提取算法、模式识别算法以及诊断决策算法等。例如，在预处理阶段可以采用滤波器算法来去除影像噪声；在特征提取阶段可以采用 CNN 等深度学习算法来自动提取特征；在模式识别阶段可以采用分类器算法来识别病变模式；在诊断决策阶段可以采用集成学习算法来综合多个分类器的结果作出最终诊断。

知识拓展

计算思维与计算机的关系

任务二　计算思维的应用

任务实施

广义计算思维的应用是指不限于数学计算、计算机编程的应用，它涵盖了生活的方方面面。在此过程中，先通过计算思维，将问题进行分解、模式识别、抽象、算法设计，完成整个求解流程的构建；然后，对于可优化的部分，借助计算机领域的相关技术，实现问题求解的改进。

任务单 5-1-2

任务编号	5-1-2	任务名称		计算思维的应用	
任务简介	如何优化大学日常开支，以节省更多的钱				
设备环境	装有浏览器的台式机或笔记本电脑				
任务要求	根据下面的实施步骤，结合自己的实际情况，给出优化日常开支的流程				
任务执行评价	序号	考核指标	所占分值	备注	得分
	1	任务完成情况	30	在规定时间内完成并按时上交任务单	
	2	成果质量	70	从完整性、准确性、创新性、实用性、规范性等方面进行评价	
	总分				

实施步骤（参考）：

1. 分解

识别并记录所有日常开支项。

分析每项开支的必要性和金额。
区分固定开支和变动开支。
找出潜在的节省空间。

2. 模式识别

观察开支记录，识别出常见的开支模式，如餐饮、交通、学习资料、娱乐等。
分析哪些开支是每月固定的（如房租、学费分期），哪些是变动的（如餐饮、购物）。
识别出可能存在的浪费或不必要的开支。

3. 抽象

将具体的开支项抽象为更一般的类别，如固定开支、变动开支、必要开支、可节省开支。
为每个类别设定一个预算上限。

4. 算法

设计一个预算分配算法，根据开支的必要性和金额来分配有限的资金。
设定优先级，确保必要开支（如学费、房租）首先得到满足。
为变动开支设定灵活的预算，并寻找节省的机会。

5. 调优

在实际执行过程中，监控开支情况，并根据实际情况调整预算和算法。
如果发现某类开支超出了预算，重新评估其必要性并调整预算分配。
尝试不同的节省策略，如使用优惠券、购买二手书等，并评估其效果。

6. 迁移

将优化日常开支的经验和方法迁移到其他场景，如假期旅行预算、购买电子产品等。
分享节省开支的技巧和经验给其他同学，帮助他们也优化自己的开支。

知识清单

一、计算思维的应用

计算思维的应用广泛且深入，它不仅仅局限于计算机科学领域，还渗透到数学、物理、生物、经济、艺术等多个学科和日常生活中。

1. 计算机科学领域

（1）编程与算法设计。编程是计算思维最直接的应用之一。程序员需要将问题抽象化，设计算法，并通过编写代码来解决问题。计算思维帮助程序员优化算法效率，提高代码的可读性和可维护性。

（2）数据分析与挖掘。在处理大数据时，计算思维帮助分析师将复杂的数据问题分解为可管理的子问题，设计有效的数据处理和分析算法，从而提取有价值的信息。

（3）人工智能与机器学习。在 AI 和机器学习领域，计算思维是设计和实现智能系统的基石。它涉及问题的抽象化、特征提取、模型选择、算法优化等多个环节，以构建能够自主学习和决策的系统。

2. 数学领域

（1）问题解决与逻辑推理。计算思维在数学领域中帮助人们将复杂问题抽象化，设计合理的解题步骤（即算法），并通过逻辑推理验证解的正确性。这在代数、几何、概率统计等多个分支中都有广泛应用。

（2）数学建模。计算思维在数学建模中发挥着重要作用。它将实际问题转化为数学问题，建立数学模型，并通过计算求解模型来预测和解释现象。

3. 自然科学领域

（1）生物信息学。在生物学中，计算思维被用于处理和分析海量的生物数据，如 DNA 序列分析、蛋白质结构预测等。通过计算思维，研究人员能够揭示生命的本质和进化规律。

（2）化学计算。在化学领域，计算思维被用于数值计算、数据处理、图形显示等方面，支持化学结构和反应式的绘制、属性数据分析等任务。

（3）物理模拟。在物理学中，计算思维被用于模拟复杂的物理现象，如天气预报、材料性质预测等。通过构建物理模型并运行模拟算法，研究人员能够深入理解物理规律并预测未来趋势。

4. 经济与管理领域

（1）计算博弈论。在经济学中，计算博弈论利用计算思维分析竞争和合作场景下的决策问题。它帮助经济学家理解市场行为、设计激励机制并预测政策效果。

（2）风险管理。在管理领域，计算思维被用于风险评估和管理。通过收集和分析相关数据，管理者可以识别潜在风险并设计应对策略以达成损失最小化。

5. 艺术与设计领域

（1）计算机艺术。计算机艺术是科学与艺术相结合的交叉学科。计算思维在绘画、音乐、舞蹈、影视制作等领域发挥着重要作用，支持创意的实现和表现形式的创新。

（2）设计优化。在设计领域，计算思维被用于产品设计的优化过程。通过模拟和分析不同设计方案的效果和成本，设计师能够选择最优方案以满足用户需求并降低成本。

6. 日常生活与决策

（1）个人财务管理。在日常生活中，计算思维可以帮助人们更好地管理个人财务。通过制定预算、跟踪开支并优化消费决策，人们可以更有效地利用有限的资源并实现财务目标。

（2）问题解决与决策制定。在面对复杂问题时，计算思维帮助人们将问题分解为更小的子问题并设计解决方案。通过逻辑推理和迭代优化过程，人们能够找到最优解并做出明智的决策。

二、未来计算思维的发展趋势

【搜一搜】借助网络搜索一下未来计算思维的发展趋势有哪些？请填写在下面的横线上。

_____

_____

_____

任务实训

1964 年华罗庚先生在写《统筹方法平话》中写道："烧水泡茶"有五道工序：烧开水，洗茶壶，洗茶杯，拿茶叶，泡茶。烧开水、洗茶壶、洗茶杯、拿茶叶是泡茶的前提，各道工序用时表：烧开水 15 分钟，洗茶壶 2 分钟，洗茶杯 1 分钟，拿茶叶 1 分钟，泡茶 1 分钟。

两种沏茶的方法：

方法 1：

第一步：烧水。

第二步：水烧开后，洗刷茶具，拿茶叶。

第三步：沏茶。

方法 2：

第一步：烧水。

第二步：烧水过程中，洗刷茶具，拿茶叶。

第三步：水烧开后沏茶。

比较这两个算法有何不同，并分析哪个算法更优。

项目二　算法与程序设计基础

项目描述

本项目介绍算法设计和程序设计基础，计算思维可以帮助发展解决问题的能力，这些能力在计算机科学和许多其他领域都是必需的。计算思维不仅仅局限于编程，它是一种更广泛的解决问题的思维方式，算法和程序设计是实现这些思维的关键工具。

学习目标

1．了解算法的基本概念和表示方法。
2．能够用流程图表示算法。
3．了解程序设计基础知识。
4．能够编写简单的程序。

任务一　算法设计基础

任务实施

在计算机科学领域，算法是编程的核心。掌握算法有助于编写更高效、更可靠的代码，从而提高编程技能。

任务单 5-2-1

任务编号	5-2-1	任务名称	算法设计基础
任务简介	用自然语言来描述输入矩形两条边的值，求矩形的面积和周长的算法		
设备环境	装有浏览器的台式机或笔记本电脑		

任务要求	假设 a、b 代表矩形的两条边长，S、L 分别表示矩形的面积和周长。将算法填写到下面				
任务执行评价	序号	考核指标	所占分值	备注	得分
	1	任务完成情况	30	在规定时间内完成并按时上交任务单	
	2	成果质量	70	从完整性、准确性、创新性、实用性、规范性等方面进行评价	
	总分				

实施步骤：

（1）分别输入两条边的长度值给 a、b。

（2）计算矩形面积 S=a*b。

（3）计算矩形周长 L=2*(a+b)。

（4）依次输出面积 S 和周长 L。

知识清单

算法概念及表示方法

一、算法的基本概念

算法（Algorithm）就是一组有穷的规则，它规定了解决某一特定问题的一系列运算。通俗地说，为解决问题而采用的方法和步骤就是算法。

1. 算法的基本特征

（1）有穷性（Finiteness）。算法的有穷性是指算法必须能在执行有限个步骤之后终止。

（2）确切性（Definiteness）。算法的每一步必须有确切的定义。

（3）输入项（Input）。一个算法有 0 个或多个输入，以刻画运算对象的初始情况，所谓 0 个输入是指算法本身定出了初始条件。

（4）输出项（Output）。一个算法有一个或多个输出，以反映对输入数据加工后的结果。没有输出的算法是毫无意义的。

（5）可行性（Effectiveness）。算法中执行的任何计算步骤都是可以被分解为基本的可执行的操作步骤，即每个计算步骤都可以在有限时间内完成（也称之为有效性）。

设计算法的目的就是要解决问题，算法的计算结果就是输出。通常，输入不同，会产生不同的输出结果。

2. 算法的基本要素

（1）数据对象的运算和操作。计算机可以执行的基本操作是以指令的形式描述的。一个计算机系统能执行的所有指令的集合，称为该计算机系统的指令系统。一个计算机的基本运算和操作有如下四类：

1）算术运算：加减乘除等运算。
2）逻辑运算：或、且、非等运算。
3）关系运算：大于、小于、等于、不等于等运算。
4）数据传输：输入、输出、赋值等运算。

（2）算法的控制结构。一个算法的功能结构不仅取决于所选用的操作，而且还与各操作之间的执行顺序有关。

二、算法的表示方法

算法的表示方法很多，常用的有自然语言、流程图、N-S 图、伪代码。

1. 自然语言

所谓自然语言，就是日常生活中的语言。它可以是汉语、英语、日语等，一般用于描述一些简单的问题、步骤，可以使算法通俗、简单易懂。

【想一想】任意输入三个数，求这三个数中的最大数，用自然语言描述一下求解的步骤。

第一步：定义四个变量，分别为 x、y、z 以及 max。
第二步：输入大小不同的三个数，分别赋给 x、y、z。
第三步：判断 x 是否大于 y，如果大于，则将 x 的值赋给 max，否则将 y 的值赋给 max。
第四步：_____
第五步：_____

自然语言最大的优点就是容易理解，适用于比较简单的问题。对于比较复杂的问题或者在描述包括分支或循环的算法时一般会很冗长，所以不用自然语言描述、表示算法，避免出现二义性。

2. 流程图

流程图是一种传统的算法表示法，它用一些图框来代表各种不同性质的操作，用流程线来指示算法的执行方向。由于它简单直观，易于理解，所以应用广泛。常见的流程图符号见表 5-2-1-1。

表 5-2-1-1　常见的流程图符号

符号名称	图形	功能
起止框		表示算法的开始或结束
处理框		表示一般的处理操作，如计算、赋值等
判断框		表示对一个给定的条件进行判断
流程线	→ 或 ↓	用流程线连接各种符号，表示算法的执行顺序

续表

符号名称	图形	功能
输入/输出框	▱	表示算法的输入/输出操作
连接点	○	成对出现，同一连接点内标注相同的数字或文字，用于将不同位置的流程线连接起来，避免流程线的交叉或过长
注释框	----⌐	对当前步骤进行必要的注释、说明

（1）顺序结构。如图 5-2-1-1 所示，A 和 B 两个框是顺序执行的。顺序结构是最简单的一种基本结构。

（2）选择结构。如图 5-2-1-2 所示，根据给定的条件 P 是否成立而选择执行 A 和 B。P 条件可以是"x>0"或"x>y"等。注意，无论 P 条件是否成立，只能执行 A 或 B 之一，不可能既执行 A 又执行 B。无论走哪一条路径，在执行完 A 或 B 之后将脱离选择结构。A 或 B 两个框中可以有一个是空的，即不执行任何操作。

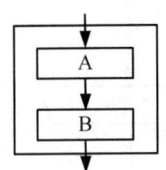

图 5-2-1-1 顺序结构

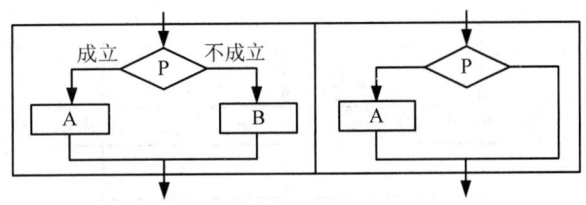

图 5-2-1-2 选择结构

（3）循环结构。循环结构又称重复结构，即反复执行某一部分的操作，有两种类型：

1）当型循环结构（While）。如图 5-2-1-3 所示，当给定的条件 P 成立时，执行 A 操作，然后再判断 P 条件是否成立。如果仍然成立，再执行 A，如此反复直到 P 条件不成立为止。此时不执行 A 框而脱离循环结构。

2）直到型循环结构（Until）。如图 5-2-1-4 所示，先执行 A，然后判断给定的 P 条件是否成立。如果 P 条件不成立，则再执行 A，然后再对 P 条件作判断。如此反复直到给定的 P 条件成立为止。此时脱离本循环结构。

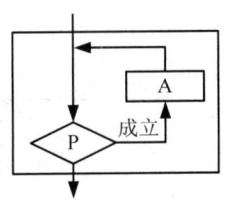

图 5-2-1-3 当型循环结构

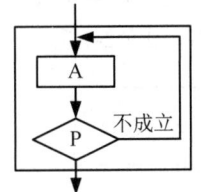

图 5-2-1-4 直到型循环结构

注意两种循环结构的异同：

（1）两种循环结构都能处理需要重复执行的操作。

（2）当型循环结构是"先判断（条件是否成立），后执行（A）"。而直到型循环结构则是

模块五 计算思维

"先执行（A），后判断（条件）"。

（3）当型循环结构是当给定条件成立满足时执行 A，而直到型循环结构则是在给定条件不成立时执行 A。

例：用流程图表示某一年份是否是闰年，如图 5-2-1-5 所示。满足以下两个条件之一的年份为闰年：

（1）能被 4 整除，不能被 100 整除的年份是闰年。

（2）能被 400 整除的年份是闰年。

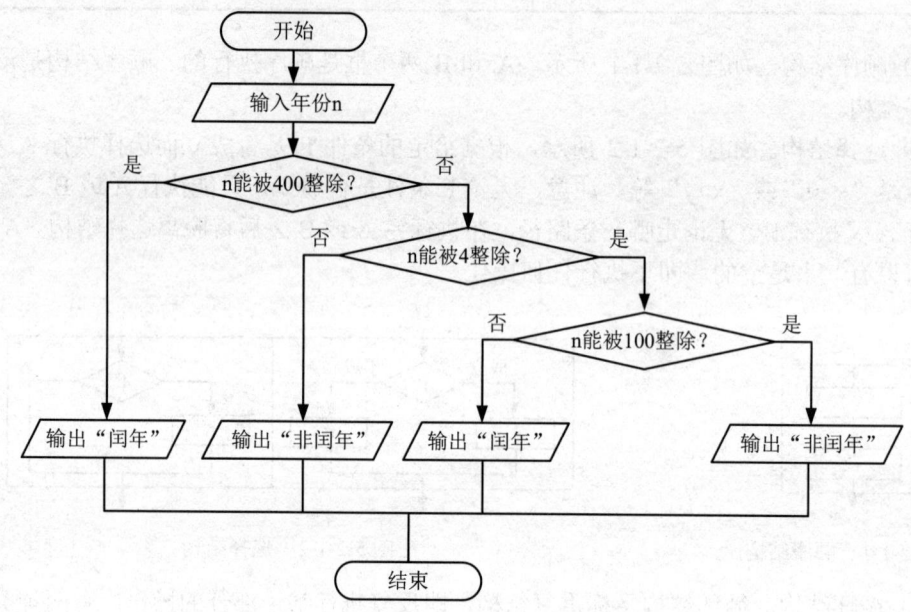

图 5-2-1-5　判断某一年份是否是闰年的流程图

3. N-S 图

N-S 图是美国学者纳西（I.Nassi）和施奈德曼（B.Shneiderman）提出的一种新型流程图，在这种流程图中抹去了带箭头的流程线。全部用算法写在矩形框内，在该框内还可以包括一些其他从属的框，或者可以说是一些基本框组成的一个大框。这种流程图叫 N-S 流程图（也叫盒图）。

（1）顺序结构（图 5-2-1-6）。

（2）选择结构（图 5-2-1-7）。

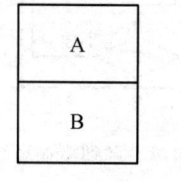　　　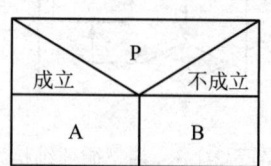

图 5-2-1-6　顺序结构　　　图 5-2-1-7　选择结构

（3）循环结构。

1）当型循环结构（图 5-2-1-8）。

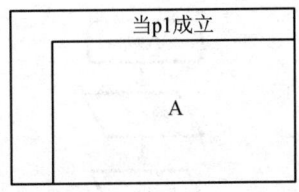

图 5-2-1-8　当型循环结构

2）直到型循环结构（图 5-2-1-9）。

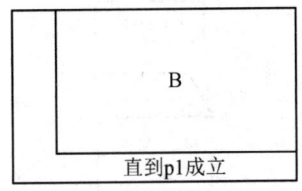

图 5-2-1-9　直到型循环结构

例：用 N-S 图判断某一年份是闰年还是平年，如图 5-2-1-10 所示。

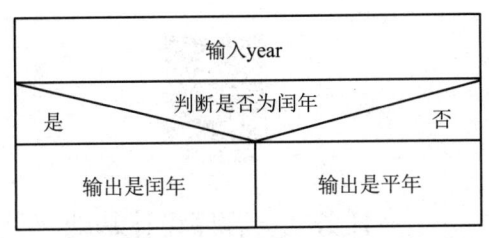

图 5-2-1-10　N-S 图判断某一年份是否是闰年

4. 伪代码

伪代码是用介于自然语言与计算机语言之间的文字和字符号来描述算法，它如同一篇文章一样，自上而下地写出来，每一行（或几行）表示一个基本操作。伪代码不用图形符号，因此书写方便，格式紧凑，修改方便，更容易看懂，也便于向计算机语言算法过渡。

注：伪代码不是真正的程序代码。

例：用伪代码判断某一年份是否为闰年。

    Begin   （从算法开始）
    输入 year
    if year 是闰年
    print 是闰年
    else
    print 不是闰年
    End   （结束）

任务实训

将任务实施中的案例用流程图、N-S 图及伪代码表示出来。

（1）用流程图表示，如图 5-2-1-11 所示。

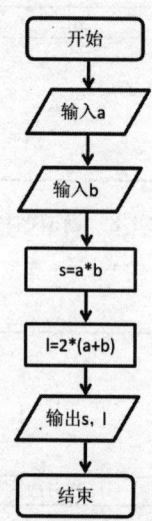

图 5-2-1-11　求矩形面积和周长的流程图

（2）N-S 图和伪代码表示方法读者可以自行完成。

知识拓展

算法的分类

任务二　程序设计基础

任务实施

计算机的应用离不开软件，要最大限度地发挥计算机的能力，就必须设计出功能强大的计算机软件，而计算机软件设计的核心是程序设计，它给出解决特定问题的过程，是软件构造活动中的重要组成部分。程序设计往往以某种程序设计语言为工具，通过这种语言进行程序的编写。

本任务旨在让学生了解程序设计基础，培养逻辑思维和问题解决能力。

任务单 5-2-2

任务编号	5-2-2	任务名称	程序设计基础
任务简介	用一种编程语言实现求圆的面积		
设备环境	装有浏览器的台式机或笔记本电脑		
任务要求	编写程序输出半径为 5 的圆的面积		

任务执行评价	序号	考核指标	所占分值	备注	得分
	1	任务完成情况	30	在规定时间内完成并按时上交任务单	
	2	成果质量	70	从完整性、准确性、创新性、实用性、规范性等方面进行评价	
	总分				

实施步骤（参考）：

（1）选择某种编程语言，该任务以 Java 语言为例。

（2）定义常量 PI 表示圆周率，数据类型为 double；变量 r 表示半径，数据类型为 int。

（3）定义圆的面积变量 s，数据类型为 double，用面积公式给 s 赋值。

（4）输出结果。

代码示例：

```java
public class Circle {
    public static void main(String args[]) {
        final double PI = 3.14159;
        int r = 5;
        double s;
        s = PI * r * r;
        System.out.println("半径为 5 的圆的面积是：" + s);
    }
}
```

知识清单

程序设计语言发展和语言基础

一、程序设计语言的发展

1. 程序设计语言的演变

编制程序的过程称为程序设计，因而计算机语言又称为程序设计语言。按照程序设计语言对计算机的依赖程度可分为三大类，即机器语言、汇编语言和高级语言。

（1）机器语言。机器语言是计算机唯一能够直接识别和执行的语言，由二进制 0、1 代码指令构成。不同的 CPU 具有不同的指令系统，因此机器语言与特定硬件紧密相关。

例如，用 8088 微处理器的机器语言编写 7+5 的程序，要用到下面的机器指令：

1011000
0000101 ｝表示将数据 5 送到累加器 AL 中。

00000100
00000111 ｝表示把 AL 中的数据同 7 相加，结果放在 AL 中。

（2）汇编语言。汇编语言是一种符号化的机器语言，它不再使用难以记忆的二进制代码，而是使用比较容易识别、记忆的助记符号代替操作码，用符号代替操作数或地址码。例如，上面的例子若写成汇编语言，则形式如下：

  MOV AL,5   //把 5 送到 AL 中
  ADD AL,7   //7+5 的结果仍存在 AL 中

（3）高级语言。高级语言是面向用户的、基本上独立于计算机种类和结构的语言。其语法和语义更加接近自然语言和人类思维习惯，使得程序员可以用更简洁、更直观的方式表达程序逻辑。比如，用高级语言编写 7+5 的程序只有下面一句：

  A=7+5   //7+5 的结果存放在变量 A 中

2. 程序设计语言处理系统

计算机只能直接识别和执行机器语言，要在计算机中运行高级语言程序就必须配备程序语言翻译程序，简称翻译程序。翻译程序本身是一组程序，不同的高级语言有相应的翻译程序。通常高级语言程序的翻译有两种方式：解释方式和编译方式。

（1）解释方式。解释方式是将源程序逐句解释、执行，即解释一句就执行一句，其过程如图 5-2-2-1 所示，在解释方式中不产生目标文件。

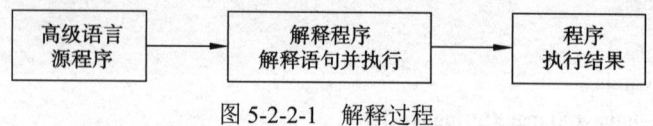

图 5-2-2-1 解释过程

（2）编译方式。编译程序先把源程序编译成机器语言的目标程序，然后用连接程序把目标程序和各种的标准库函数连接装配成一个完整的、可执行的机器语言程序后执行，过程如图 5-2-2-2 所示。

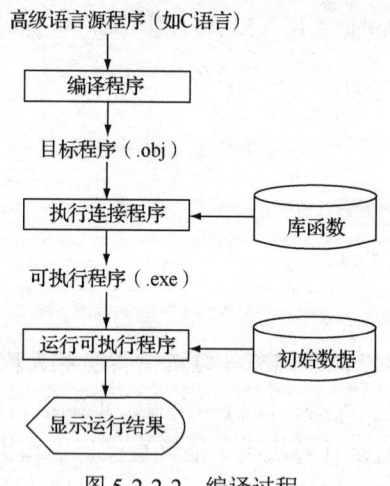

图 5-2-2-2 编译过程

二、程序设计语言的基础

1. 高级语言程序概述

程序是对解决某个计算问题的方法（算法）步骤的一种描述，而计算机程序则是用某种计算机能理解并执行的计算机语言作为描述语言，对解决问题的方法步骤的描述。因此，程序就是供计算机执行后能完成特定功能的指令序列。

数据结构和算法是程序最主要的两个方面，高级语言程序一般由对数据的描述和对操作的描述两部分组成。

（1）对数据的描述。在程序中要指定数据的类型和数据的组织形式，即数据结构。

（2）对操作的描述。即操作步骤，也就是对算法的实现。

2. 高级语言数据描述

计算机的内存中存放着大量的数据，这些数据都是为了解决某个问题而设置的。而在实际的处理过程中，根据不同的对象与要求，这些数据又具有不同的性质和表现形式。在高级语言中，使用数据类型这一概念来描述数据间的差别，而数据则是以常量或变量的形式来描述的。

（1）以 Java 为例，基本数据类型见表 5-2-2-1。

表 5-2-2-1　Java 的基本数据类型

类型名称	类型描述	字宽	取值范围
byte	字节型	1	$-2^7 \sim 2^7-1$（-128～127）
short	短整型	2	$-2^{15} \sim 2^{15}-1$（-32768～32767）
int	整型	4	$-2^{31} \sim 2^{31}-1$
long	长整型	8	$-2^{63} \sim 2^{63}-1$
float	单精度浮点型	4	-3.4e38～3.4e38（7 位有效位）
double	双精度浮点型	8	-1.7e308～1.7e308（15 位有效位）
char	字符型	2	0～65535（\u0000～\uFFFF）
boolean	布尔型	1	false,true

（2）常量。在程序运行过程中，其值始终保持不变的量称为常量。常量一般有普通常量和符号常量，有些语言还有系统常量。

在程序中使用常量，可使程序更加容易阅读和理解，并使程序保持良好的兼容性。

1）整型常量：整数类型的数据。

【填一填】根据下面的例子，填写表 5-2-2-2 中其他几种形式的整型常量。

表 5-2-2-2　整型常量

进制表示	数字组成	举例说明
二进制	0 和 1 组成的数字序列	01101100
八进制		
十六进制		
十进制		

2）浮点型常量：数学中用到的小数分为双精度浮点数（double）和单精度浮点数（float）两种类型。双精度浮点数后面以 D 或 d 结尾，单精度浮点数后面以 F 或 f 结尾。如：2e3f、3.2d、2f、1.23d、3.022e+21f。

3）字符型常量：用单引号引起来的一个字符，如'e'和'E'。需要注意的是，Java 字符串常量值中的单引号和双引号不可混用。

4）字符串常量：用于表示一串连续的字符，一个字符串常量要用双引号引起来。例如："hello" "123"。

5）布尔常量：布尔常量是只有两个值，即 false（假）和 true（真）。

6）null 常量：null 常量只有一个值 null，表示对象的引用为空。

（3）变量。变量，顾名思义，就是指在程序运行过程中，其值可以被修改的量。

一般来说，人们习惯使用变量来存储程序中需要处理的数据。在使用变量之前，需要使用声明语句对变量进行声明。在 Java 中，变量声明语句的一般形式为

　　　　数据类型名　　变量名列表；

其中，"数据类型名"可以是前面介绍的基本数据类型。"变量名列表"可以是一个或多个变量名。变量名的命名和常量一样，也需要遵循标识符的命名规则。Java 允许将同类型的变量定义在一行语句中，用逗号隔开。例如：

　　　　int   num1,num2,num3;

在 Java 中，还可以在声明变量的同时给变量赋初值。例如：

　　　　char   c1='A';
　　　　boolean   flag=false;
　　　　double   a=1.23,b;

3. 运算符

运算符主要包括算术运算符、关系运算符、逻辑运算符、赋值运算符等。不同的运算符其运算方法和特点各不相同。

（1）算术运算符。

【填一填】根据下面的例子，填写表 5-2-2-3 Java 中算术运算符的功能。

表 5-2-2-3　Java 中的算术运算符

运算符		名称	功能
单目运算符	+	正号	表示数字本身的值
	-	负号	
	++	自增运算符	
	--	自减运算符	
双目运算符	+	加法运算符	
	-	减法运算符	
	*	乘法运算符	
	/	除法运算符	
	%	取模运算符	

（2）关系运算符。

【填一填】根据下面的例子，填写表 5-2-2-4 Java 中关系运算符的功能。

表 5-2-2-4　Java 中的关系运算符

运算符	名称	功能
>	大于	若 a>b，结果为 true，否则为 false
<	小于	

续表

运算符	称	功能
>=	大于等于	
<=	小于等于	
==	等于	
!=	不等于	

（3）逻辑运算符。

【填一填】根据下面的例子，填写表 5-2-2-5 Java 中逻辑运算符的功能。

表 5-2-2-5　Java 中的逻辑运算符

运算符	名称	功能
!	逻辑非	对操作数的值取反
&&	逻辑与	
||	逻辑或	

（4）赋值运算符。赋值运算符主要用于给变量赋值。

【填一填】根据下面的例子，填写表 5-2-2-6 Java 中赋值运算符的功能。

表 5-2-2-6　Java 中的赋值运算符

运算符	名称	功能
=	赋值	a=b 表示将 b 的值赋给 a
+=	加赋值	
-=	减赋值	
*=	乘赋值	
/=	除赋值	
%=	取模赋值	
<<=	算术左移赋值	
>>=	算术右移赋值	
>>>=	逻辑右移赋值	
&=	位与赋值	
|=	位或赋值	
^=	位异或赋值	

4. 表达式

表达式是用运算符将操作数连接起来的符合语法规则的运算式，操作数可以是常量、变量和调用方法。表达式中允许出现圆括号，用于改变运算顺序。表达式表示一种求值规则，是程序设计中的一种基本成分，它描述了对哪些数据、以什么次序、进行什么样的操作。在表达式中，操作数的数据类型必须与运算符相匹配，变量必须具有值。

运算符的优先级决定了在表达式中各个运算符执行的先后顺序。同一优先级的运算次序由结合性决定。

Java 中运算符的优先级和结合性见表 5-2-2-7。

表 5-2-2-7　Java 中运算符的优先级和结合性

优先级	运算符	名称	结合性
1	()	圆括号	从左至右
	[]	数组下标运算符	
	.	成员选择运算符	
2	++、--	后置自增、自减运算符	
3	++、--	前置自增、自减运算符	从右至左
4	!	逻辑非	
	~	按位求反	
	+、-	正号、负号	
5	()	强制类型转换	
	new	动态存储分配	
6	*、/、%	乘法、除法、取模	从左至右
7	+、-	加法、减法	
8	<<、>>、>>>	左移位、右移位、不带符号右移位	
9	>、<、>=、<=	大于、小于、大于等于、小于等于	
10	==、!=	等于、不等于	
11	&	按位与	
12	^	按位异或	
13	|	按位或	
14	&&	逻辑与	
15	||	逻辑或	
16	?:	条件运算符	
17	=、+=、-=、*=、/=、%=、>>=、<<=、>>>=、&=、^=、|=	赋值运算符	从右至左

在表 5-2-2-7 中，第一列"优先级"字段表示各个运算符的优先级顺序，数字越小表示优先级越高；最后一列"结合性"字段表示运算符与操作数之间的关系及相对位置。当使用同一优先级的运算符时，结合性将决定谁会先被处理。

例如：

　　　　a=b+d/5*4;

这个表达式中包含了不同优先级的运算符，其中"/""*"的优先级高于"+"，而"+"又高于"="，但"/""*"两者的优先级是相同的，究竟是 d 该先除以 5 再乘 4，还是 5 乘 4 后 d 再除以这个结果呢？结合性就解决了这个问题，算术运算符的结合性是从左至右，就是在相同优先级的运算符中,先由运算符左边的操作数开始处理,再处理右边的操作数。在例子中,由于"/""*"的优先级相同,按照结合性规则,d 会先除以 5 再乘 4。

对于初学者来说,运算符的优先级内容比较多,记住这么多内容是一件较难的事。对于运算符的优先级没有必要完全记下来,必要时可以通过括号来改变其优先性。

任务实训

修改任务实施中的案例,求出半径为 5 的圆的周长。

步骤如下:

(1)定义常量 PI 表示圆周率、数据类型为 double 类型,变量 r 表示半径、数据类型为 int。

(2)定义圆的周长变量 c、数据类型为 double,用周长公式给 c 赋值。

(3)输出结果。

代码示例如下:

```
public class Circle {
    public static void main(String args[]) {
        final double PI = 3.14159;
        int r = 5;
        double c;
        c = 2*PI * r;
        System.out.println("半径为 5 的圆的周长是:" + c);
    }
}
```

知识拓展

面向过程和面向对象的程序设计语言

模 块 训 练

一、单选题

1. 计算思维的核心是( )。
   A．编程技能　　　　　　　　B．逻辑思维和问题解决能力
   C．数学计算能力　　　　　　D．硬件设备操作
2. 计算思维强调将复杂问题分解为更小、更易于管理的部分,这被称为( )。
   A．抽象化　　　B．模块化　　　C．自动化　　　D．迭代
3. 在计算思维中,通过模拟或实验来预测结果的过程称为( )。
   A．建模　　　　B．调试　　　　C．抽象　　　　D．迭代
4. 以下选项不是计算思维基本特征的是( )。
   A．逻辑性和系统性　　　　　　B．依赖特定编程语言

  C．创造性和批判性思维　　　　　D．适用于广泛领域

5．计算思维中的算法是指（　　）。
  A．解决问题的详细步骤或过程　　B．编写程序的工具
  C．计算机硬件的一部分　　　　　D．数据分析的方法

6．计算思维不仅仅局限于计算机科学领域，它还可以应用于（　　）。
  A．文学和艺术
  B．物理学和化学
  C．所有需要逻辑和问题解决能力的领域
  D．生物学和医学

7．算法是解决问题的明确、有限步骤的序列，其最重要的特性是（　　）。
  A．高效性　　　B．简洁性　　　C．确定性　　　D．美观性

8．算法的基本特征不包括（　　）。
  A．确定性　　　B．有限性　　　C．模糊性　　　D．可行性

9．算法的基本要素不包括（　　）。
  A．输入　　　　B．输出　　　　C．运算　　　　D．编程语言

10．以下选项不是算法常见表示方法的是（　　）。
  A．自然语言　　B．流程图　　　C．伪代码　　　D．机器语言

二、分析思考

  随着城市化进程的加速，交通拥堵、环境污染和交通事故等问题日益凸显。为了有效缓解城市交通问题，提升城市管理水平，某城市决定引入智慧城市交通管理系统，利用先进的计算技术和大数据分析能力，实现交通管理的智能化和精细化。请按照计算思维解决问题的基本步骤，写出智慧城市交通管理系统的任务流程。